沖縄と核

OKINAWA & NUKES

Matsuoka Teppei

松岡哲平

新潮社

プロローグ

沖縄本島中部、真っ青な珊瑚礁の海が広がる恩納村《おんなそん》。リゾートホテルが建ち並ぶ海岸から1キロほど離れた山中に、奇妙な形の建物がある。

その建物が見えてくると、その男性は車いすから立ち上がり、杖を使って歩き始めた。道はアスファルトで舗装されているものの、少し傾斜がついているため、歩幅は小さい。間もなく梅雨明けが宣言されるはずの6月末の沖縄は、太陽が照りつけ、蒸し暑い。男性の背中は、汗でびっしょりと湿っている。

視線の先にある建物は平たいコンクリート作りで、高さは5メートルほど。高さの割に、横幅が異様に長く、100メートルほどはあろうか。全く同じ形の六角形の「穴」が横一列に八つ並んでいる。

建物の全景が見えるところまで来ると男性は立ち止まり、首を横に振りながらつぶやいた。

「当時ここは戦争のただ中にあった。今は、何て静かなんだ。こんな風になるとは夢にも思わなかった……」

男性の名はロバート・オハネソン（74）。１９６０年代初め、アメリカ統治下の沖縄で、アメリカ空軍の兵士として駐留していた人物である。

オハネソンがおよそ半世紀ぶりに訪れたこの場所は、当時、アメリカ軍が開発した中距離核ミサイル、メースＢが配備されていた秘密基地であった。メースＢの射程距離はおよそ２４００キロで、ソ連の一部と中国大陸の大部分がその攻撃範囲に入る。核弾頭の威力は１メガトン。広島型原爆（15キロトン）のおよそ70倍の威力を持っていた。八つ並んでいる六角形の「穴」は、その発射口であった。

オハネソンが「こんな風になるとは」と言って驚いたのには理由がある。

実は、現在、この建物を含むかつてのメースＢ基地全体は、宗教法人・創価学会の所有となり、その研修道場として使われている。敷地内の樹木はきれいに整備され、ミサイル発射口だった六角形の穴の上には、天使や筋肉質の男性など、古代ギリシャ風の彫像がいくつも置かれている。一見、美術館の中庭のような景観が広がっているため、米軍の秘密基地だった当時を知るオハネソンはその落差に驚いたのだ。

しかし、本当に重要なのは、オハネソンが「ここは戦争のただ中にあった」と言ったことの方である。

真珠湾攻撃に端を発する太平洋戦争は、広島・長崎への原爆投下によって、その年だけで20万人以上とも言われる一般市民の犠牲の末にようやく終わりを告げた。

戦後、日本は「平和国家」として生まれ変わり、その後、現在に至るまで一度も戦争を起こさず、また他国の戦争にも巻き込まれていない、とされている。

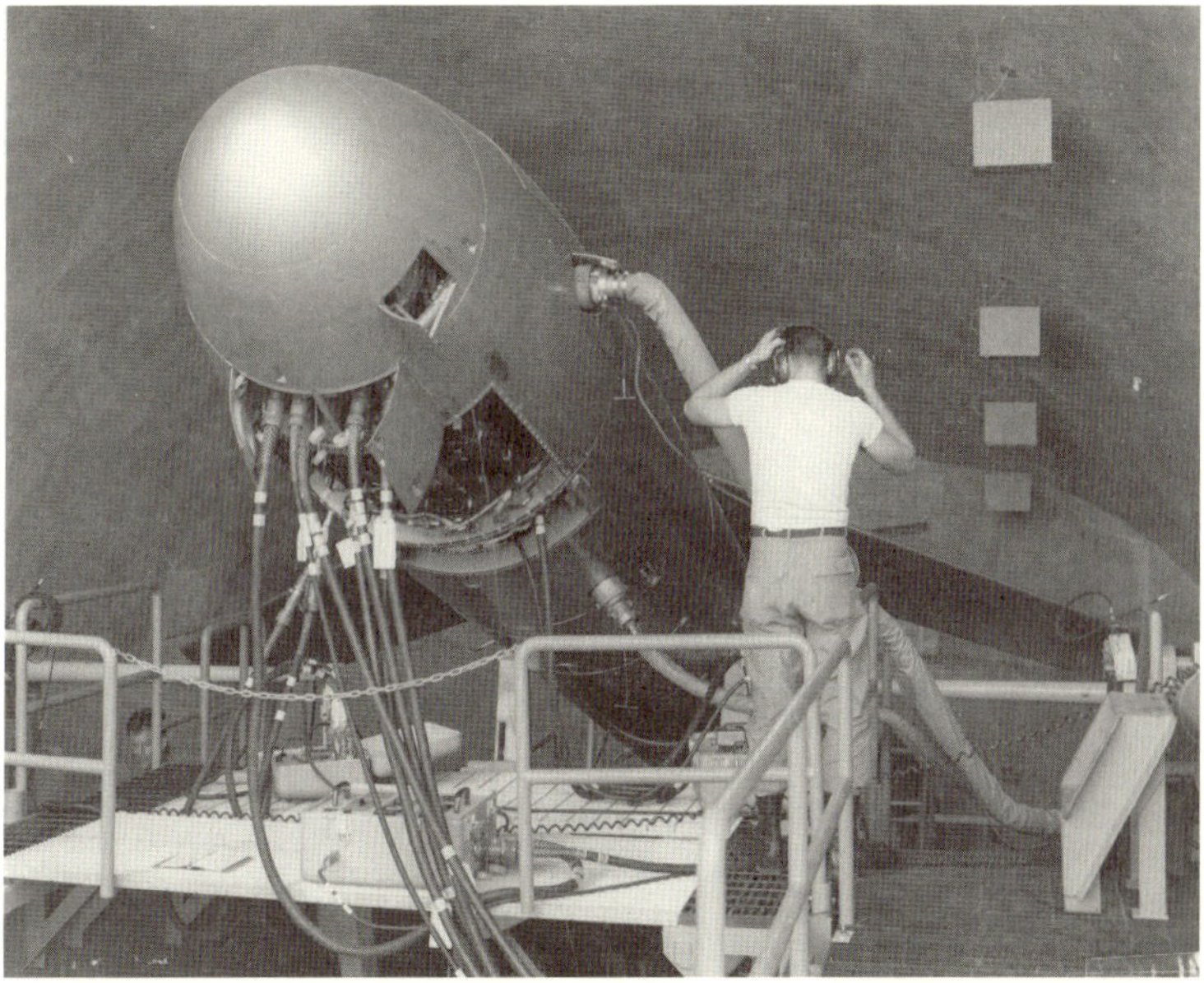

2016年になってNSAが入手し公開した写真。沖縄に配備された核ミサイル、メースBとそれを整備する兵士の様子。アメリカ国立公文書館所蔵

しかし、アメリカの施政権下に置かれ、日本本土から不可視とされた沖縄は、オハネソンの言葉を借りれば、「戦争のただ中」にあった。しかもそれは、再び核兵器が用いられる可能性のある戦争だったのである。

私が、「沖縄と核」というテーマに最初に出会ったのは、2016年2月のことであった。その月、アメリカ政府の機密文書の分析を専門とするジョージ・ワシントン大学の研究機関ナショナル・セキュリティ・アーカイブ（NSA）が、一本の論文を公表した。そこには、こう書かれていた。[1]

「アメリカ政府は、冷戦期に、沖縄に核兵器を配備していた事実を初め

て公式に認めた。そのことは何十年も公然の秘密だったとは言え、日米両政府がその事実を一貫して否定してきたため、議論の的になってきた。

さらに興味深いことに、沖縄に配備されていた核兵器を撮影した空軍の写真が、25年前に解禁されていたものの、手付かずとなっていたことも分かった」（傍点筆者、以下同）

ここで語られている二つのことが、この取材を立ち上げるための重要なきっかけとなった。

一つは、アメリカ国防総省が最近になって、かつて沖縄に核兵器を配備していた事実を初めて公式に認めたということ。

この決定によって、新たな公文書が解禁されたり、これまで機密保持という壁のために証言を拒んでいた人々が、何か重要なことを語り始めたりすることが期待できるかもしれない。

もう一つは、NSAが、沖縄に配備された核兵器を撮影した写真が25年間誰にも請求されることなく埋もれていたことを「驚くべき事実」と語っているように、実は、「沖縄と核」についてまだ研究者もメディアも十分に光を当ててこなかったのではないかということだ。

つまり、私たちが「沖縄と核」をテーマに根気よく調べていけば、まだ誰にも語られていない新たな事実を掘り起こすことができるかもしれない。いわば、「伸びしろ」のあるテーマかもしれない。NSA論文はそのことを語っていた。

知人や同僚との雑談の中で、沖縄に置かれていた核兵器についての話題を振ってみたが、その反応は予想通りだった。

沖縄にかつて核兵器があったことを知っていれば良い方で、そのことを知らない人の方が多かった。知っていたとしても、沖縄の本土復帰とともに語られる「核抜き本土並み」という言葉を思い出して、「『核抜き』ってことは核兵器があったんだろうね」と逆に推測する程度の漠然とした知識でしかなかった。

沖縄には、かつてどのような核兵器が、どのくらい配備されており、兵士たちはどのような思いを抱えながら任務にあたっていたのだろうか……。

取材では、沖縄に核兵器が配備されることになった時代背景や国家の思惑を明らかにすると同時に、現場で実際に核兵器を扱っていた兵士たちの証言を集めること、そして、知らぬ間に核兵器と隣合わせでの生活を余儀なくされていた沖縄の住民たちの状況を明らかにすることを重視した。国家レベルの「大きな物語」と同時に、兵士や住民レベルの「小さな物語」を明らかにしてこそ、沖縄と核のリアリティに迫れると考えたからだ。

元アメリカ軍関係者への取材や部隊資料収集のため、在米リサーチャーである野口修司と柳原緑にも参加してもらった。日本とアメリカで話を聞いた関係者は100人以上に上り、機密文書、写真、映像など収集した資料はおよそ1500点に上った。

1　William Burr, Barbara Elias, and Robert Wampler, Nuclear Weapons on Okinawa Declassified December 2015, Photos Available Since 1990, National Security Archive Electronic Briefing Book No. 541, February 19, 2016

取材の成果は、NHKスペシャル『スクープドキュメント　沖縄と核』（２０１７年9月10日放送、50分）とBS1スペシャル『沖縄と核』（２０１７年12月17日放送、99分）という二つの番組に結実した。

番組では、住民の間近で行われていた核爆弾投下訓練の実態や、海兵隊と核兵器の知られざるつながり、さらには１９５９年に米軍那覇基地で起きていた核ミサイルの誤射事故など、これまで埋もれていた事実を世に提示することができた。

さらに、こうした一つ一つの「事実」や「出来事」の背後にある、ある種の〈構造〉も浮かび上がってきた。どういうことか。

沖縄に最初に核兵器が配備されたのは冷戦時代の１９５０年代半ば。アイゼンハワー政権は、戦争になれば通常兵器と同じように核兵器を使うと宣言し、ソビエトを中心とする共産主義陣営を威嚇。沖縄には極東の共産勢力に対抗する前線基地としての役割が与えられた。

しかし、敵対するソビエト陣営の核・ミサイル技術の高まりとともに、アメリカ軍内部では、沖縄の核基地が攻撃されるかもしれないという不安と恐怖が高まっていく。それは「核を防衛するための核」としてさらなる核兵器の配備をもたらした。いわば、〈核が核を呼ぶスパイラル〉が起きていたのである。

また、日本本土の事情も沖縄への核集中をもたらした。本土の日本人の間で高まっていた「反核感情」を抑え込みたい日米両政府は、本土への核配備を避け、〈核は沖縄へ〉という流れを加速させたのだ。

沖縄の本土復帰においても核兵器の存在は重要な役割を果たした。１９６０年代の末になると、アメリカの核兵器が配備されていることは沖縄でも徐々に知られるようになり、人々は、「異民族支配からの脱却」と「核兵器の撤去」を願うようになる。

しかしその願いは、日米両政府による秘密交渉の末、「核抜き」の代償として、いわゆる「核密約」と「基地の固定化」をもたらすことになった。沖縄への核集中は、最終的に、〈沖縄への基地集中〉へと転化していったのである。

そして今、沖縄は、宜野湾市にある普天間基地の名護市辺野古《へのこ》への移設をめぐって大きく揺れている。日本政府は、辺野古への移設は、沖縄の基地負担の軽減のためだとしているが、沖縄の人々の間では、負担の県内でのたらい回しに過ぎないとして政府の姿勢を批判する声が根強い。

そもそもなぜ、沖縄にこれほど基地が集中し、その負担を引き受けなければならないのか――。沖縄の人々の怒りの根底にはこの素朴な問いがある。

「基地集中」。その源流をたどっていけば、核の存在が浮かび上がる。番組のプロデューサーである松木秀文の言葉を借りるなら、核兵器は、沖縄に基地集中をもたらす「触媒」としての役割を果たした。

逆に言えば、沖縄と核の歴史を見つめることは、基地問題に揺れる現在の沖縄の姿を捉えることにもつながるのである。

沖縄と核◎目次

沖縄と核

第1章　〝核の島〟の端緒

伊江島

沖縄本島中央部に位置する本部町《もとぶちょう》には、全国から多くの観光客が訪れる。たいていそのお目当ては「沖縄美《ちゅ》ら海《うみ》水族館」だ。ジンベエザメが巨大水槽の中で泳ぎ回る、全国屈指の人気を誇る観光スポットである。

水族館への入り口は、海に面した斜面に位置しており、誰もが階段かエスカレータを使ってその斜面を下りることになる。そのとき、海の向こうに、中央部がすっと盛り上がった小さな島が一瞬目に留まる。ただし、実際にその島に足を踏み入れる観光客はさほど多くない。

本土ではほとんどその存在を知られていないこの小さな島こそ、「沖縄と核」の端緒となった場所である。

島の名は伊江島《いえじま》という。人口およそ4600人。島の中央にそそり立つ「タッチュー」と呼ばれる岩山を除けば平坦な土地が広がっており、島らっきょうや葉たばこの生産が盛んに行われている。

しかし、平坦であることは、島に悲劇をもたらした。太平洋戦争のさなか、島の中央部には東洋一と称される日本軍の飛行場が、住民を総動員して建設された。ところが、１９４５年4月、アメリカ軍が島に上陸して日本軍との間で激しい地上戦となり、飛行場は占拠される。住民の多くは日本軍と一体化して戦うことを求められ、３人に１人が犠牲になったと言われている。アメリカ軍は伊江島を本土空襲への出撃拠点とし、戦争が終結した後も、そのまま飛行場および訓練場として使い続けることとなった。

戦後73年が経過した現在も、島の面積の35%が米軍基地によって占められている。

２０１７年3月、私は、本部港からフェリーに乗り、伊江島を訪れた。リュックの中には、アメリカで入手したばかりの文書が入っている。

そこには、沖縄に密かに核兵器が搬入された１９５０年代半ば、その核兵器の使用を想定した訓練場を建設するために、アメリカ軍が伊江島の土地を接収した経緯が細かく書かれていた。

伊江島の戦後の歴史は、アメリカ軍による土地接収に抗い続けた歴史でもある。そして私の手元にあるその文書は、住民とアメリカ軍の対立の原点に核兵器の存在があったことを明確に指し示していた。

「沖縄と核」というテーマで本格的に取材を始めてすでに半年が経っていた。アメリカ在住のリサーチャー・柳原緑から、機密指定が解除された米軍の文書をスキャンしたデータが連日大量に届いていた。そのほとんどが事務的な部隊記録だったが、この文書は、核兵器を運用していた米軍の部隊と沖縄の住民生活がクロスする場面を直接的に捉えた数少ない文書の一つだった。

伊江島を訪れた目的は、この文書の中身を住民に見てもらうことで、その意味を確認することだった。まず目指したのは、反戦平和資料館「ヌチドゥタカラ（命こそ宝、の意）の家」である。

伊江島

　この資料館は、米軍に対する反戦・非暴力での抵抗運動を率いた阿波《あは》根《ごん》昌鴻《しょうこう》（1901〜2002）が設立した。現在の館長・謝花《じゃはな》悦子（79）は、阿波根が残した記録を引き継ぎ、平和学習でここを訪れる修学旅行生らに、伊江島の歴史を語って聞かせている。

　足が不自由な謝花は電動車いすが欠かせない生活を送っている。それでも、今も毎日資料館を開け、人々を迎えている。私が訪れた時も、本土からやってきた数人の若者たちを相手に、戦後の米軍との土地闘争について語って聞かせていた。

　謝花の原体験は沖縄戦にあるという。1944年、6歳の時、細菌が足の関節に入り込んで膿がたまるカリエス性関節炎になり、痛みで歩けなくなった。医者の多くが防衛召集で戦場に送られており、まともな診療を受けることができなかった。戦後、寝たきり状態になっていたところを阿波根の勧めでようやく沖縄本島で診察を受けることができた。医師は、真っ赤な顔で言った。「発症直後に飲み薬で治療していれば完治したはずだ。だけどもう遅い」。3年間に及ぶ治療で、ようやく松葉杖があれば歩けるようになったが、元通りにはならなかった。

戦争がなかったら、自分の人生はずっと違うものになっていたはずだ。戦後、島の住民が米軍に土地を接収されることもなかったはずだ。その「悔しさ」が今も謝花を突き動かしているという。

アメリカから入手した資料について説明すると、謝花は車いすから身を乗り出して言った。

「まさか、私たちの土地を奪っていった当初から核兵器のことが念頭にあったとはね……。驚きです。恐怖です」

伊江島で戦後間もない頃に展開されたアメリカ軍による土地接収と、その背景にあった核兵器の存在。

しかし、その詳細に入る前に、まずは、「沖縄と核」について、これまでに分かっていることを整理しておきたい。

「沖縄と核」の原点

沖縄と核兵器の関係は、いつ、どのようにして始まったのだろうか。

これまで、この問いに答えてくれる資料は二つあった。

その一つが、アメリカ国防総省が1999年に機密解除した文書『核兵器の管理と配備の歴史：1945年7月〜1977年9月』（History of the Custody and Deployment of Nuclear Weapons：July 1945 through September 1977、以下『歴史』と略す）である。

機密が解除される前は「トップ・シークレット」に指定され、全部で345頁の大部からなる

	Weapon	Initial Entry	Withdrawn
[Okinawa]	Nonnuclear bomb	Jul 54	Jun 67
	Bomb	Dec 54-Feb 55	Jun 72
	280mm gun	Dec 55-Feb 56	Jun 60
	8-inch howitzer	Jun-Aug 57	Jun 72
	Matador	Sep-Nov 57	Dec 60
	Depth bomb	Dec 57-Feb 58	Jun 72
	ADM	Feb-May 58	Jun 72
	Honest John	Dec 57-Feb 58	Jun 72
	Nike Hercules	Jan-Mar 59	Jun 72
	Corporal	Mar 60	Jun 65
	Hotpoint	Jul-Sep 60	Dec 60
	Lacrosse	Oct-Dec 60	Dec 63
	Mace	Apr-Jun 61	Jun 70
	Falcon	Jul-Sep 61	Jun 72
	Little John	Apr-Jun 62	Dec 68
	ASROC	Jan-Mar 63	Apr 66
	Terrier	Jan-Mar 64	Jun 64
	Davy Crockett	Apr-Jun 64	Dec 68
	155mm howitzer	May 66	Jun 72

沖縄に配備された核兵器とその配備期間。NSAの論文『それはどこにあったのか Where They Were』より

この文書には、アメリカが世界各国に配備していた核兵器の「種類」「導入した時期」「撤去した時期」の三つの情報が記されたリストが添付されている。ただし、国防総省が開示した際、全部で27カ所ある配備国・地域のうち18カ所が黒塗りされていた。

この文書を、情報公開請求を通じて入手し分析したのがジョージ・ワシントン大学の研究機関NSAである。『それはどこにあったのか（Where They Were）』と題されたNSAの論文は、それまで明らかにされてこなかったアメリカ軍の海外への核兵器配備の実態を明らかにしたものとして、当時、日本の研究者たちの間でも注目された。

NSAは、『歴史』に添付されたリストの国名・地域名は黒塗りされているものの、それらがアルファベット順に並んでいることに着目し、他の情報を加味することで黒塗りの下に隠されていた国・地域の名前を解き明かした（当初、CとIで始まる2カ所が不明とされたが、後に、それがアメリカに領有されていた小笠原諸島の父島Chichi Jimaと硫黄島Iwo Jimaであることも判明した）。

アルファベットのO《オー》で始まる沖縄はリストの15番目に現れ、その前後はMで始まるモロッコとPで始まるフィリピンとなっている。

沖縄の項目を見ると、配備された核兵器は全部で19種類。リストの最も上に登場するのは、Nonnuclear bombで1954年7月に初めて導入された。Nonnuclear bombを直訳すれば「非核爆弾」である。しかし、そもそもこのリストに掲載されているのは「アメリカが海外に配備した核兵器」のはずであり、非核爆弾が「（核ではない）通常の爆弾」を指すとは思えない。これは恐らく、核爆弾の構成部品のうち核物質を除いた「非核コンポーネント」を指すと見られる。

次に現れるのがBomb、つまり「（核物質を伴う）爆弾」で、その時期は、「1954年12月から1955年2月の間」と、なぜか幅を持たせた期間となっている。

このBomb の記述を根拠に、沖縄への最初の核兵器の配備は1954年とされることが多い。

もう一つ、沖縄と核兵器の最初の接点について書いているのが、アイゼンハワー大統領の首席補佐官をつとめたシャーマン・アダムズの著書『ファースト・ハンド・リポート FIRST HAND REORT』（1961）である。朝鮮戦争での核兵器の使用の可能性を論じる文脈の中で、アダムズは、さらりとこう記している。

「その年（1953年）の春、私たちは、核ミサイル atomic missiles を沖縄へ持ち込んだ」

ここで「核ミサイル」という言葉が使われているが、現代のような目標地点までの誘導装置を備えたミサイルはまだこの時代に開発されてはいない。おそらく、アダムズは、核爆弾や核砲弾など、核兵器の総称としてミサイルという言葉を使ったものと思われる。

最初にこのアダムズの記述に着目したのは、長年日米関係史を研究する新原昭治である。新原は、大統領側近の発言だけに無視することはできず、沖縄に最初の核兵器が配備されたのは、1953年だと考えるのが妥当ではないかと指摘している。[2]

2　新原昭治『日本への核持ち込み50年——新しい米政府解禁文書をめぐって』（2003年）

ニュールック戦略とアジアの冷戦

沖縄に初めて核兵器が配備されたのが1954年なのか、あるいはそれよりも早い1953年なのか、結局、確定的なことは分かっていない。

しかし、確実なことは、1953年から54年にかけてのこの時期、アメリカでは核政策をめぐって大きな変化が起きていたことだ。それが1953年に誕生したアイゼンハワー大統領による「ニュールック戦略」である。

当時のアメリカ政府は、対立が深まっていたソビエトを抑止しながら、同時に軍事費を削減するという相反する要求に応えることが迫られていた。そこで重視したのが、ソビエトに比べ圧倒的に優位を保っていた核兵器の活用である。

ソビエトを取り囲むようにヨーロッパとアジアの米軍基地に核戦力を配備する。そして、ソ連から攻撃を受けた場合には、核兵器を使って報復することを宣言し、威嚇した。この核兵器重視の戦略によって、アイゼンハワー政権は陸軍を中心とする通常兵力を削減し、軍事費の大幅カットを実現したのである。

沖縄への核兵器の配備は、このニュールック戦略の一環として行われた。配備の場所として沖縄が選ばれたのは主に地理的な要因からだった。

この時期アメリカは、ソビエトの支援を受けながら極東で台頭する共産主義勢力と対峙することを迫られていた。最も熾烈だったのが1950年に始まり53年に休戦した朝鮮戦争と、翌54年に起きた台湾海峡危機である。ともに、実質的な敵は中華人民共和国だった。

特に、朝鮮戦争は、沖縄への核兵器の配備に関して重要な契機となった。

当時のアメリカ政府の中枢における議論を記した文書が沖縄県公文書館に所蔵されている。1953年7月23日のNSC（国家安全保障会議）の議事録である。カンザス州にあるアイゼンハワー大統領図書館に所蔵されていたものを沖縄県公文書館が収集していたため、日本にいながらにしてその文面を確認することができた。

この7月23日という日付は、中国・北朝鮮による連合軍とアメリカを含む国連軍の間で休戦協定が結ばれる4日前にあたる。アイゼンハワー大統領を筆頭に、国防・国務両省の幹部が揃った会議の主眼は、休戦協定が結ばれるのかどうかを見極めつつ、極東におけるアメリカ軍の戦力をどうするかということにあった。

国務長官のジョン・フォスター・ダレスは、休戦協定が結ばれる前の今こそ戦力を増強しておく必要があると主張した。以下は、ダレスの発言を速記したものである。[3]

「彼（ダレス）は、この状況を憂慮していた。というのも、中国共産党は休戦協定が結ばれた後であっても、自ら事件を誘発し、我々に対し攻撃をしかけてくるかもしれないと考えていたからだ。ダレス長官はさらに付け加えた。『休戦協定が結ばれなければ、戦闘は継続する。結ばれたとしても戦闘が再開する可能性がある。いずれにせよ、私たちが極東の戦力を増強しておくこと

3　“156th Meeting of NSC, 23 July 1953, Korea Ryukyus, etc.”、沖縄県公文書館所蔵、請求記号0000073462

にはメリットがある』」

外交を担うはずの国務長官が、休戦協定という外交の力を信用せず、戦力の増強を主張する姿が生々しい。

そしてダレスに続いて、アイゼンハワー大統領が重要な発言をする。

「極東の空軍能力を増強する。さらに、緊急時の使用に備えて、核兵器の能力を持つ部隊を沖縄に配置するよう手配する」

ここでアイゼンハワーは、明確に、沖縄に核兵器とその運用部隊を配置するという意思決定を行っている。

実際に核兵器が沖縄に持ち込まれたのが1953年（シャーマン・アダムズの記述）なのか、1954年（国防総省『歴史』）なのか、それははっきりしない。

しかし、朝鮮戦争への対応をめぐって議論が行われていた1953年7月、沖縄を有事に備えた核兵器の拠点とすることがアメリカ政府の中枢において決定されていたのである。

マクスウェル空軍基地

1953年から54年にかけて、密かに沖縄に持ち込まれていた核兵器。

しかし、そのことが、実際に沖縄という土地にどのような影響を与えていたのか、その後の「足どり」がはっきりしない。私たちは、そこを明らかにしたかった。核兵器が沖縄に持ち込まれたことが、沖縄の戦後史にとって具体的にどのような意味があったのか、そこを探ることが取材のテーマだったからだ。

「マクスウェル空軍基地のアーカイブにいけば、核兵器の運用部隊に関する具体的な記録が手に入るかもしれない」

そう示唆してくれたのは、琉球大学の我部《がべ》政明教授であった。2016年9月、私と同僚ディレクターである今理織《こんみちおり》は、取材の羅針盤を求めて研究室を訪ねていた。

我部教授は、長年日米関係史を研究し、1998年には、アメリカ国立公文書館で沖縄返還時の費用負担に関する日米両政府による密約文書を発見した。

この密約の存在は、毎日新聞記者が外務省の秘密公電を入手したことで世に知られていたが、外務省を原告とする裁判で密約の問題から機密漏洩の責任問題にすり替えられていた。

我部教授は、アメリカ側で同じ内容を記した公文書を探り当てることで、この密約の存在を白日の下に晒した。日本、アメリカ、沖縄の歴史を公文書に基づいて検証することにかけては第一人者である。

その我部教授に、「沖縄と核」というテーマで新たな文書を発掘するならどこかと尋ねて返ってきた答えの一つがマクスウェル空軍基地のアーカイブであった。アメリカ政府や軍などの公文書は、一定の年数が経つと国立公文書館に移されることになっているが、空軍の資料は例外的にそのままマクスウェルのアーカイブに所蔵されているという。

「いつか行かないといけないとは思っていたんだけど、アラバマはど田舎でなかなか気が向かなくてね」

これまで各地で一次資料のリサーチをしてきた我部教授でも訪れていない場所がある。そこで資料を入手できれば、私たちにも何か新しい発見があるかもしれない。

こうした期待を抱きながら、在米リサーチャーの柳原緑にマクスウェル空軍基地での文書の収集を依頼したのであった。

柳原がマクスウェルの閲覧室でスキャンし、データとして私に送ってきた文書は、全部で120点に及んだ。そのほとんどが、嘉手納基地に拠点を置く第313航空師団とそこに所属する戦闘機部隊、整備部隊、弾薬部隊などの活動記録である。

我部教授の予想通り、これらの記録を一枚一枚読み進める中で、これまで知られていなかった、沖縄で核兵器を運用していた部隊の活動の記録が少しずつ現れてきた。その中でも、特に重要な意味を持っていたのが、伊江島についての文書であった。

伊江島とLABS

文書は、「第313航空師団の歴史：伊江島爆撃場と鉄くず拾いの問題」と題されている。[4]
題名の通り、伊江島において、アメリカ空軍の爆撃訓練場が作られた経緯を記した文書である。
文書によれば、伊江島に爆撃場を作ることになったのは、1953年。まさに、アイゼンハワー大統領が、沖縄に核兵器を配備するとNSCの会議で宣言した年である。
伊江島が選ばれた理由として、「必ずしも理想的な場所だったわけではないが、沖縄本島では、人口が密集していて土地代が高くつくことから妥協せざるを得なかった」と記されている。本来なら嘉手納基地に近い沖縄本島内に訓練場を作りたかったが、住民に支払う土地代が高いので妥協の末、比較的住民が少ない伊江島に爆撃場を作ることにした、というのである。

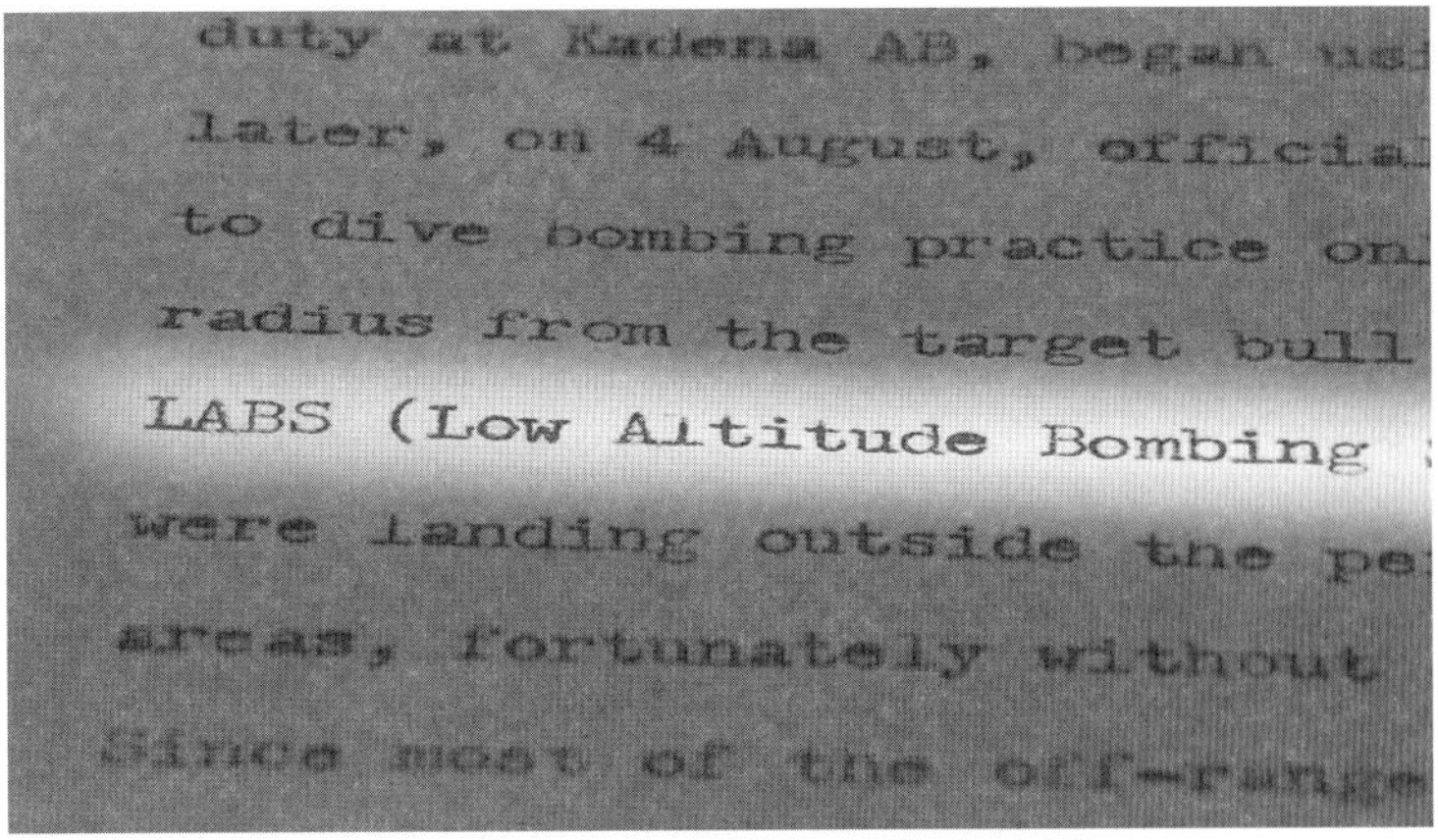

伊江島で「LABS」のための訓練場の必要性を書いた文書

さらに、文書によれば、この爆撃場を作る目的とされていたのが、「ＬＡＢＳ《ラブス》（Low Altitude Bombing System＝低高度爆撃法）」という聞き慣れない戦術の訓練であった。

調べてみると、このＬＡＢＳとは、戦闘爆撃機から核爆弾を投下するために、当時、開発されたばかりの手法であった。

核爆弾の投下というと、広島・長崎にＢ－29が原爆を投下したように、当初は、大型爆撃機が高高度から爆弾を地上に投下する手法がとられた。しかし、冷戦時代になると、東西両陣営ともレーダーの性能が向上し、中途半端な高度で敵陣に近づくと、簡単に機影を察知され、迎撃されてしまう危険性があった。

そこで、レーダー網をかいくぐりつつ、敵陣に深く

4　History of the 313th Air Division:1 January through30 June, Chapter Ⅲ, The Ie Shima Bombing Range and the problem of Scrap Metal Collection, マクスウェル空軍基地所蔵、請求記号0466027

侵入して核攻撃を行うために開発されたのがＬＡＢＳであった。

使われる機体は、Ｂ－29のような大型爆撃機ではなく、Ｆ－84やＦ－１００といった小型の戦闘爆撃機である。そして核爆弾は機体の中に収容されるのではなく、胴体の下に搭載された。

まず、この戦闘爆撃機は、地上から１５０メートルという極めて低空で進入する。そして、ターゲットの直前にきたところでパイロットは操縦桿を引き機体を急上昇させる。そして、４Ｇという大きな重力加速度を受けながら機体が上昇している最中に、自動的に核爆弾がリリースされる。

低空飛行のまま核爆弾を投下しないのは、爆弾を投下した爆撃機が核爆発に巻き込まれてしまうのを防ぐためだ。急上昇しながら放り投げることで、核爆弾は放物線を描き、時間をかけて落下することになる。核爆発を起こす前に、パイロットが現場を離脱するための時間を稼ぐことができるのだ。

航空ショーで見るアクロバット飛行さながらの〝超低空からの宙返り〟。それが当時考案されたばかりの核爆弾の投下術ＬＡＢＳであり、このＬＡＢＳの訓練場として伊江島が選ばれたのである。

元エースパイロットたちの証言

伊江島で行われていたＬＡＢＳの訓練とは、実際どのようなものだったのか。それを調べる中で見つけたのが、戦闘爆撃機Ｆ－１００の元パイロットたちによる団体「スーパーセイバー・ソサエティー」であった。

米空軍が撮影したLABS訓練。胴体の下に核爆弾を搭載し低空で飛ぶ戦闘爆撃機

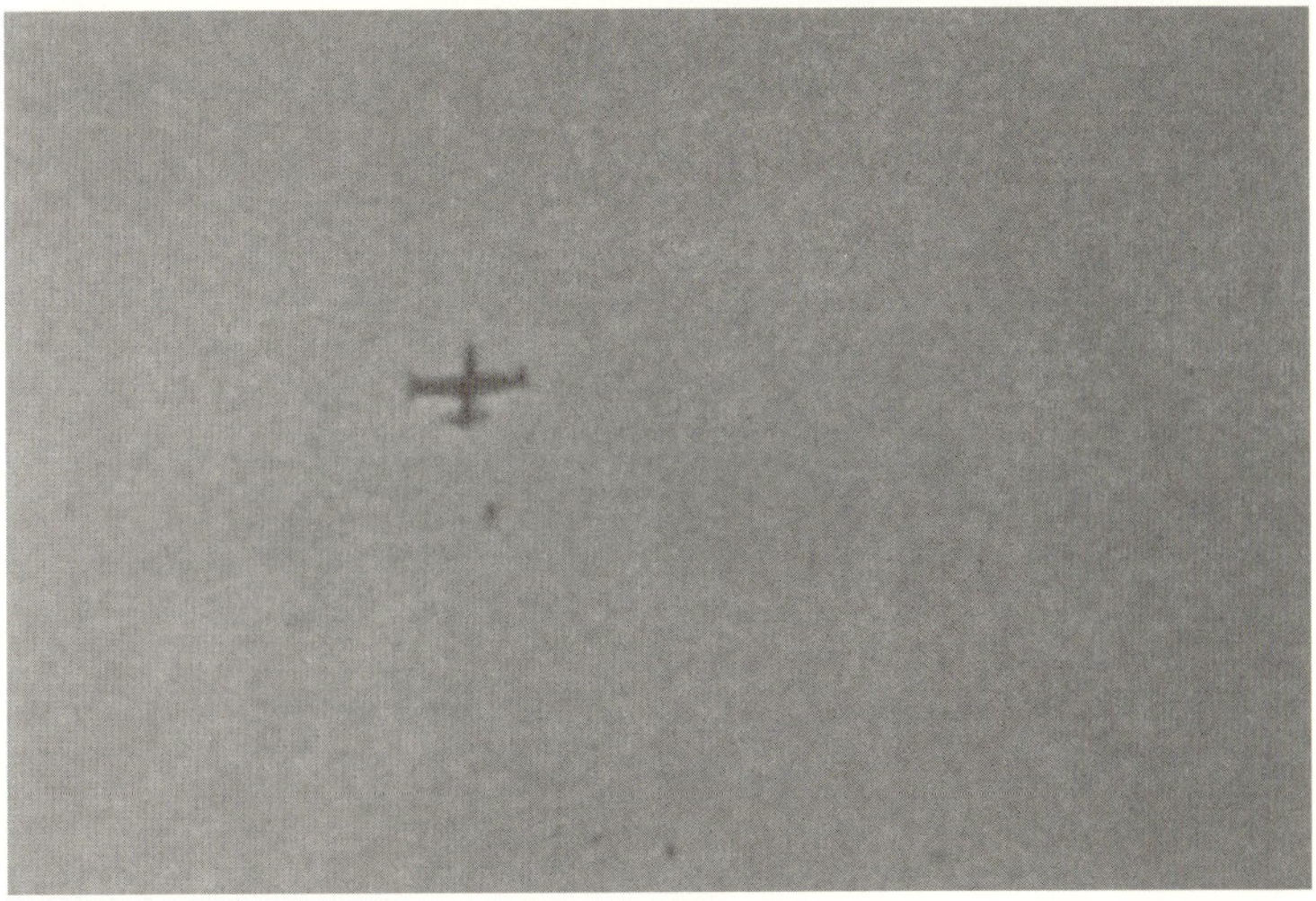

急上昇しながら、核爆弾をリリースする

スーパーセイバーの愛称を持つF－100はやはり1953年に初飛行を行い、初めて超音速飛行を実現した戦闘機である。空中戦で敵の戦闘機を撃墜する制空戦闘機であると同時に、胴体下部に核爆弾を搭載することもでき、LABSを行う戦闘爆撃機としても運用された。

当時この機体に乗ることが許されたのは、一握りの優秀なパイロットだけ。「スーパーセイバー・ソサエティー」は、そのエースパイロットたちの同窓会のような組織である。ホームページには、会員のプロフィールが掲載されており、1950年代に沖縄に駐留していた元パイロットが多くいることも分かった。

取材を申し込むと、複数の元パイロットがそれに応じ、伊江島で行っていたLABSの訓練について話してくれた。

アクロバット飛行のようなLABSは難しくなかったのかという質問に対し、ある元パイロットはこう答えた。

「難しいだなんて思っていても誰も言わないね。戦闘機パイロットとはそういうものさ。爆弾を的の中心から1000フィート（約300メートル）以内に落とすことができるようになれば一人前だったよ」

また、こんな証言をした元パイロットもいた。

「伊江島での私たちの訓練は、ほとんどが核爆弾の投下訓練だった。普通の爆弾の投下訓練なんて滅多にしなかったよ」

しかし、元パイロットたちは、電話ではなく、あらためてテレビカメラの前で証言してくれないかと依頼すると、難色を示した。

パイロットが現場を脱出した後に核爆弾が炸裂する

彼らにとって、最新鋭戦闘機のパイロットとして訓練を行った日々は輝かしい記憶として残っていた。と同時に、核兵器の運用について公然と証言することには慎重にならざるを得ない事情もあるようだった。

ようやく1人、ワシントンDCの郊外に住む元パイロットがカメラでの取材に応じてくれたが、約束の前日になって、やはり取材は受けられないと断られてしまった。そのとき、私たちはアメリカでのロケの日程をあらかた消化し、帰国の日が近づいていたため、かなり焦ることとなった。

「Gで痔になった」

ホテルの部屋から、あらためて「スーパーセイバー・ソサエティー」の会員たちに電話をかけ、ようやく1人の元パイロットにインタビューの約束を取り付けることができた。それが、84歳のノーマン・バタグリアであった。1957年から3年間、第313航空師団所属のF－100パイロットとして嘉手納基地に駐留していたという。

オレゴン州ポートランドにある自宅を訪ねると、バタグリアは妻とともに笑顔で迎え入れてくれた。驚いたことに、鼻には酸素チューブが挿入されており、足下の酸素ボンベとつなげられている。玄関から居間までのわずか数メートルを歩くだけで息が上がり、ヒューヒューと口元から漏れる呼吸音がいかにも苦しそうである。聞けば、肺がんを患っているという。

しかし、インタビューが始まると、バタグリアは雄弁に語り始めた。部隊のあった嘉手納基地からF－100で飛び立つと沖縄本島のすぐ西に伊江島があり、その伊江島での訓練は今でもはっきり覚えているという。

「伊江島は四方を海に囲まれていて、LABSの訓練にぴったりだった。誰にも邪魔されることはなかったよ」

訓練では、形状と重量を本物の核爆弾と同じにした模擬核爆弾を機体に乗せ、実際にそれを地上の標的めがけて投下することを繰り返していたという。

今回入手した資料の一つに、かつてアメリカ軍が撮影した伊江島の航空写真がある。よく見ると、島の北西部に、ちょうど弓矢の的のように、同心円状の白線が地上に描かれていることが分かる。航空写真にもはっきりと映るくらいなので、相当大きな的である。これこそ、爆撃訓練場とそこに作られたLABS訓練用の「的」である。

LABSの訓練を重ねるパイロットたちには大きな負荷がかかったと言う。操縦桿を引き急上

伊江島でLABSの訓練を行っていた元パイロットのノーマン・バタグリア

伊江島の北西部に作られた爆撃演習場と「的」。米軍撮影。国土地理院所蔵

昇を繰り返す飛行は、体に４Ｇという大きな重力加速度が加わる。

今でこそ、戦闘機パイロットは、「耐Ｇスーツ」と呼ばれる、体を締め付ける特殊な装備を身につける。体に大きなＧが加わったときに血液が一気に下肢に流れ、脳に酸素が供給されなくなることでブラックアウト（失神）が起きるのを防ぐための装備だ。

しかし、当時、ＬＡＢＳを行っていたパイロットたちには、この耐Ｇスーツが与えられていなかった。バタグリアは、ブラックアウトによる事故を起こすことはなかったものの、度重なるＧにより下肢静脈瘤を患い、それが悪化したことで重度の「痔」になったという。

「３年間、明けても暮れてもＬＡＢＳの訓練を繰り返していたんだ。あんな訓練を繰り返せば、体にガタが来る。今でも定期的に病院通いだ。座ると痛むし、車の運転もできなくなったよ」

パイロットたちの命がけの曲芸飛行は、地上の住民からも目撃されていた。

伊江島反戦平和資料館の謝花悦子は、私がこのＬＡＢＳについて説明すると、ぴんときたようだった。かつて阿波根昌鴻から、「戦闘機が低空で飛んできて、急上昇しながら爆弾を投下する訓練」について話を聞いたことがあったからだ。

「ラブスという言葉は、全く、知りませんでした。しかし、阿波根が言っていた訓練のことがあなたの説明で、『あっ、これだったんだな』と分かったんです」

戦略核と戦術核

バタグリアの証言に戻ろう。

他の元パイロットも証言したように、当時、伊江島での爆弾投下訓練は、ほとんどがＬＡＢＳ、つまり核爆弾の投下訓練に費やされていたという。通常爆弾を投下する訓練よりも、核爆弾を投下する技術を高めることが優先されていたのだ。

バタグリアは、「来たるべき戦争は、ＬＡＢＳ戦争になるはずだった」と言う。

「ＬＡＢＳ戦争」とはどのような戦争か。それを理解するためには、戦略核／戦術核という核兵器の大きな区分を理解しておかなければならない。

戦略核は、敵国の軍事基地や都市をまるごと破壊することを目的としたもので、破壊力が極めて大きく、大陸間弾道ミサイルや大型爆撃機などによって長距離からの攻撃に用いられる核兵器だ。広島と長崎に投下され、戦争終結のきっかけをつくった原爆はこの戦略核に分類される。

一方の戦術核は、局地的な戦闘において、近距離から敵の部隊を攻撃するような場合に使われる核兵器である。核爆発の規模は戦略核よりも小さく抑えられる。例えば、核弾頭を搭載した大砲や、射程の短い核ロケット砲などがこの戦術核に分類される。アイゼンハワー大統領が、ニュールック戦略において前線へと配備したのが、この戦術核であった。

ＬＡＢＳで用いられる核爆弾も、戦術核に分類されるものであった。それは、敵国の都市を丸ごと破壊し、戦争を終結させるための〝最終兵器〟ではなく、局地的な戦場において敵の部隊やその拠点を撃滅するために使われる、いわゆる〝小型核〟であった。

バタグリアが言う、「ＬＡＢＳ戦争」とは、いったん戦争が始まれば、敵も味方も（つまりアメリカも共産圏も）こうした戦術核＝小型核を使って互いを攻撃し合う状況を意味している。それは、核兵器と通常兵器の境界が薄れ、核兵器使用のハードルが低くなった戦争とも言える。〝最後の切り札〟である戦略核を互いにちらつかせながら通常兵器で戦う戦争よりも、核が〝普通のカード〟として応酬されるという意味で、さらに絶望的な状況につながるものだとも言える。

バタグリアが沖縄で任務に就いていた当時、嘉手納基地では、いつ司令官からの出撃命令が出ても対応できるよう、常に4機のF－100がスタンバイ態勢を保っていた。パイロットはチームを組み、3交代で24時間の警戒任務についていたという。

バタグリアはこう振り返る。

「伊江島での訓練とは違って、嘉手納基地での待機任務では、機体の下に常に本物の核爆弾を搭載していた。司令官からの出撃命令が出ないことだけを祈り続けたよ」

土地接収の原因となったLABS

こうして始まったLABS戦争への準備は、訓練場となった伊江島の住民に大きな痛みを強いることになった。

伊江島の爆撃場建設の経緯について記したマクスウェル空軍基地の文書には、以下のような記述が登場する。

「従来の半径3000フィート（約900メートル）の『的』では、LABSを行う爆撃機には小さすぎることが判明した。幸いにも、住民やその財産に損害を与えてはいなかったが、多くの爆弾が『的』の外に落下していた。調査の結果、的を外した爆弾は、まだ飛行経験が少ない、若いパイロットが落下させたものであることが分かった。そこで、1954年8月、空軍は、伊江島の爆撃訓練を一旦中止し、『的』の半径を5000フィート（約1500メートル）まで拡張することを決めた。これは、島の南西部において、新たな土地接収を行う必要があることを意味していた」

LABSの訓練で、模擬核爆弾が的を外す、つまり命中精度が低くなるのは、やはりその特殊な投下方法に原因があった。

というのも、通常爆弾が25ポンド（約11キログラム）なのに対し、核爆弾は2000ポンド（約900キログラム）もの重量があった。この大きくて重い爆弾を、真下に投下するのではなく、砲丸投げのように放物線上に放り投げるのだ。狙ったポイントに命中させるのが難しいことは容易に想像できる。機体の速度、上昇時の角度、風の強さと向き、様々な要素によって、模擬核爆弾は狙った地点からずれて着弾することになったのである。

他の元パイロットが証言していたように、目標地点（的の中心）から300メートル以内に着弾すれば大成功と見なされた。経験が浅い未熟なパイロットの場合、半径900メートルでは的そのものを外すことも多かったのだ。

バタグリアは振り返る。

「核爆弾の場合、そもそも威力が通常爆弾とは桁外れに大きい。だから、実はそれほど高い命中精度が必要だったわけではない。それでも我々は技術を競って夢中で練習したんだ」

しかし、こうした訓練を継続すれば、模擬核爆弾が的を大きく外れて着弾し、伊江島の住民に危害を加えてしまう可能性があった。そこで米軍が考えたのが、爆撃訓練場の周辺に住む住民の土地を接収し、的の半径を一気に5000フィートに拡大することであった。住民の安全を考えるからこそ、基地を拡大する必要がある。そのためには住民の土地を接収する必要があるというわけだ。

なんとも強引で一方的な理屈である。しかし、この記述は、沖縄の戦後史の縮図とも言われる伊江島の歴史を、住民の視点ではなく米軍の視点から、いわば裏側から補完するものとして極めて重要な意味を持っていると思われた。

「侵略者」の論理

1950年代半ば、伊江島で行われた米軍による強制的な土地接収と、それに対する島民による強い抵抗運動は、沖縄ではよく知られている。土地を接収する際の米軍のやり方は極めて乱暴なもので、「銃剣とブルドーザー」という言葉を生み出した。それはやがて本土復帰前の沖縄における米軍の圧政を象徴する言葉ともなっていった。

伊江島における抵抗運動のリーダーであった阿波根昌鴻は、1955年3月に起こった最初の土地接収の様子を次のように記録している。[5]

はじめに比嘉浦太（58）さんの家の床にブルトーザーのきっ先がくい込みました。「止めてくれ」と叫ぶ十名家族の比嘉さん一家の声もきかず、畜舎、納屋、水のない地方なので雨水をためる水タンクも無惨に破壊し、さらに散乱する家財の上からブルトーザーで土をかぶせ後カタもな

阿波根昌鴻の家が破壊された跡。阿波根昌鴻『人間の住んでいる島』より

家を失い、米軍から与えられたテントで暮らす伊江島の住民たち。阿波根昌鴻『人間の住んでいる島』より

くすきならして了いました。

又7名家族を抱えて働いている知念広吉（27）さんの家には武装兵50名位と作業兵30名が押しかけて来て、家族はすぐ家を出るように命令してきました。しかし知念さんの家には6才になる幼児が熱発して寝床にふせっていたのです。父親である広吉さんは「子供がこの通り病気だから、どうか暫く延期してください」と手を合わさんばかりに歎願しました。

ところが米兵達はそれに答えようともせず、泥靴のまま座敷に上がりカヤを引きちぎり、病児を妻に抱かせ老母（65）と共に外に追い出し、広吉さんは5名の兵隊に引き出され銃剣の槍ブスマで取囲み、一歩も動かせず家財道具を作業米兵によって運び出されると見るや、知念さんの一家の住みなれた家はブルトーザーによって突き倒されました。


これが住民から見た「銃剣とブルドーザー」の実態、いわば「奪われる側」の視点からの記録である。

一方、今回私たちが収集した米軍の文書は、いわば「奪う側」の論理である。阿波根昌鴻を「プロの扇動家 professional trouble maker」と名付けたこの文書の書き手は、同じ1955年3月の出来事をこう記録している。

「住民のリーダーである阿波根昌鴻による反対運動が激しくなる一方だったため、第313航空師団司令官は、伊江島に陸軍の工兵部隊を送り込むことにした。『侵略の決行日』は、1955年3月11日に決まった。陸軍の銃に守られながら、工兵隊は住民を排除した。そして、わずか5

日間で、有刺鉄線で囲まれた半径5000フィートの『的』が完成したのである」

アメリカ軍が土地接収を実行する日を自ら「侵略の決行日」（"D-Day" for the "invasion"）と表現しているのを見つけた時はかなり驚いた。

D-Dayとは、例えば、第二次世界大戦において、連合軍がナチスドイツからの解放を目指してフランスのノルマンディー海岸に上陸した日のように、重大な作戦の決行日を意味する。

一方、invasionとは、宇宙からの侵略者を倒すゲームをインベーダーゲームというように、文字通り「侵略」のことである。アメリカ軍は、伊江島で土地接収を行う自らを「侵略者」と位置づけていたことになる。

ソビエトや中国などの共産主義勢力との戦争に備えて、核兵器の運用技術を磨く必要に迫られていたアメリカ軍。自らを堂々と「侵略者」と位置づける記述の背後には、たとえ地元住民の土地を奪うという不正義を実行せざるを得ないとしても、自由主義世界を共産主義勢力から守るという「大きな正義」の達成のためには、そうした「小さな不正義」は許されるはずだ、という認識があったのであろう。

「乞食行進」

しかし、アメリカの考える「大きな正義」の陰で積み重ねられた数々の「小さな不正義」は、

5　阿波根昌鴻『人間の住んでいる島』（1982年）

沖縄の住民の間に、米軍への拭いがたい反感を醸成していった。

伊江島の人々は、自分たちを襲った理不尽な出来事に納得できず、世論に訴える道を選んだ。謝花悦子が回想する。

「土地を取られてからは、もう住むところもないし、畑もないし、食べるものも、植えるものも何にもない。それでもうこれは琉球政府に訴えるほかないといって政府前に座り込みに行ったわけ。島での座り込みじゃなくて、もう政府前に座り込みに行った。乞食になるのは恥ずかしいことであるけど、私たちを乞食にさせたのはなお恥だと」

琉球政府とは、当時の沖縄の行政組織である。今の沖縄県庁にあたる組織だが、実態としては米軍の監督下にあり、その権限は限定されていた。それでも、家を奪われ、テント暮らしを余儀なくされた伊江島の人々は、この琉球政府の前で座り込み、窮状を訴えるしかなかった。

さらに那覇をはじめとして沖縄本島各地でのデモ行進を行い、伊江島で起きていることを知らせて回った。その様子は、「乞食行進」と呼ばれた。

伊江島の人々の一連の行動によっても、アメリカ軍の対応が変わることはなかった。また琉球政府にもできることはほとんどなかった。

しかし、メディアによる報道も限られていた当時、伊江島の人々の行動は、沖縄の人々が初めて「銃剣とブルドーザー」の実態に接する機会を作った。そして、沖縄各地で進行していたアメリカ軍による土地接収に危機感を感じていた人々が、互いに連帯するきっかけともなった。

それはやがて1950年代後半の「島ぐるみ闘争」と呼ばれるアメリカ軍に対する全島的な抵抗運動へと発展し、さらには1960年代以降の本土復帰運動へと続くことになる。

那覇の町を「乞食行進」する伊江島の人々。阿波根昌鴻『人間の住んでいる島』より

「小さな不正義」によって灯された抵抗の火種は、やがて沖縄全体を包み込む大きな炎となっていくのである。

開示を待つ「歴史」

2017年6月初め、私たち取材班は、アメリカ南部アラバマ州の州都モンゴメリーに降り立った。経由したアトランタの巨大空港とは打って変わって、モンゴメリー空港の周辺には緑の牧草地帯が広がり、のんびりとした風景が広がっている。

伊江島で土地接収をめぐる闘争が繰り広げられていた1955年、モンゴメリーではマーティン・ルーサー・キング牧師を中心に、黒人差別に反対してバス乗車を拒否するバス・ボイコット運動が起きた。その動きはやがてアメリカ全土に波及し、黒人の権利獲得をめざす公民権運動へと発展していくことになる。沖縄の島ぐるみ闘争の端緒となった伊江島と同じように、モンゴメリーもまた抵抗の原点となった町だ。

こぢんまりとしたダウンタウンを抜け、数分車を走らせるとすぐに周囲の雰囲気が変わった。見えてきたのは、マクスウェル空軍基地のゲートである。

助手席でフロントガラス越しに撮影をしていたカメラマンの平川惣一に、リサーチャーの野口修司が、「撮影はここら辺でやめておきましょう。カメラは見えないように足下に置いてください」と言った。

基地のセキュリティは厳しい。許可を得ずに撮影していることが発覚した場合、テープごと没収されてしまう可能性もあるという。

この日までに、野口は、基地の中の撮影許可を取るために、国防総省を相手に2カ月以上交渉していた。企画書を送り、メールを何度もやり取りし、撮影クルー全員分のパスポートの写しも提出していた。日本を出発したときにはまだ撮影の許可が下りておらず、アメリカでのロケの日程を半分以上消化してからようやく許可が下りた。

マクスウェル空軍基地は、その敷地内にアメリカ空軍大学とアメリカ空軍歴史研究センターを備え、世界各地に配備されている空軍部隊の作戦記録や部隊史などを保管している。

リサーチャーの柳原緑は、歴史研究センターの書庫内に眠っている沖縄駐留の空軍部隊に関する資料の収集を進めていた。すでに文書をスキャンしたデータには一通り目を通していたものの、わざわざマクスウェル空軍基地の書庫まで足を運んだのは、書庫と文書をテレビカメラで撮影するためである。

ライフル銃を抱えた兵士によるセキュリティチェックを受けた後、ゲートのすぐ横にある待合所で、歴史研究センターの館長が私たちを待っていた。歴史学の博士号を持つ館長は、満面の笑みを浮かべ「ようこそ」と言って手を差し出した。

「ガードが堅く官僚的な国防総省の役人と違い、現場の人々は本当にいい人が多いんですよ」と横で野口が解説した。

歴史研究センターの建物は、広い基地の中を車で移動した先にあった。1階が閲覧室になっており、資料そのものは2階と3階に分かれて所蔵されている。テニスコートが優に3面は入りそうな広い空間一杯に書棚が配置され、それぞれにぎっしりと文書が収められている。私たちに開示された文書のほとんどは3階に収納されているものであるという。

私たちを案内してくれた担当者によると、2階には「シークレット（機密）」と「トップ・シークレット（最高機密）」に分類される文書が保管されている。文書が作成されてから数十年経ったものもあるが、未だにそのほとんどが機密解除されていないという。

3階で無事に目的の撮影を済ませた後、その担当者は、気を利かせてエレベータを2階で一旦止め、そのフロアを見せてくれた。確かに、書棚には赤いプレートに黒い文字で「TOP SECRET」の札がかかっている。しかし、私がエレベータから下りようとすると、その担当者は「ここから出ることは許可できない」と制止した。

今回私たちに開示された文書は、実は保管されている膨大な文書のほんの一部に過ぎないのだ。その奥には機密度の高い事実が大量に隠されたままとなっている。伊江島で行われていたLAB

Sについての文書を見つけたことに多少の達成感を感じていたものの、その背後に埋もれている事実の多さに気付き、言いようのない無力感に襲われたのであった。

第2章 海兵隊と核　知られざるつながり

当初は本土に駐留していた海兵隊

前章では、１９５０年代半ば、沖縄に最初に核兵器が配備され、訓練が始まった経緯を見た。当時、核兵器を運用する主体は、戦闘爆撃機が宙返りしながら核爆弾を投下するＬＡＢＳが象徴するように、主に空軍だった。

この章では、１９５０年代末に沖縄での駐留を開始した海兵隊と核兵器のつながりについて見ていく。

海兵隊と言えば、銃を担いだ屈強な兵士が、水陸両用車両に乗って海岸から上陸し、あるいはヘリコプターを使って敵陣に侵入し制圧するといった、いわゆる「殴り込み部隊」のイメージがある。ベトナム戦争を描いた映画『フルメタル・ジャケット』の、あのイメージである。しかし、この海兵隊が、かつて沖縄で、核兵器の使用を想定した訓練を重ねていたのである。

海兵隊は、現在沖縄に駐留する米軍の中でも、面積にして約67％、軍人数にして約57％を占める最大の部隊である。[6] 沖縄本島の中部や北部に広大な演習場をいくつも持ち、実弾を用いた訓練も行っている。

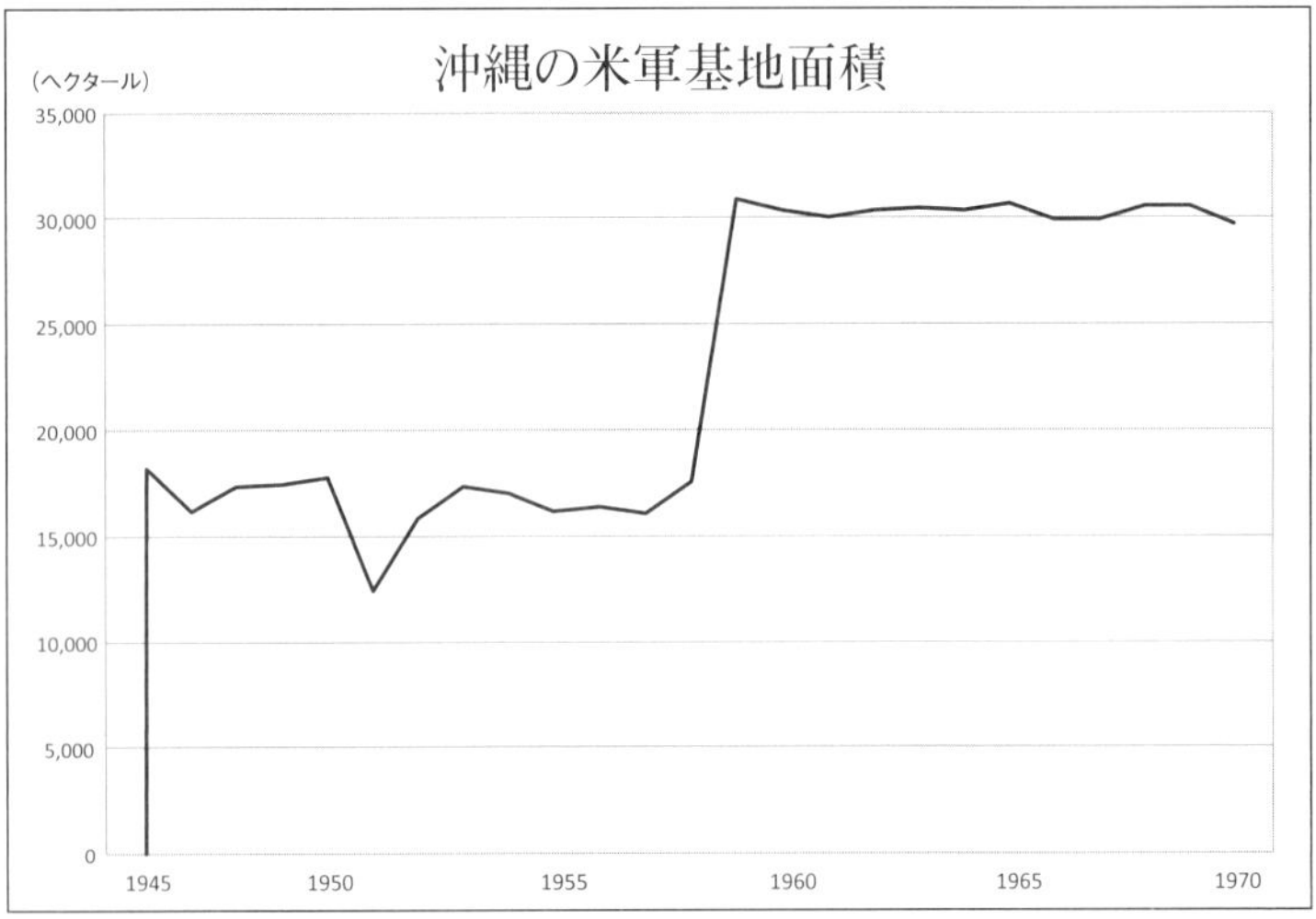

名護市辺野古への移設をめぐって沖縄県と政府が鋭く対立している宜野湾市の普天間基地は、その海兵隊の航空部隊が駐留する基地である。

しかし、海兵隊は、戦後一貫して沖縄に駐留していたわけではない。

最初に沖縄にやってきたのは沖縄戦の主力部隊としてであったが、終戦後、海兵隊はいったんアメリカ本国に引き揚げている。その後、朝鮮戦争が勃発すると、朝鮮半島への出撃に備えて、再び、アメリカ本国から日本へと派遣された。

しかし、このとき海兵隊が駐留することになったのは沖縄ではなく、日本本土であった。当時は、海兵隊は岐阜、山梨、静岡などに拠点を置き、訓練を行っていた。

その後、１９５０年代後半になって、日本本土から沖縄へと部隊の拠点を移転させることになるのである。

沖縄の基地化を進めた海兵隊

ここで、沖縄において米軍基地がどのように拡大してきたのか、その経過を確認しておく。50頁に挙げたのが沖縄における米軍基地面積の推移を表すグラフである。

当初、米軍基地面積の推移のデータなど、簡単に手に入るものだと考えていた。しかし、沖縄県の基地対策課に問い合わせたところ、県が把握しているのは、１９７２年（昭和47年）の本土復帰以降のデータのみで、それ以前のアメリカ統治下時代の米軍基地の面積などのデータは持っていないという。

結局、１９４５年（昭和20年）から、本土復帰に至る27年間の基地面積の推移は、米軍統治下の自治機構である琉球政府の資料や、学術書に部分的に引用されている米軍のデータを総合することで、ようやくその推移をつかむことができた。[7]

これを見ると、沖縄の米軍基地拡大には、大きく三つの段階があることが分かる。

第一段階は、１９４５年の沖縄戦によるものである。太平洋戦争のさなか、日本軍が沖縄本島各地や伊江島などに建設した基地をアメリカ軍が占領。それらを改修・拡張した上で日本本土への侵攻の足がかりとしたのである。また、普天間基地など、元々は集落や農地だった場所に、米軍が新たに作った基地もある。こうした、沖縄戦の最中から直後にかけて設置された米軍基地の

6　沖縄県知事公室基地対策課『沖縄の米軍及び自衛隊基地（統計資料集）』平成30年3月。これによると、沖縄における海兵隊の基地面積は、１万２５８７ヘクタールで66・9％、軍人数は、１万５３６５人で57・2％である。

面積は約1万7000ヘクタールで、沖縄本島の面積のおよそ14%を占めていた。

第二段階は、1950年代前半。一旦基地面積が減少するが、再び増加に転じている。これは、1949年にアメリカ政府が沖縄を長期保有することを決定し、基地建設が再開されたことによる。この年、中国大陸では、内戦に勝った中国共産党が中華人民共和国を成立させ、翌1950年には朝鮮戦争が始まっている。極東での共産主義勢力との緊張の高まりは基地建設を加速させた。第1章で見た、LABSの爆撃訓練場を建設するために伊江島で土地接収が通告されたのが1953年。これも第二段階の基地化の一環と言えるだろう。

第三段階は、1950年代後半。基地面積は一気に3万ヘクタール前後まで拡大し、沖縄本島の面積の25%を占めるまでになる。このときに、基地拡大の要因となったのが、日本本土から沖縄に移駐してきた海兵隊である。


では、なぜ、海兵隊は日本本土から沖縄へと移転することになったのか。その背景をめぐっては様々な説明や分析がなされてきた。

例えば、緊張が高まっていた台湾海峡での有事に備えて、地理的に近い沖縄に移転したという説明（地政学的理由）。本土に比べ、沖縄の方が基地を維持するための軍用地料などが安上がりですんだという説明（経済的理由）。さらには、本土で高まっていた米軍基地への反対運動が沖縄への移転につながったという説明（政治的理由）などである。

しかし、もう一つ、見落としてはならない背景があるように思われる。それが核をめぐる状況であった。

核武装化を急ぐ海兵隊

本土から沖縄に移転してきたのは、海兵隊の中でも、第3海兵師団と呼ばれる部隊であった。

今回、私たちは、この第3海兵師団の状況を詳細に調べるため、アメリカ国立公文書館に所蔵されている文書資料や、バージニア州にある海兵隊クアンティコ基地の海兵隊歴史センターに所蔵されているフィルム映像などを収集した。

その中でまず目にとまったのが、第3海兵師団の司令官が、部隊の大方針を訓示するために書いた文書である。本土に駐留していた海兵隊にとって、核兵器の技術を身につけ、それを運用できるようにすることが喫緊の課題となっていたことが記されている。[8]

「今般の、途切れることのない地球規模の緊張の中で、極東における『即応部隊』である我々の任務は、さらに重要度を増している。即応態勢を構築するための時間的猶予はない。

高い次元で達成されるべき即応態勢とは、核兵器の運用技術と敵の核攻撃からの防衛のあり方

7　琉球政府行政主席官房情報課編『軍用地問題はこう訴えた』1956年3月、琉球政府行政主席官房情報課『軍用土地問題の経緯』1959年5月、琉球政府経済企画室『軍用地関係資料抜萃』1955年6月、琉球政府編『琉球要覧』、沖縄タイムス社『沖縄年鑑』1959年・1960年、林博史『米軍基地の歴史』2011年、鳥山淳『沖縄　基地社会の起源と相克1945－1956』2013年、来間泰男『沖縄の米軍基地と軍用地料』2012年、平良好利『戦後沖縄と米軍基地―「受容」と「拒絶」のはざまで　1945~1972年』2012年などから作成。

を熟知することも含まれる。第二次世界大戦における方法論はもはや勝利を約束するものではない。（中略）

私は、今日、ここに核兵器があるということを強調したい。従来の兵器、装備、組織に比べ、核兵器は圧倒的なペースで進化しており、我々もそれに合わせた変化を義務づけられている」

早急に核兵器について学べ、と檄を飛ばす司令官――。海兵隊は、空軍などに比べ核兵器の技術を身につけることにおいて遅れており、必死になってその技術を身につけようとしていたことがうかがえる。

前章でも述べたように、アメリカ軍の核兵器開発は、広島に投下された原爆を典型とする戦略核から始まった。そして、１９５０年に始まった朝鮮戦争は、地上戦において使われる核兵器、いわゆる戦術核の開発を加速させることとなった。海兵隊が身につけなければならなかったのも、この戦術核である。

１９５３年5月、ネバダ核実験場において、初めての核砲弾の発射実験、「アップショット・ノットホール作戦」が行われた。これは、２８０ミリキャノン砲と呼ばれる巨大な大砲から核弾頭を発射するというものである。

広大な砂漠地帯で行われたこの実験を記録した映像が残されている。ドンという発射音の後、しばらく沈黙が続く。20秒後、７マイル（約11キロメートル）先で閃光が走り、巨大なきのこ雲が立ち上がる。核弾頭の威力は、広島に落とされた原爆と同じ15キロトン。敵の地上部隊をまるご

280ミリキャノン砲の核弾頭発射実験。1953年5月、米ネバダ州。米軍撮影

と破壊することを意図して作られた兵器である。

別の実験を捉えた映像には、核爆発による爆風が止んだあと、塹壕の中から海兵隊の兵士がわらわらと出てきて、きのこ雲に向かって行進する様子が捉えられている。兵士たちは、放射能の影響を恐れているようには見えない。そうした情報を与えられぬまま、被曝の恐怖を持たない兵士として核の戦場を戦い抜くことを求められていたのである。

本土で密かに始まっていた核訓練

先に紹介した、核兵器の技術を早急に身につけることを訓示した第3海兵師団司令官の文書は、1955年8月に書かれたものだ。朝鮮戦争が1953年7月に休戦してから2年が経っているが、あくまでも〝休戦〟であり、いつ戦闘が再開されても対応

8　T. A. Wornham, Statement of Policies, 3rd Marine Division, Type B Report, 1July-30 September, 1955, Folder 1B, Box 86, RG 127, NARA

できるように準備を続けていたことが分かる。

さらに、今回入手した資料の中に、第3海兵師団の日々の活動を記録した部隊日誌がある。それを子細に読み込むと、司令官が訓示を行った1955年という年が、本土の海兵隊が核兵器の技術を身につけていく上で極めて重要な年であったことが浮かび上がる。[9]

最初に核兵器についての記述が出てくるのは、1955年1月31日。

「司令官と副司令官が、特殊兵器のオリエンテーション・コースに出席するために岐阜から横須賀に向かった」とある。

「特殊兵器 Special Weapons」とは、米軍関連の文書に頻出する言葉で、核兵器を指す隠語である。この日、横須賀の、恐らくは海軍関連の施設で、海兵隊の幹部らが核兵器についての講習を受けたのであろう。

これ以降も、核兵器を導入するため水面下で動きがあったことが部隊日誌の記録から浮かび上がる。

4月　核攻撃のための手順や敵の核攻撃を想定した作戦計画 Operation Order 8－55を作成。核攻撃を受けた場合は、6フィート（約1・8メートル）以上の塹壕を掘る。

7月～9月　海兵隊の航空部隊が、厚木基地において、核兵器のオリエンテーション・コースに参加。

9月　神奈川・山梨・静岡にまたがる演習場で核兵器の使用を想定した訓練を実施。核兵器使用を想定し、富士山の周囲にある大山―山北ライン、鎌倉ラインを制圧する。

9月の演習は、核兵器の使用を想定したものではあったが、当然ながら、実際の核弾頭を使った訓練を行ったわけではない。仮に地元の住民がその演習を目撃したとしても、いつもと変わらない「米軍の訓練」にしか見えなかったであろう。

しかし、一見通常の訓練のように見えても、部隊日誌から明らかなように、その内実は核兵器を使った地上戦に備えるものであった。日本本土に駐留していた海兵隊は、水面下で、核攻撃能力と敵の核攻撃から防衛するための能力を秘かに身につけていたのである。

高まる反核感情

一方、この頃、本土の日本人の間では、アメリカの（核訓練ではなく）核開発に対する恐怖と怒りが広がっていた。

契機となったのが、前年（1954年）3月に起きたビキニ事件である。アメリカ軍が、太平洋のビキニ環礁で水爆実験を実施。周辺で操業していた第五福竜丸など、多くの漁船が放射性降下物によって被爆し、乗組員が死亡したのである。

築地市場に水揚げされたマグロからも放射能が検出されると、「原爆マグロ」という言葉とと

9　3rd Marine Division, Command Diary, 1955, Box 86, RG 127, NARA

もにマグロの価格が暴落。魚全体の消費量も大きく落ち込んだ。

このビキニ事件は、広島・長崎への原爆投下に続く「第三の被爆」と言われ、日本人の間で反核運動が高まる契機となった。

東京杉並では主婦を中心に原水爆禁止を求める署名運動の輪が広がり、最終的にその数は3000万人にのぼったとも言われる。「核兵器反対」の熱気は全国に波及し、各地で市民によるデモが開催された。翌1955年の8月6日には、広島で第1回原水爆禁止世界大会が開かれている。

この頃、第3海兵師団の部隊日誌にも、米陸軍の対敵諜報部隊CIC（Counter Intelligence Corps）からの情報として、演習場の周囲で起きた住民運動についての記録が残されている。

1955年7月26日「静岡県の御殿場に200人が集まって反対運動を行った。『富士山を守れ、核兵器反対』と書かれたビラを配っている」

海兵隊の富士演習場の近くで起きた米軍への反対運動。〝日本人の心のふるさと〟である富士山を米軍から取り戻せというスローガンだけでなく、「核兵器反対」の声も上がっていたことが分かる。

市民のこの声は、恐らくは、海兵隊がすでに核戦争を想定した訓練を始めていたことを正確に見抜いたゆえのものではなく、ビキニ事件を契機とする「アメリカの核開発」に対する反対運動の一環であったと思われる。

ニューメキシコ州アルバカーキの国立原子力博物館に展示されているオネストジョン

しかし、この直後、アメリカ軍が日本本土に実際に核兵器を持ち込もうとする計画が明らかとなり、さらなる大論争となる。

オネストジョン問題

発端となったのは、1955年7月28日付のワシントン発のAP電であった。

「アメリカ陸軍が、地上砲撃用の原子ロケット砲とその部隊要員を在日米軍に向けて送った」との記事が新聞各紙に掲載されたのだ。

この兵器は、「オネストジョン」と呼ばれる核弾頭を搭載可能なロケット砲である。地上から敵の部隊の破壊を狙う、いわゆる地対地兵器で、射程は15マイル(約24キロメートル)。発射台が大型トラックの上に設置されており移動可能なのが特徴であった。

「核弾頭を搭載可能」というのは、状況・戦術によって通常弾頭と核弾頭を使い分けることができたことを意味している。

通常弾頭であればいわゆる大砲などと変わらない威

力だが、核弾頭になると広島型原爆を上回る20キロトンの威力を発揮する立派な戦術核となった。

オネストジョンが日本にやってくるという記事が掲載された7月29日以降、国会はこの問題で持ちきりとなった。

野党議員が「日本が原爆の基地にされるのではないか」と政府を突き上げたのに対し、当初、鳩山一郎首相は「まだアメリカ側から正式な連絡はない」とかわす。

しかし、さらに追及されると、重光葵外相が、米大使館への問い合わせの結果として、次のように回答した。

「新型兵器を日本に輸送する計画はあるが、これは原子爆弾とは何ら関係はないものである。これには、いわゆる原子弾頭を装置をしておるたまを使うことはできるけれども、日本向けのものにはかような原子弾頭のついておるたまを持っておらない。こういう返事でございました」[10]

要するに、日本に持ち込まれるオネストジョンには核弾頭が付属していないので核兵器には該当せず、問題ないと説明したのだ。

しかし、この政府の見解に対して野党議員から「おかしいじゃないか」「原子兵器じゃないか」といった野次が飛び交い紛糾。法案の審議がストップし、その責任をとり杉原荒太防衛庁長官が辞任に追い込まれる事態に発展した。

旧安保条約下での「核持ち込み」への対応

ところで、そもそもこのオネストジョンの問題が起きたとき、日本政府の「核兵器持ち込み」

に対する姿勢は極めて曖昧なものであった。

現在、日本政府は「非核三原則」を国是としてかかげ、日米安保条約にも核兵器の持ち込みを制限する「事前協議制度」が定められている。この事前協議制度とは、アメリカが日本に核兵器を配備するなどの「装備における重要な変更」を行う場合には必ず事前に日本側に連絡し協議を行うというもので、日本は核兵器の持ち込みに対しては、「いかなる場合にもこれを拒否する」方針を示している。つまり、アメリカによる核兵器の持ち込みは許可しない、というのが日本政府の立場だ（事前協議制度については第8章で詳しく述べる）。

ただし、この「事前協議制度」が設けられたのは１９６０年の安保条約改定のときであり、佐藤栄作首相が「持たず、作らず、持ち込ませず」の非核三原則を国会で表明するのはさらに先の１９６７年である。

要するに、オネストジョンの国内配備が問題となった旧安保条約の時代には、アメリカによる核兵器の持ち込みを拒絶する明文化された規定はなかったのである。

ではどんな規定があったのか。１９５２年に発効した旧安保条約は、その第一条で、

「アメリカ合衆国の陸軍、空軍及び海軍を日本国内及びその附近に配備する権利を、日本国は、許与し、アメリカ合衆国は、これを受諾する」

とされ、日本が米軍に基地を提供することを約束した。

さらに、米軍の国内への配備の条件を定めた日米行政協定は、第三条において、

10　１９５５年７月30日、参議院本会議。（原文ママ傍点筆者）

「合衆国は、施設及び区域（＝基地）内において、それらの設定、使用、運営、防衛又は管理のため必要な又は適当な権利、権力及び権能を有する」

とされ、米軍基地にどのような部隊や兵器を配備するかについて、それを完全に米軍に委ねるものとなっていた。

つまり、オネストジョンの問題が湧き起こったとき、日本には、それを拒否する根拠となるものはなかった。そしてそのことが国民にとっては重大な問題だったのである。

オネストジョン問題が起きる2カ月前の1955年5月、野党社会党は、「米軍に日本国内の基地を自由に使用させることを約束した安保条約及び行政協定のもとで、かつ国際法において核兵器が禁止されていない以上、アメリカ軍は核兵器を自由に日本国内に持ち込めるのではないか」と政府を追及した[11]。

それに対し、重光外相は、ジョン・アリソン駐日米大使と会談を持ったとして、以下のように回答した。

「私は、それはアリソンの言葉として申し上げるわけには参りません。私の了解として申し上げます。そして、これは十分確かな了解でございます。それはたびたび申し上げた通り、アメリカ軍隊は、日本において今日原爆は持っておらぬという第一の事実であります。それから、アメリカが将来日本を原爆の基地にする意図はないということでございます。原爆を日本の承諾なくして――日本が承諾すればむろんのことでありますが、承諾なくして原爆の基地にするようなことはない、こういうことでございます。これが私の了解でございます」[12]

重光外相がここで述べた、

「アメリカは現在日本に核を保有していない」

「将来的にも核を配備する意図はない」

「核兵器を持ち込む場合は日本の承諾が必要」

という三つの了解事項は、「重光・アリソン口頭了解」と呼ばれ、後の非核三原則や事前協議制度のエッセンスとなるものが含まれていることが分かる。だが、この時点ではそれは文字通り「口頭了解」であって、アメリカ軍による核兵器の持ち込みを確実に拒否できる根拠たりえるものではなかった。


しかも、2010年3月に、民主党政権下で出された『いわゆる「密約」問題に関する有識者委員会報告書』では、この重光の国会答弁のあと、アリソンが重光に厳重に抗議しており、そもそもこの「重光・アリソン口頭了解」なるものが存在しなかった（つまり重光のでまかせだった）という驚くべき事実も明らかにされている。

『有識者委員会報告書』は、「なぜ重光がそのような虚偽の発言をしたのか、十分明らかではないが、少なくとも、国民の反核意識が強いがゆえに起こった事件だったということはできる」と書いている。[13]

11　1955年5月25日、衆議院予算委員会
12　1955年7月6日、衆議院外務委員会
13　「いわゆる『密約』問題に関する有識者委員会報告書」2010年3月9日

強行された発射訓練

政府が持ち込みを拒否できる明確な根拠を示すことができず、苦しい答弁を強いられていた中で、まさにその疑念を現実のものとして突き付けたのが、オネストジョン問題だった。

国会で政府と野党の攻防が続いていた1955年8月、アメリカ陸軍は、そうした国内の論争などお構いなしとでも言わんばかりに、横浜港にオネストジョン本体と発射台となるトラックを陸揚げした。

そして11月7日、オネストジョンを運用する陸軍部隊が、海兵隊とともに最初の発射訓練を行った。

私たちが入手した第3海兵師団の部隊日誌には、その前日の11月6日、「明日、核兵器部隊が富士演習場において、初めて兵器のプレゼンテーションを行う」と記されている。「プレゼンテーション」という言葉が示すように、この訓練は日本側にも公開され、防衛庁や自衛隊に加え、地元自治体の関係者も演習場の観覧席に招かれた。

ＮＨＫに残されている当時のニュース映像には、多くの市民が演習場周辺に集まり、発射訓練への反対を叫ぶ様子が記録されている。

人々は、「富士を守れ」「オネストジョン持ち込み反対」などと書かれた鉢巻きやたすきをかけ、スクラムを組んでジグザグ行進を行った。やがて米軍のＭＰ（軍警察）が現れ、デモ隊との間に衝突が発生。演習場全体がものものしい雰囲気に包まれる中、オネストジョンが発射された。

〝子供たちの将来が保証できない〟

当時、日本本土で核兵器反対を訴えていた人々はどのような思いを持っていたのだろうか。静岡・山梨両県にまたがる富士演習場の山梨県側で、米軍訓練への反対運動に加わっていたという依田篤三《とくぞう》（90）に話を聞くことができた。

小学校の教師を務めていた依田はオネストジョンが日本に持ち込まれた1955年、同じく小学校の教師をしていた妻との間に、第一子となる長男を授かった。

教師でありながら反対運動に参加することに対し、学校側から苦言を呈されたこともあったという。しかし、それでも声を上げずにはいられないほど、核兵器の問題は、家族の未来に関わる重大な問題だったと言う。

「アメリカでも水爆、ソ連でも水爆、まるで原水爆の恐怖の中に日本がさらされている、包まれちゃっているという、そういう時代ですよね。だから本当にね、子供を安心して育てていけるのかどうかっていう恐怖が強かったですね。今思い出しても暗澹とした気持ちで、子供たちの将来が保証できないっていう思いがしましたね」

かつて米軍がオネストジョンの発射訓練を行っていた場所を依田に案内してもらった。現在、その場所は、陸上自衛隊の北富士演習場として使われている。当時はフェンスがなかったため、市民は演習場の中に入って米軍への抗議を行っていたという。

米軍がオネストジョンを持ち込んだとき、日本政府は、「たま（核弾頭）が付いていないから、核兵器ではない」と説明した。しかし、依田にとってその説明は全く納得できるものではなかったという。

「場合によっては核弾頭を装着できるというんだから。なんでそんなことを認めなきゃならんのかという、そういう怒りですよね。普通の兵器の演習とは全く恐怖が違いました」

核をお互いに突き付け合う冷戦構造の中で、日本がアメリカの核拠点になれば、いずれ核戦争に巻き込まれるのではないか。そうした不安が日本中に広がっていたのである。

〝核アレルギー〟に敏感になっていたアメリカ

日本人の間で高まっていた反核感情に対し、アメリカ政府は敏感に反応していた。

例えばここに、ダレス国務長官に宛てた「日本への核兵器の配備」と題されたメモがある。[14] 差出人は、核戦略に関する国務長官の特別補佐官の任にあったジェラルド・C・スミス。文書が書かれたのは1955年6月。日本の国会で野党が政府に対しアメリカによる日本への核兵器の持ち込みの可能性を追及し、旧安保条約の下で日本には核持ち込みを拒絶する法的根拠がないことが露呈した時期である。

文書の中でスミス特別補佐官は、「現在も日本の国会では、核コンポーネントを日本に貯蔵することについて引き続き過敏な状況がつづいている」と述べ、「緊急の軍事的必要がない限り、いま日本本土に核コンポーネントを持ち込むことは賢明ではない」と結論づけている。

ここで、「核コンポーネント」というのは、核兵器の中でも、プルトニウムなど核爆発を引き起こす中核部分を指す。当時アメリカは、「核コンポーネント」と「非核コンポーネント」を分けて貯蔵・管理していた。核コンポーネントとは、つまり、重光外相の発言にあった「たま」のことであるこの文書から分かることは、アメリカ政府が、日本国内の核兵器反対の世論があまりに強いことを懸念し、実際に核兵器としての能力を発揮させる核コンポーネントを持ち込むことをためらっていたことである。

実際、核兵器の海外基地への配備の実態を明らかにした国防総省の『歴史』でも、リストの「日本」の項目に記録されているのは、ただ一点、Nonnuclear bomb（非核コンポーネント）だけである（『歴史』では、「沖縄」と「日本」は別の項目になっている。沖縄は米軍の統治下にあり、日本ではなかったからである）。ただしその導入開始時期は1954年12月～1955年2月とされており、国内でオネストジョンの持ち込み問題が起きた1955年7月よりも半年ほど早い。オネストジョンの半年前に何が持ち込まれていたのかについては明らかになっていない。

アメリカ文化情報局による日本人の意識調査

今回の取材で、アメリカ政府が、自らの手で、日本人の反核感情について調査していたことを示す文書が見つかった。

対日工作や反共産主義プロパガンダ政策を担っていたUSIA（アメリカ文化情報局、United States Information Agency）が1957年に行った調査報告書『米軍の部隊、基地、そして核兵器に対する日本人の態度とその傾向』である。[15]

14 Memorandum for John F. Dulles from Gerard C. Smith, Deployment of Atomic Weapons to Japan, June 1, 1955, Box 2, Country and Subject File 1950-1962, NARA

Q1. 日本本土の米軍基地についてどう感じるか?

	全　体	上流層	大学出
良　　い	14%	17%	11%
良くない	56%	63%	77%
意見無し	30%	20%	12%

Q2. 米軍基地が良くないと考える理由は何ですか?

	全体	上流層	大学出
戦争に巻き込まれる不安 （原水爆が日本に投下される不安を含む）	19%	19%	30%
米軍による土地接収	14%	16%	10%
日本の独立を妨げていること	9%	11%	17%
米軍の駐留根拠への疑問 （日本の防衛に役立っていない）	7%	10%	15%
米兵による悪行	3%	2%	1%
米軍・自衛隊ともに基地が多すぎる	1%	2%	3%
日本に米軍部隊が多すぎること	1%	*	1%
米軍が日本と協議せず基地を使えること	*	1%	0%
その他	*	0%	0%
意見無し	2%	2%	0%
米軍基地は「良くない」	56%	63%	77%

＊は、0.5%以下。

調査は、20歳以上の日本人約1800人を対象に行われた。政治や世論への影響力の大きい知識層の考え方を知るため、教育レベルや経済レベルが高い人々を「上流層」（全体の約20％）、さらにその上、「大学出」（全体の約5％）については、それぞれ分けて結果を算出している。

まずUSIAが問うたのは（Q1）、日本人の米軍基地への基本的な態度である。

米軍基地の存在について全体の56％が反感を持っており、その割合は、「上流層」「大学出」と影響力の大きい層になるほど高くなる傾向が浮かび上がった。

調査を行ったUSIAにとって、問題は、その反感の原因は何なのかであった。

次のQ2では、上の質問で「良くない」と答えた人々にその理由を問うている。

米軍基地を「良くない」と考える人にとって、その原因の最たるものは、日本がアメリカの戦争に巻き込まれることへの不安であり、しかもその不安は、「原水爆が日本に投下される」を含むことが浮かび上がった。

USIAは、日本人が抱えているこの核への不安をさらに掘り下げていく。

Q3では、一般大衆から知識層に至るまで、圧倒的多数が核兵器配備について反対していることが分かる。

さらにUSIAは、日本人の間で広まっている「すでに米軍は日本に核兵器を持ち込んでいるのではないか」という疑念についても問うている（Q4）。

15 United States Information Agency,Trends in Japanese Attitudes Toward U.S. Troops, Bases and the Role of Atomic Weapons, October 17, 1957, Box1 Folder14, RG306, NARA

当時、米軍は日本本土に核兵器を持ち込んでいないというのが日米両政府の公式見解であった。オネストジョンについても、核弾頭は持ち込んでいないため、それは核兵器にあたらないとしていたのである。

にもかかわらず、知識層ほど、すでにアメリカ軍は日本に核兵器を持ち込んでいるという疑念を持っていた。

調査の結論として、USIAは、「日本人の圧倒的多数が米軍の核兵器配備に反対しており、その多くは、米軍が核兵器をすでに配備しているという疑念を持っている。そしてそのことが、米軍基地への悪感情につながっている」と分析している。

核問題を背景に米軍は本土から沖縄へ

さらに興味深いことに、USIAはこの調査で、「沖縄に米軍基地を置くことの是非」についても問うている（Q5）。

その結果、沖縄に米軍基地があることが「望ましくない」と答えた人は、41%（全体）、52%（上流層）、56%（大学出）であった。

この数字は、本土の米軍基地を「良くない」と答えた56%（全体）、63%（上流層）、77%（大学出）を下回った。

この結果について、USIAは、「沖縄に米軍基地を置くことへの反発は、本土の米軍基地への反発に比べるとかなり小さい」と分析している。

Q3. 米軍が日本で核兵器を配備することに賛成か、反対か?

	全体	上流層	大学出
賛　成	5%	7%	5%
反　対	76%	78%	88%
意見無し	19%	15%	7%

Q4. 日本の米軍部隊は核兵器を持っていると思うか?

	全体	上流層	大学出
思　う	25%	33%	45%
思わない	21%	21%	27%
意見無し	54%	46%	28%

Q5. 沖縄に米軍基地を置くことの是非

	全体	上流層	大学出
本土の基地「良くない」	56%	63%	77%
沖縄の基地「望ましくない」	41%	52%	56%

こうした調査が、米軍部隊、特に海兵隊部隊の日本本土からの撤退と沖縄への移転という米政府の意思決定にどの程度の影響を与えたのか、それはこの資料だけでは分からない。

しかし重要なことは、当時アメリカが、日本人の反基地感情の源流を反核感情に見いだしており、そのことに強い警戒感を持っていたこと。そして、本土よりも沖縄に基地を置く方が、「ハードルが低い」と見なしていたことである。

当初、日本本土にも核兵器の配備を進める意思を持っていたアメリカ。しかし、ビキニ事件を端緒として、１９５０年代半ば以降、日本人の間に高まっていた反核世論は、その意思を阻むことになった。

そして、時を同じくして、米軍は、本土から沖縄へと移転を進めていくことになるのである。

第3章 島ぐるみ闘争と海兵隊移駐

海兵隊の土地接収計画

核兵器持ち込みの問題で国会が揺れ、富士演習場においてオネストジョン訓練への激しい反対運動が繰り広げられた1955年。この頃の沖縄の状況はどのようなものだったのだろうか。

第1章で見たように、この年、沖縄では、「銃剣とブルドーザー」と呼ばれる米軍による強制的な土地接収の嵐が吹き荒れていた。

その象徴的な現場となっていたのが伊江島、それに宜野湾村伊佐浜集落などである。土地接収の通告に抵抗し続けるこの両地区の住民に対し、米軍は武装した兵士を送り込み、家屋には火を付けて焼き払い、ブルドーザーで敷きならし、抵抗する住民を次々と逮捕していたのである。

この頃、沖縄本島各地で多くの土地を接収する計画を立てていたのが海兵隊であった。

1956年時点の沖縄の軍用地分布図を見ると、現在の海兵隊演習場であるキャンプ・ハンセン、キャンプ・シュワブ、北部訓練場などにあたる広大な区域が、「新規接収予定地域」とされていることが分かる（75頁参照）。

こうした土地接収の通告に不安を感じ始めた住民たちは各地で連携し、抵抗運動を始めていた。

この頃、住民の立場を代表して直接アメリカと折衝していたのが「琉球政府」である。琉球政府は、アメリカ軍主体の統治機構である琉球列島米国民政府（ＵＳＣＡＲ《ユースカー》）のもと、名目上は、行政・立法・司法の自治権限を与えられていた。

名目上というのは、どういうことか。実は、琉球政府は、「琉球における政治の全権を行うことができる」とされた一方、「ＵＳＣＡＲの布告、布令および指令に従う」との条件がつけられていた。つまりＵＳＣＡＲは、琉球政府の施策が気にくわない場合には、それを拒否することができた。また、現在の県知事にあたる琉球政府行政主席もＵＳＣＡＲの任命制であった。琉球政府は、実態としては米軍の傀儡組織に近かったのである。

「反対」ではなく「陳情」

当時、この琉球政府の職員として、米軍との軍用土地問題の最前線で交渉に当たっていた人物が存命であることが分かった。

沖縄本島中部の読谷村《よみたんそん》に住む知花成昇《せいしょう》（98）である。

現在も月に数回はゴルフを楽しむという知花は、記憶も確かで、自らの経験を、じっくりと時間をかけて振り返ってくれた。さらにありがたいことに、琉球政府時代の写真や資料を今も保管していた。

読谷村に生まれ育った知花は戦時中に徴兵され、日本軍の一員として、満州、旅順、釜山などを転戦。１９４５年8月15日、台湾守備隊の中隊長として玉音放送を聞き、終戦を迎えた。戦後、台湾から沖縄に引き揚げると、ふるさとは破壊し尽くされており、住民の多くは本島北部の民間

1956年の海兵隊の土地接収計画。点線部分が新規接収予定地域。琉球政府行政主席官房情報課編『軍用地問題はこう訴えた』より

人収容所に移動させられていた。

読谷村の役場職員となった知花は、まず、米軍のトラックを使って人々を収容所からふるさとに戻す仕事を担った。収容所にいる間に先祖代々の土地を接収された人も多く、ふるさとに戻ったとはいえ、一つの家の中に数世帯が密集しての生活を余儀なくされた場合もあったという。

その後、同じ読谷村出身で、琉球政府行政主席を務めていた比嘉秀平に誘われて琉球政府経済企画室に勤務することになり、ここで「島ぐるみ闘争」への対応に追われることとなった。知花に言い渡されたのは、土地問題で住民とアメリカ軍との間に立って交渉を行うことである。

「新しい土地を接収するなとか、一括払いはだめだとか、いわゆる『四原則』を貫徹するというのがアメリカとの交渉の目標でしたね」

知花の言う「四原則」とは、琉球政府が米軍との交渉にあたって掲げた指針である。

当時、沖縄の住民が特に反発していたのが、土地を合法的に接収できる布令（土地収用令）に加え、米軍が、接収した土地に対する地代（軍用地料）を「年払い」から「一括払い」に切り替える方針を示したことである。

米軍が支払っていた軍用地料は、「一坪の地代ではコカコーラ一本、タバコ一個も買えぬ」と言われるほど安かった。仮に「一括払い」を認めてしまえば、わずかな対価で、土地を永久に米軍に提供することになってしまうことを人々は恐れた。

そこで、琉球政府は「一括払い反対」「適正補償」「損害賠償」「新規接収反対」からなる軍用土地問題解決のための四原則を策定し、米軍と交渉することにしたのである。

住民による米軍への抗議集会が各地で開かれ、「四原則貫徹」を掲げて交渉にあたる知花たち

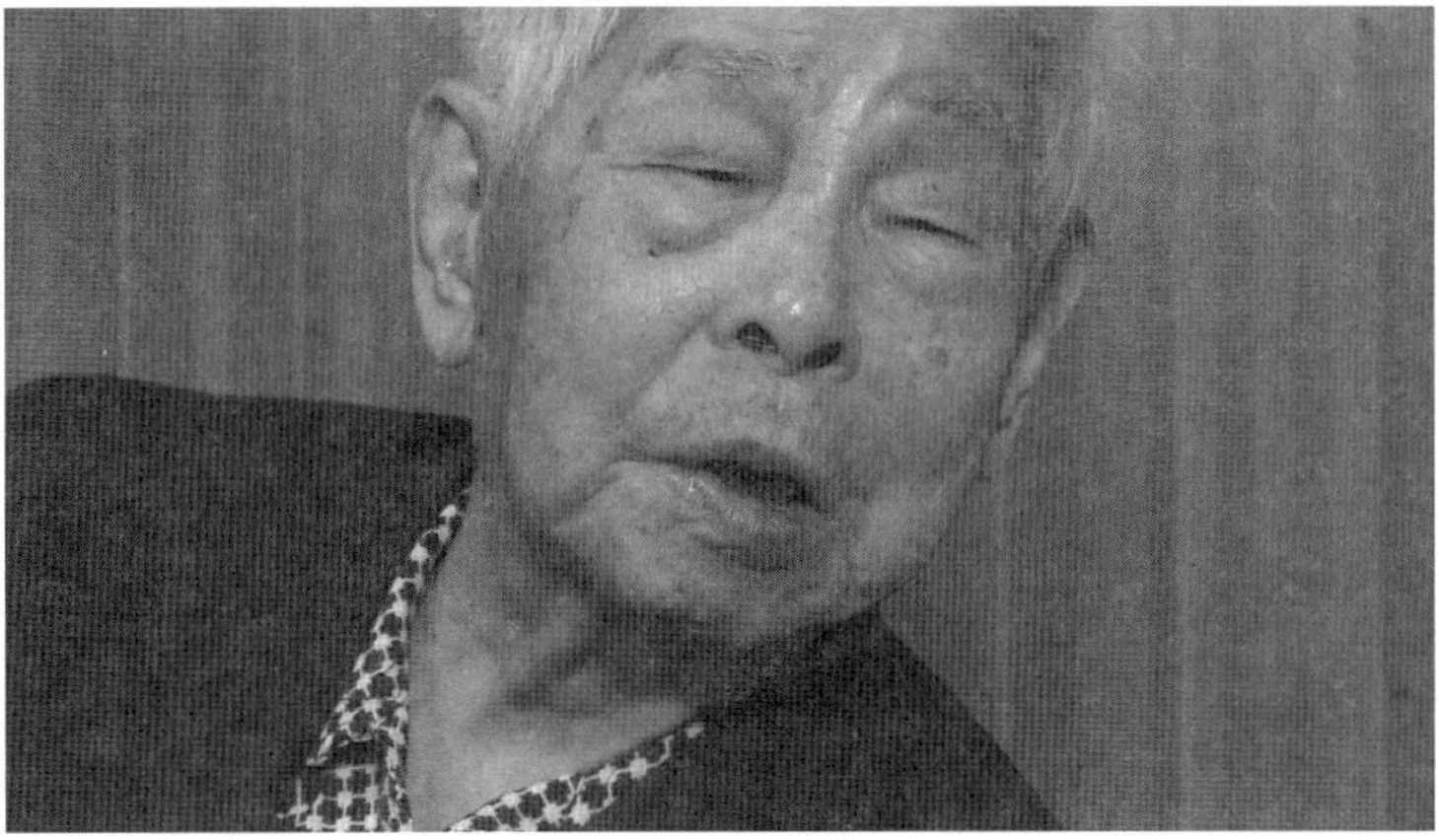

インタビューに答える知花成昇

には大きな期待がかかった。

しかし、琉球政府の方針をUSCARが拒否できる仕組みとなっていることに加え、食料の一部をアメリカからの配給に頼っている現実もあった。強気の交渉などやりようもないという限界も感じていたという。

知花は、交渉の実情を、「アメリカーの方針に反対するというよりは、陳情だった」と打ち明けた。

見過ごされた核配備の意図

それでも、ひょっとすれば沖縄の住民の願いが聞き入れられるのではないかと期待させる動きがあった。

1955年10月、四原則をはじめとする琉球政府の訴えを受けて、ワシントンのアメリカ議会下院軍事委員会が、軍用地問題調査団を沖縄に派遣することを決めたのである。この調査団は、団長を務めたメルビン・プライス議員の名を取って、「プライス調査団」と呼ばれた。

知花は、調査団に見せるために作成した資料を今も保管していた。沖縄の住民生活を知ってもらうために作成した資料には、写真と共に英語の説明を添えた。

藁葺き屋根の民家が密集している写真では、「軍用地のために土地を追われた農家は、日の当たらぬ不便な谷間で集められて暮らしている」と書き、基地に接収された土地の写真の説明書きには、「沖縄は狭く、いかなる土地でも貴重である」と書くなど、住民生活の実情を何とか実感を持ってプライス調査団に届けようと細かな工夫を重ねた。

知花の故郷である読谷村でも、すでに村の面積の7割以上を基地が占めていた。もうこれ以上、わずかな見返りで大切な土地を取り上げられる訳にはいかないという決意だった。

ところが、沖縄での現地調査を終えたプライス調査団が翌1956年6月に提出した報告書、いわゆる「プライス勧告」は、知花たちの期待を裏切るものであった。

軍事戦略を優先し、「地代の一括払い」「土地の新規接収」の必要性にお墨付きを与えるものだったからである。人々の怒りは爆発、「プライス勧告粉砕、四原則貫徹」を掲げる住民大会が各地で開かれ、那覇高校には過去最高となる15万人の人々が集結。伊江島の住民による「乞食行進」に端を発した「島ぐるみ闘争」は、ここにピークを迎えるのである。

一方、「地代の一括払い」などの軍用地料の条件の陰に隠れて、プライス勧告には核兵器についてのアメリカの本音がさらりと書き込まれていた。実は、「沖縄と核」という意味ではこれこそが極めて重要な分岐点であった。

「ここでは、我々が核兵器を貯蔵または使用する権利に対して、何ら外国政府からの制約を受けることがない。（中略）アメリカが日本本土から軍隊を引き揚げる場合には、軍事基地として沖縄を保持することは、平時にあってもますます重要になる」[16]

アメリカが沖縄において、核兵器を配備するという明確な意図を持っていたこと、さらには、日本本土と違って、その意図を妨げるものがないというプライス調査団の見立てが率直に記されている。

先に見たように、アメリカは日本本土の〝反核感情〟に手を焼いていた。国民の反核エネルギーの高まりが日本の国会を空転させ、さらには米軍基地そのものへの反発につながることに警戒感を見せていたのである。

一方、沖縄では、そのような縛りがなかった。プライス勧告はこうした文脈で書かれたのだ。

〝沖縄は核配備に制約はなく、今後ますます重要になってくる――〟

核の問題が、アメリカが沖縄に基地を欲した重要な要因の一つになったのだ。

ところが、一方の琉球政府は、この核に関わるアメリカの意図を取り立てて問題視しなかった。いや、できなかった、と言った方が適切かもしれない。

知花が自宅で保管していた資料の中に、『プライス勧告とその反論』と題された冊子がある。

16 Report of a Special Subcommittee of the Armed Services Committee House of Representatives, June 1956, 沖縄県公文書館所蔵、資料番号 0000030365

発行されたのは1956年9月。プライス勧告がアメリカ議会に提出されてから3カ月。勧告の原文をアメリカから入手し、大急ぎで日本語に訳し、それに対する琉球政府としての反論をまとめたものである。

プライス勧告の全訳には、当然ながら先ほどの核兵器に関わる部分も含まれている。しかし、プライス勧告に逐一反論する中で、琉球政府がこだわったのはあくまで「四原則貫徹」、つまり、新規に土地接収を行わないこと、すでに接収がなされた土地に対しては適正な地代を払うことといった土地問題であった。

日本本土であれば、アメリカ軍が核兵器を持ち込むという意図が明らかになったならば、確実に強い反発が起きたであろうし、実際、オネストジョン問題で見たように、国会にとどまらず市民レベルでも活発な反対運動が展開された。

一方、沖縄では、核兵器に関するアメリカの意図が書かれた勧告を目の前にしながら、核の問題が争点として立ち上がることはなかった。

なぜだったのか。知花に、当時の認識を問うた。

——プライス勧告の中で、核兵器を沖縄に自由に置けると書いているが、核兵器のことは頭にありましたか?

「よく覚えていないですね」

——沖縄には核兵器を置けると書いてあるんですよね。

「核兵器のことは全然頭になかった。聞いたこともなかった、核の問題は。全くなかったですね。

琉球政府時代は」
――日本本土では核の反対運動が起きているが、沖縄ではなかった？
「なかったですね。もう核はないもんだと思っていたんですね。瀬長さんも核反対をしてないんですよ、その頃は。言ってないさーね。瀬長さんが核のこと言っていないから誰も分からなかったんじゃないですか」

知花が言う瀬長さんとは、瀬長亀次郎のことである。戦中から終戦直後にかけて新聞記者として過ごし、その後政治家に転身。那覇市長や復帰後初の沖縄選出衆議院議員などを務めた。ＵＳＣＡＲからの強い弾圧を受けながらも市民による米軍統治への抵抗運動をリードした人物として、沖縄の戦後史を象徴する人物でもある。

知花の証言は、当時の沖縄では、社会のリーダー層・知識層であっても核兵器への関心がまだほとんどなかったことを示している。[17]

一方、日本本土でも、沖縄と同じように、米軍の土地接収に対する抵抗運動は強かった。しかし、先に紹介したＵＳＩＡによる日本人の意識調査からも明らかなように、土地接収以上に、原水爆を含めた「戦争に巻き込まれる不安」が大きかった。また、教育・経済レベルが高いほど、戦争や核兵器への不安が高まり、逆に土地問題への関心が低くなる傾向もあった。（83頁参照）

17　ただし、瀬長亀次郎は、１９５６年12月に行われた那覇市長選で「四原則貫徹」「日本復帰」とともに「原水爆基地反対」を掲げている。全く認識がなかったわけではないのだ。

一方、沖縄では、大衆からリーダー層にいたるまで、関心は土地問題に集中していた。人々にとって土地を守ることが明日を生きるための切実な課題であり、米軍の土地接収のあり方も本土と比べて強権的で乱暴なものだった。

そして、こうした沖縄の状況は、アメリカから見ると、土地をめぐる条件闘争を繰り広げている間に、反核感情を回避しながら核兵器を配備する隙があったとも言えるのだ。

適正補償の代償としての核基地化

結局、USCARと琉球政府は協議を重ねた結果、1958年、双方の合意による「新土地政策」にたどり着いた。

地主が契約に応じなかったとしても米軍が土地を強制収用できる仕組みは温存された一方、アメリカ側は譲歩も見せた。

住民が最も警戒していた土地の一括払い方式を取り下げ、軍用地料は年払いにすることに同意。さらに、不当に安いと不満の出ていた軍用地料も定期的に見直しが行われることになり、沖縄側が求めていた「適正補償」も一応はなされることになったのである。

この結果、沖縄各地で土地契約に応じる人が増え始める。

中でも先陣を切って土地契約に応じたのが辺野古集落だった。そして建設されたのが海兵隊のキャンプ・シュワブだ。現在、普天間基地の移設先とされているキャンプ・シュワブはこの時にできたのである。ここには、核兵器の貯蔵施設が設置されたことも分かっている。

こうして新土地政策に合意して以降、米軍基地の面積は一気に増加していくことになる。第2

Q2. 米軍基地に反対する理由（抜粋）

	全体	上流層	大学出
戦争に巻き込まれる不安（原水爆が日本に投下される不安を含む）	19%	19%	30%
米軍による土地接収	14%	16%	10%

章に掲載した沖縄における米軍基地面積のグラフでも明らかなように、1958年から59年にかけて、基地面積が急増している。この間に増えた面積の大部分は、海兵隊が接収を通告していたキャンプ・ハンセン、キャンプ・シュワブ、北部訓練場など、本島中部から北部の演習場である。

それは次に掲げる1959年の米軍軍用地分布図と、先に掲げた56年の分布図を比較しても明らかである。

1956年のプライス勧告によって高まった「島ぐるみ闘争」は、土地契約の条件闘争においてアメリカの譲歩を引き出すという一応の〝成果〟を収め、終結した。

しかしその〝成果〟は、日本本土で大きな反発を受けた核兵器が、知らぬ間に大量に沖縄に配備されるという、大きな〝代償〟を伴っていたのである。

軍用地分布図その他諸統計

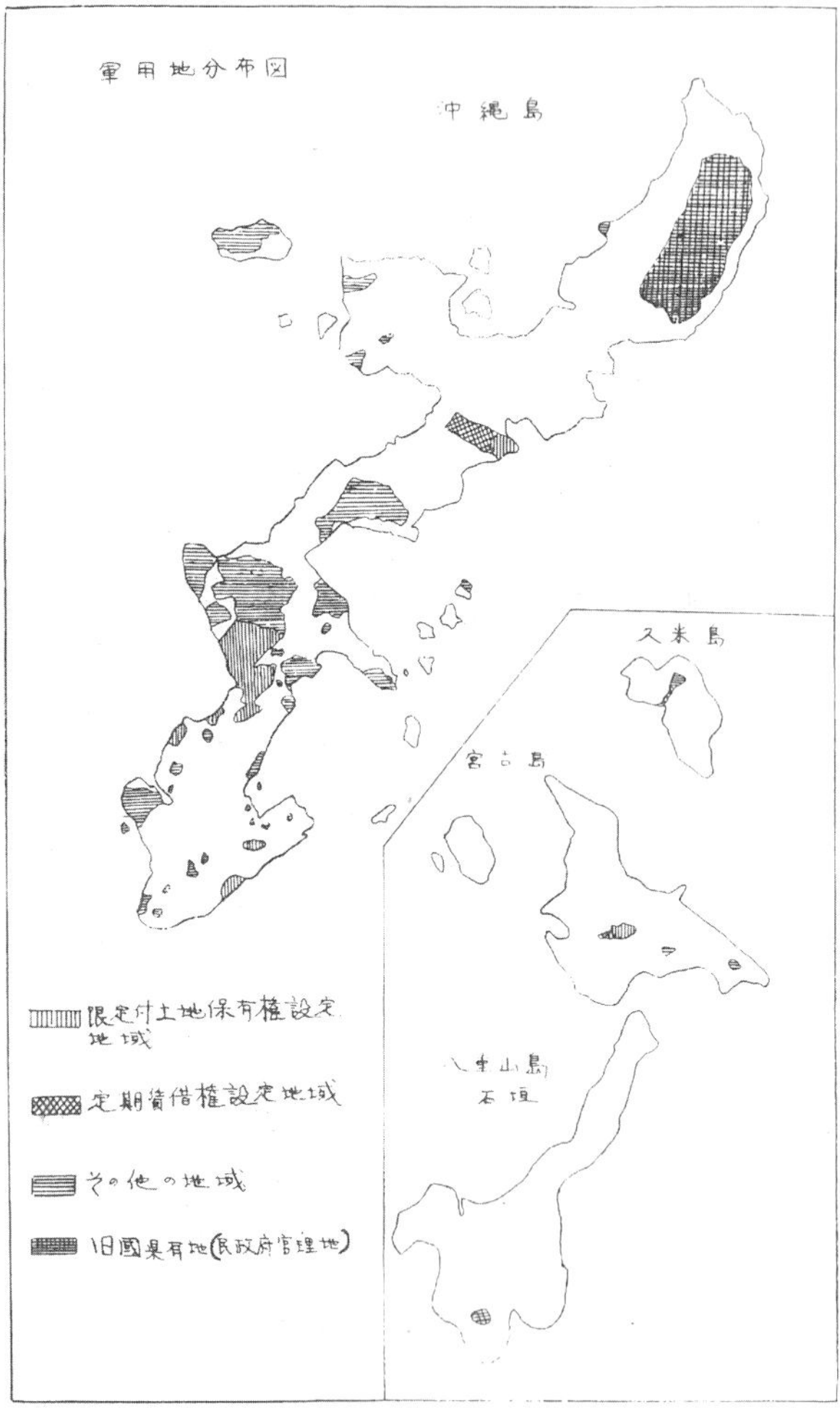

1959年の米軍基地図。75頁で「新規接収予定地域」となっている部分が米軍基地となっている。琉球政府行政主席官房情報課『軍用土地問題の経緯』より

第4章 海兵隊による核運用の実態

〝オネストジョン発射〟の映像

本土から米軍の地上部隊が撤退し、海兵隊の沖縄移駐が進んでいた１９５０年代後半、沖縄には密かに何種類もの核兵器が配備された。

国防総省の『歴史』に掲載されている、アメリカが沖縄に配備していた核兵器のリストをもう一度見てみよう。

核／非核両用の大砲である8インチ榴弾砲（8-inch howitzer）、対潜水艦用核爆弾（Depth bomb）、橋・道路・トンネルなどを破壊する用途で作られた核爆弾（ADM）、敵の航空機を迎撃するための核ミサイルであるナイキ・ハーキュリーズ（Nike Hercules）など、多くの核兵器が１９５０年代末から60年代初めにかけて配備されていることが分かる。

こうした核兵器は、沖縄で実際にどのようにして運用されていたのだろうか。

核兵器に関する資料が未だ機密指定される中、本土で反対運動を巻き起こした、あのオネストジョンの発射訓練の様子を撮影した映像が見つかった。

『歴史』のリストによれば、オネストジョンは１９５７年12月から１９５８年2月にかけて沖縄に配備された。本土に陸揚げされ、富士演習場での発射訓練が行われたのが１９５５年の11月。それから2年後に、沖縄に配備されていたのである。

フィルムの冒頭には、「オネストジョン・ロケット、場所：オキナワ、日時：１９５８年3月18日」とのキャプション（説明）がある。続く映像は、細かなカットをつなぎ合わせた短いものだった。

広大な演習場の中を、オネストジョンを乗せたトラックが奥から手前にやってくる。トラックの横で作業を行う10人ほどの兵士。猛烈な勢いで発射されるオネストジョン。空に残る煙……。合計でもおよそ1分しかない、実に短い映像である。

この訓練は沖縄のどこで行われていたのだろうか。それは意外にもすぐに判明した。映像で、オネストジョンの背景に映る山の稜線が目印になったからだ。発射訓練が行われていたのは、沖縄本島中部、金武町《きんちょう》と宜野座村《ぎのざそん》にまたがる海兵隊の演習場「キャンプ・ハンセン」であり、稜線は、漢那岳からガラマン岳につながる山並みであった。

映像に映る場所を見つけ写真を撮っていたとき、重低音と共に森の中から軍用機が現れた。ヘリコプターと航空機の要素を併せ持つオスプレイである。普天間基地に24機が配備されている新型輸送機である。現在、キャンプ・ハンセンの中にはいくつものヘリパッドが建設されており、戦場を想定した離着陸訓練が繰り返されているのである。

話をオネストジョンの映像に戻そう。

同じオネストジョンでも、本土の富士演習場で行われた発射訓練は事前に告知され、日本政府や自治体関係者、それに訓練に抗議する多くの市民が見つめる中で行われた。

	Weapon	Initial Entry	Withdrawn
[Okinawa]	Nonnuclear bomb	Jul 54	Jun 67
	Bomb	Dec 54-Feb 55	Jun 72
	280mm gun	Dec 55-Feb 56	Jun 60
	8-inch howitzer	Jun-Aug 57	Jun 72
	Matador	Sep-Nov 57	Dec 60
	Depth bomb	Dec 57-Feb 58	Jun 72
	ADM	Feb-May 58	Jun 72
	Honest John	Dec 57-Feb 58	Jun 72
	Nike Hercules	Jan-Mar 59	Jun 72
	Corporal	Mar 60	Jun 65
	Hotpoint	Jul-Sep 60	Dec 60
	Lacrosse	Oct-Dec 60	Dec 63
	Mace	Apr-Jun 61	Jun 70
	Falcon	Jul-Sep 61	Jun 72
	Little John	Apr-Jun 62	Dec 68
	ASROC	Jan-Mar 63	Apr 66
	Terrier	Jan-Mar 64	Jun 64
	Davy Crockett	Apr-Jun 64	Dec 68
	155mm howitzer	May 66	Jun 72

国防総省の『歴史』より。多くの核兵器が1950年代末から60年代初めに導入されている
（配備された時期を四角で囲った）

1958年3月18日にキャンプ・ハンセンで行われたオネストジョンの発射訓練。米軍撮影

キャンプ・ハンセンでは現在、軍用機の離着陸訓練などが行われている。著者撮影

先に書いたように、ＮＨＫのニュースの映像には、市民と米軍のＭＰが揉み合いになる場面も記録されていた。本土では、核弾頭が付いていない「非核コンポーネント」であっても、それを持ち込むだけで「日本を核基地にするつもりか」と大騒動となったオネストジョンである。仮に発射訓練を告知せずに行った場合、発射に伴う音や煙で人々が気付き、さらに大きな騒動につながるリスクがある。米軍にしてみれば、事前に告知せざるを得なかったのであろう。

一方、沖縄のキャンプ・ハンセンで行われたオネストジョンの発射訓練の映像記録が見つかったのは今回が初めてだ。沖縄の地元紙やＮＨＫにもこの訓練についての記録は残されていない。本土では、告知して行わざるを得なかった訓練が、沖縄では住民の視線や世論を気にすることなく自由に行うことができたのだ。

沖縄を部隊にした核戦争の訓練

一方、アメリカ国立公文書館に所蔵されている海兵隊の資料群から、海兵隊が沖縄で核兵器を用いた、より大規模な演習を行っていたことも分かった。

そのことを示す文書の一つが、１９５７年10月に沖縄で行われた『大規模演習ＲＬＴ　ＬＥＸ58Ｄｅｌｔａ報告書』である。[18]

ＲＬＴはRegimental Landing Team（連隊上陸チーム）、ＬＥＸはLanding Exercise（上陸訓練）

18　9th Marines, 3rd Marine Division, Report of RLT LEX 58Delta, conducted at Okinawa during the period 20-24 October 1957,14 Dec 57, Box 98, RG127, NARA

の意味だ。

訓練の目的は、「核戦争における前線部隊の即応状況の確認」とされている。つまり上陸作戦を専門とする海兵隊が、核兵器を用いて敵地に上陸し、戦闘を行うことを想定した訓練である。

報告書によると、訓練では沖縄本島を敵の拠点と想定。部隊は分散して上陸し、「与那原《よなばる》飛行場」や「普天間飛行場」を奪取すべき目標とした。

上陸開始の翌日、

「敵のミサイル発射台に向けて核弾頭付きのロケット砲を発射」

それに対し、

「敵も核兵器を用いて応戦してきたため、部隊に深刻な被害が出た」

などと記されている。

敵・味方ともに戦術核兵器を用いて攻撃し合う戦闘が想定されていたことが分かる。演習は5日間にわたって行われ、

「連隊上陸チームは、核兵器を用いた戦闘を十分に行う能力があることが分かった」

と結論づけられている。

訓練とは言え、最初に「核弾頭付きのロケット砲を発射」という文言を見たときは、驚いた。ひょっとして住民の知らない間に、訓練の中で本物の核兵器が使われ、沖縄の土地が放射能に汚染されたのではないか――。そんな想像が働いたからだ。

しかし、別の文書の中には、訓練の様子を捉えた写真が添付されており、その注釈に、「疑似

Simulated Atomic Blast during NAVMARLEX 4-55 operation between the 3d and Aggressor Marines on Okinawa .

海兵隊の演習で記録された模擬核爆発の様子。米国立公文書館所蔵

核爆発 Simulated Atomic Blast」という表現を見つけた。[19] つまり、訓練はあくまでも「核兵器のつもり」「核爆発のつもり」で行っていたということだろう。

沖縄在住の元海兵隊員ダグラス・ラミス（80）もこの報告書を見て、笑いながら言った。

「核兵器を撃ったと書いてあるが、これはおそらく模擬弾だろう。さすがに本物の核弾頭を撃っていたら気付かれるだろうから」

ラミスは１９６０年から61年にかけて沖縄に駐留し、対戦車砲部隊の将校

19　3rd Marine Division, Command Diary 1 October-31 December, 1955, Annex E Photographic Supplement, Box86, RG127, NARA

を務めていた。

海兵隊を除隊後、日本の大阪外国語大学に進み、津田塾大学の政治学教授を長く務めたという異色の経歴の持ち主である。現在は沖縄を拠点に反戦平和を訴え、執筆・講演活動などを行っている。

ラミスは、当時、沖縄の米軍が核兵器を持っていることは知っていたが、それは空軍を中心とした話で、海兵隊が核兵器とこれほど主体的に関わっていたという意識はなかったという。

また、自分が扱っていた兵器の中に核に関わるものはなく、また核兵器の使用を想定した訓練に参加したこともないという。

「核を扱っていた兵士や将校もいたのかもしれないが、おそらく部隊内でも秘密にされて、関係ない兵士には知らされていなかったのだろう」とラミスは推測する。

訓練の報告書を読んだラミスが特に関心を示したのは、訓練の内容そのものについての記述よりも、訓練の中で浮かび上がった「課題」や「改善策」についての記述であった。そこには、当時の海兵隊の状況や訓練場としての沖縄の位置づけが率直に著されている、というのである。

例えば、次のような記述だ。

◆演習場の問題
沖縄は狭く、このような大規模演習を行うのには不向きである。海岸が少なく、住民の農地などがあって運用上の制限が多いため、本物の戦闘状況を想定して部隊の能力を評価することが難しかった。

（改善策）

極東地域において、上陸訓練を行うためのより広大で運用制限のない演習場を確保することが求められる。

◆核戦力の課題

演習では核火力を使いこなすことに大きな力点が置かれたが、いくつかの弱点も露呈した。

①　小さな部隊では、核兵器の扱いに精通した指揮官や兵士が少なく、兵器を使いこなせていない場合があった。

②　第3海兵師団が作成している核兵器マニュアルは複雑で長すぎるため、有効に使えなかった。

（改善策）

今後の演習では、核兵器の専門知識を身につけることや核弾頭の運搬訓練を集中的に行うべきである。核兵器を使った作戦の指令書は可能な限り単純化し、海軍・海兵隊に共通のものとすべきである。

◆その他の弱点

①　小部隊の中には積極的な攻撃姿勢が欠如しているものもあった。

②　兵士は、核兵器による影響から身を守る訓練が十分にできていない。

（改善策）

素早い移動と攻撃的な精神を養い、攻撃的な部隊の育成に努める。個々の兵士が核兵器から身を守るための訓練の時間を増やす。

まずラミスが注目したのが「沖縄は狭く、大規模演習に向かない」という部分。極東の他の地域に、もっといい演習場を確保するべきだという意見も書かれている。それは、海兵隊が沖縄に移転してきた理由が、積極的・軍事的なものではなく、「日本本土にいられなくなったからしょうがなく」という消極的・政治的なものであることを示していると言う。

また、「核兵器から身を守る訓練が不十分」という記述について、ラミスは「ブラックジョークだ」と一笑した。

一見、核兵器による兵士への放射線の影響を心配しているように読める。しかし、その実、戦場で核兵器を使用することが前提とされ、兵士の生命よりも作戦の遂行が優先されているからこその発想だという。作戦次第では自軍の兵士に影響がある距離でも核兵器を使うことが想定され、兵士がそこから身を守れるかどうかは二の次、というわけである。

海兵隊と「立体輸送」

さらに、海兵隊による核訓練の報告書からは、この時代に、海兵隊の重要な戦術が開発されていたことも浮かび上がってきた。

訓練の中で頻繁に「ヘリコプター」が登場するのである。例えば、先ほどの『大規模演習RLT LEX 58 Delta報告書』の中では、訓練の項目として、

トム・ボーン博士。海兵隊クアンティコ基地にて

「ヘリコプターを使った攻撃作戦に合わせて部隊の装備を決定する」

「沖合の艦船に搭載されているヘリコプターを使って部隊を分散させる」

「ヘリコプターによって大量の燃料を輸送するシステムの導入」

など、数々の場面でヘリコプターが使用されるのである。

さらに、ワシントンの国立公文書館や海兵隊歴史センターで収集した海兵隊のフィルムの中にも、沖縄における核兵器そのものの映像は見つからなかったが、ヘリコプターを使った訓練の映像は数多く見つかった。

海上からヘリコプターがやってきて、内陸に着陸したかと思うとドアが開き、次々と銃を担いだ兵士が降りていく訓練。逆に、着陸してきたヘリコプターに、次々と兵士が飛び乗り、素早く現場を離脱する訓練……。

何やらヘリコプターが作戦の中で重要な役割を果

たしているようなのである。

実は、このヘリコプターを用いた戦術は、核兵器への対応のために開発された、という興味深い解説をしてくれたのは、海兵隊歴史センターのトム・ボーン博士であった。ボーン博士は、海兵隊が撮影した膨大なフィルムを元に、その戦術の変遷などを研究している人物である。

ボーン博士によれば、このヘリコプターを使う戦術は、Vertical Envelopment と呼ばれる。直訳すれば、「垂直包囲」だが、私たちはイメージしやすいよう「立体輸送」と呼ぶことにした。

この立体輸送が登場した背景を、ボーン博士はこう説明する。

「第二次世界大戦における大きな上陸作戦、例えば硫黄島や沖縄戦などがそうですが、多くの艦船と部隊が一団となって上陸していました。しかし、核戦争の時代には、このような上陸作戦は通用しません。なぜなら、敵の1発の核爆弾で部隊が全滅してしまうからです。そこで登場したのが『立体輸送』です。ヘリコプターを使って、船から陸上へ兵士を分散して輸送します。こうすることで部隊の全滅を回避し、戦闘継続を可能にするという考え方でした」

この立体輸送は、現在の海兵隊にも引き継がれているという。

実際、沖縄の海兵隊は常にヘリコプターとともにある。例えば、辺野古のキャンプ・シュワブへの移設が問題となっている普天間基地は、海兵隊のヘリコプター部隊の拠点である。

また、その普天間基地に配備され、墜落事故や部品落下事故などを繰り返していることから沖縄県民の不安の種となっているオスプレイは、航空機とヘリコプターの両方の特徴を併せ持つものので厳密にはヘリコプターではないが、CH－46ヘリコプターの後継機とされる輸送機である。

そして、普天間基地のヘリコプターやオスプレイは、現在も北部訓練場やキャンプ・ハンセンなど県内各地の演習場で、離着陸訓練を連日繰り返している。こうしたヘリコプターを活用する戦術は、核兵器への対応に迫られた時代にその源流があったのである。

さらに興味深いことに、この「立体輸送」が、海兵隊という組織が軍の中で生き残るようすがになったという。再びボーン博士が解説する。

「核兵器が登場したことで、海兵隊が得意としてきた集団での上陸作戦は不可能となり、もはや海兵隊は不要とまで言われた時代がありました。しかし、海兵隊は、上陸作戦にヘリコプターを活用する立体輸送を考案します。そして、その任務に対応できるヘリコプターの開発に自ら着手し、そこに組織の生き残りをかけたのです」

当初、ヘリコプターの性能は、パイロットの他に2名を運ぶのがやっとだった。それを、戦場で部隊を立体輸送できるようにするためには、より多くの人員と物資を運べるように性能を上げなければならない。

しかし、陸軍は不熱心で、海軍は関わろうともしなかったため、海兵隊が開発の主導権を握ることになった。そして、1948年、6人の兵士を輸送できる「空飛ぶバナナ」と呼ばれる特徴的な形をしたH-21型ヘリコプターが開発されたことが転機となり、立体輸送を可能にしたのである。[20]

ボーン博士によれば、海兵隊は、こうしたヘリコプターの開発能力が認められたことで、存在

---

20 Allan R. Millett and Jack Shulimson, Commandants of the Marine Corps, 2004, P.316

意義が危うくなっていた1950年代に、海軍あるいは陸軍に吸収されずにすんだのだという。

核兵器の存在が、海兵隊の弱点を露わにし、「立体輸送」という新たな戦術を生んだ。そして沖縄は、現在に至るまで、その戦術の訓練場として機能し続けているのである。

元海兵隊員たちの証言

実際に沖縄で核兵器を扱っていた兵士の証言を得るため、元海兵隊員たちのネットワークを地道にたどった。その結果、かつて沖縄に駐留し、核兵器を扱っていた経験を持つ13人の元海兵隊員から話を聞くことができた。

そのうちの7人は、「8インチ榴弾砲」の部隊に所属していた兵士たちだった。

8インチ榴弾砲は当時最も精度の高い大砲とされた兵器だ。戦車の上に乗せるかトラックに牽引させることで発射場所を即座に移動させることも可能であった。

1発発射するごとに詰め替える砲弾には通常弾頭と原子弾頭があり、オネストジョン同様、核／非核両用の兵器であった。

元海兵隊員たちの証言によると、海兵隊の8インチ榴弾砲の部隊は、沖縄に拠点を置いていたが、グアム、フィリピンなど太平洋の各地を移動して訓練を行っていたという。

「沖縄は狭くて大規模演習には不向きである。極東に別の訓練場を見つけるべきだ」という先に見た報告書の言葉通り、演習の内容や種類に応じて、沖縄以外にも訓練に適した場所が選ばれていたのであろう。

そして、演習場の一つには、日本本土の富士演習場も含まれていた。海兵隊の拠点が本土から沖縄に移転した後も、訓練拠点としては維持されていたのである。[21]

その本土の演習場で訓練する場合には、特別な配慮がなされていたという。

「富士演習場に行くときは、8インチ榴弾砲ではなく、代わりに（通常弾頭専用の）105ミリ榴弾砲を持ち込んだ」

複数の元海兵隊員が、日本本土で訓練を行うときには、8インチ砲ではなく105ミリ砲を持ち込んだと証言した。

ある元海兵隊員は、その理由について、上官からこう言われたのを覚えている。

「日本本土では核は許可されておらず、核弾頭搭載可能な兵器も許されない。しかし、沖縄はアメリカのもので、日本ではない。だから核兵器もOKなんだ」

日本本土は核を許容しない。核は沖縄で――。

沖縄に核を集中させることになるこの構図が、こうして、軍の幹部レベルから、部隊の1人1人の兵士に至るまで周知され共有されていたのだ。

“命中させた時はうれしかった”

「沖縄でどのように核兵器の訓練をしていたのか教えて欲しい」

しかし、電話では話を聞かせてくれても、テレビカメラでのインタビューとなると、元兵士た

21　現在、富士演習場は自衛隊の管理の下にあるが、日米地位協定に基づき米軍に共同使用が認められている。そのため、海兵隊は、現在もここで長距離射程実弾射撃訓練を行っている。

ちは躊躇し、断られるケースが続いた。伊江島でＬＡＢＳの訓練を行っていた空軍の元パイロットたちと同じであった。

その中で、唯一、カメラの前で証言してくれたのが、ハリー・ミカリアン（78）だった。ミカリアンもまた、沖縄に駐留し、８インチ榴弾砲部隊に所属していた元海兵隊員である。

カリフォルニアの自宅を訪ねると、短パンＴシャツのラフな服装に、満面の笑みで取材クルーを迎えてくれた。

広いキッチンにプール付きの庭。書斎には分厚い本が壁一面に並んでいる。海兵隊を除隊した後、大学に入り直し、教師の道を選んだ。ラミス同様、ミカリアンもまたインテリである。

ミカリアンは、高校卒業後に海兵隊に入り、本国で基礎的な訓練を受けた後、８インチ榴弾砲の部隊に配属された。沖縄にやってきたのは１９５８年。19歳の時であった。

部隊におけるミカリアンの役割は、弾を確実に命中させるために、目標までの距離や高低差、そして風向きなどから、砲弾の発射角度を計算することだったという。

「沖縄で頻繁に行っていたのは、山の斜面に戦車を置いておき、それを標的にして８インチ榴弾砲を発射する訓練です。計算通りに命中させられた時はうれしかったですね」

ミカリアンは60年前の沖縄での訓練を思い出しながら、懐かしそうに語った。

空軍の戦闘機部隊は、ほぼ１００％核爆弾の投下訓練を行っていたのに対し、海兵隊の８インチ榴弾砲の部隊では、訓練の95％は通常の砲弾を使ったものだったという。つまり、核の使用を想定した訓練は全体のごく一部だったということだ。

核砲弾は、通常の砲弾よりも重い。そのため、重さを核砲弾と同じにした模擬核砲弾を使い、

元海兵隊員のハリー・ミカリアン

その重さで発射角度を計算し直す必要があったという。

「通常の砲弾では、200ヤード（約180メートル）四方を破壊できました。一方、核の砲弾は2000ヤード（約1800メートル）四方を破壊する威力がありました」

ミカリアンは楽しそうに回想した。

こうした海兵隊の訓練に対し、沖縄の人々はどのような反応を示していたのだろうか。

「訓練場で私たちが食べた食料の残飯を、たくさんの貧しい沖縄人（Okinawans）が来て、拾っていました。十分な食べ物がなく、それほど貧しい状態にあるのを見るのは辛いことでした。人々のそんな様子を見ると、私はある種、感情的になってしまったのを覚えています」

本土で起きていたような核兵器への反対運動がなかったかと聞くと、ミカリアンは、「全くありませんでした」と即答した。そして、その理由をこう解説した。

「沖縄人は、我々の訓練の内容など知らなかったと思います。彼らは我々が軍隊だという事は分かっていたでしょうが、核兵器を持っていたことなど知るよしもなかったでしょう。当時、沖縄の人々は高等な教育は受けていませんでした。彼らの多くは貧しい農民だったのです。日本人には教育を受けた人がたくさんいました。彼らには何が起こっているのか分かっていました。だけど人は農業に従事していると、他の物事に追いついていかないのです」

ミカリアンは、Okinawans（沖縄人）という言葉を使い、Japanese（日本人）と区別した。貧しく教育レベルも低い沖縄は、日本本土と違い、核の訓練に何の遠慮もいらない場所だ——。こうした意識は、区別というより「差別」と言った方が適当かもしれない。

別の文脈でミカリアンは、当時米軍の中にあった黒人差別について語った。そのときは慎重に言葉を選びながら、「人種差別に居心地の悪さを感じた」とも言った。

それに比べると、「沖縄人」について語るミカリアンの言葉はあっけらかんとしたもので、何の躊躇もなかった。

差別は、それを差別と意識していないからこそ起きるものなのだろう。そしてアメリカ軍の中にあるこうした無意識の差別こそが、沖縄への基地と核の集中をもたらしたのかもしれない。

台湾海峡危機と「核の恫喝」

さらに、ミカリアンの証言から、極東有事における沖縄の核拠点としての役割も浮かび上がった。

1958年8月、中国人民解放軍が、台湾軍の拠点であった金門島に向けて激しい砲撃を開始。その砲撃により、台湾軍の複数の幹部が死亡し全面衝突への懸念が高まった。1954年の第一次に次ぐ、「第二次台湾海峡危機」である。

アメリカのアイゼンハワー大統領は、台湾軍への支援を表明。第7艦隊の空母2隻を台湾海峡に派遣すると共に、沖縄の海兵隊にも出動を命じた。

これを受けて、ミカリアンらの部隊は、8インチ榴弾砲とともに船で金門島に向かった。そして、台湾軍に8インチ砲の操作手順を指導すると共に、対岸の人民解放軍への反撃を開始したという。

「我々が撃った砲弾が人民解放軍の弾薬庫に命中して爆発したことを確認しました。国民党軍（台湾軍）は人民解放軍の侵略に屈する事のない十分な力を持っているのだと、示すことが何よりも重要なことでした」

この頃アメリカ軍の中枢であるJCS（統合参謀本部＝4軍を統括する米軍の最高機関）から太平洋軍司令官にあてられた電報によれば、このとき台湾に投入された8インチ榴弾砲は計12門で、そのうち6門が沖縄の海兵隊のものだった。[22] 砲弾のタイプとしては、沖縄のものはconventional ammunition、つまり通常砲弾だったと書かれている。

ミカリアンも、自分たちが台湾に持って行った8インチ榴弾砲は、通常砲弾のみで核砲弾は伴

22　Telegram from the Joint Chiefs of Staff to the Commander in Chief, Pacific, August 29, 1958, https://history.state.gov/historicaldocuments/frus1958-60v19/d53

っていなかったと記憶している。

一方、沖縄以外から投入された残りの6門の砲弾が通常砲弾だったのか核砲弾だったのかは、文書上からは明らかではない。

ただし、電報の最後には、今後米軍が取りうる行動として三つのフェーズ（段階）が示されており、最終的には核兵器の使用の可能性も排除されていなかった。

フェーズ1：中国人民解放軍が沖合の（台湾の）島々に向けて侵攻を開始したという証拠がない段階。アメリカの行動は（台湾への）兵站支援にとどめ、直接的な軍事行動は控える。

フェーズ2：中国人民解放軍が沖合の島々に向けて侵攻を開始した明確な証拠がある段階。アメリカ軍は、JCSの指揮の下、敵の大砲陣地や飛行場などへの攻撃を含め、島々を防衛するための直接的な行動を開始する。ただしフェーズ2では、核兵器は使用しないものとする。

フェーズ3：中国人民解放軍が公海および澎湖《ほうこ》諸島に対し攻撃を拡大したとアメリカ当局が判断した段階。このフェーズでは、アメリカ軍は、適切に対処すべく軍事行動を拡大する。

全てのフェーズにおいて、大統領からの承認がない限りは核兵器の使用はできない。

慎重な書きぶりに徹しているが、フェーズ3に至った場合、大統領の許可があれば、核攻撃を行う可能性があったと読める。

ミカリアンは、自分が「機械の中の小さな一つの歯車」だったに過ぎず、海兵隊がどのような戦略を立てていたのかは分からない、と言う。それでも、核砲弾を発射可能な8インチ砲を台湾に持ち込んだことの意味は大きかったと考えている。

「台湾軍にはまともな兵器がなく、中国軍は甘く見ていました。しかし、アメリカ軍が彼らを支援するとなると話は変わってきます。8インチ砲が核兵器であることは彼らも知っていたでしょう。そのことは強い抑止効果をもったはずです」

結局、第二次台湾海峡危機は、「フェーズ3」に至る前に、中国人民解放軍が金門島への砲撃を停止し、危機は収束へと向かった。全面衝突は回避された。

実は、すでに解禁されている機密文書から、この第二次台湾海峡危機の際、米空軍が核攻撃の必要性をアイゼンハワー大統領に進言したことが分かっている（『五つの危機における空軍の役割1958－1965』[23]）。

空軍の見立ては、中国人民解放軍は侵攻を拡大しつつあり、それに対抗するために人民解放軍が拠点としていたアモイに対し、10〜15キロトンの核爆弾を投下する必要があるというものだっ

23　United States Air Force Historical Division Liaison Office, The Air Force Role in Five Crises, 1958-1965, June 1968.

た。

そして、その核攻撃には、沖縄の嘉手納基地に配備された核爆弾を使うことが想定されていたことも判明している。アイゼンハワー大統領は、「まだ核兵器を使う段階ではない」として、空軍の提案を却下。ただし、同時に、「今後も戦闘が続けば、核兵器を使う可能性はある」と付け加えている。[24]

揚陸艦の上で組み立てられる核弾頭

第二次台湾海峡危機は、沖縄の核兵器とその部隊が、敵を「恫喝」するための切り札になることを証明する出来事となった。

いざとなれば、核兵器の使用をちらつかせることで敵は怖じ気づくだろう。「核抑止力」への信奉はさらに強固なものとなり、沖縄における核戦力のいっそうの増強へと走らせることになったことは想像に難くない。

そのことを示す、一つの文書がある。

第二次台湾海峡危機が収束した直後の1958年12月、第3海兵師団が、「オネストジョンMk7核弾頭の作戦適合試験」を行ったことを示す報告書である。[25]

オネストジョンに搭載される核弾頭「マーク7」を上陸作戦に使われるLSD（Landing Ship Dock、ドック型揚陸艦）の中で組み立て、ロケット本体に搭載するという一連の動きを確認し、部隊の練度を把握する試験である。

この試験が重要なのは、核弾頭に使われるプルトニウムなどの核物質、いわゆる「核コンポーネント」（核物質）が沖縄に配備され、核兵器がまさに核兵器として機能しうる状況にあったことの何よりの証拠になっていること、つまり本土には持ち込まれなかった「たま」が沖縄には確実に持ち込まれていたということである。

さらに、核弾頭を組み立てる場としてドック型揚陸艦が使われていることから、核弾頭付きのオネストジョンを、敵地への上陸作戦で使う想定になっていたことも分かる。

報告書によれば、訓練は、嘉手納基地に隣接する知花弾薬庫にあった陸軍の核兵器貯蔵施設から核弾頭（1キロトンから70キロトンまでの威力の幅があるW－7核弾頭）を取り出すことから始まった。

次に、核を扱う専門部隊である第5核重砲小隊（5th Atomic Ordnance Platoon）によってトラックに乗せられ、ドック型揚陸艦が沖合に停泊する海岸まで運ばれた。揚陸艦の中では、機密保持のために作業エリアに大きな布で目隠しがされ、核兵器を扱う資格のある兵士だけがその内部に入ることを許された。

そこでは、M102と呼ばれる核物質を封入した装置が持ち込まれたことが付属の写真から確認できる。

24　U.S. Strategic Air Command, History of the Strategic Air Command 1 January 1958－30 June 1958, Historical Study Number 73, Volume 1.
25　3rd Marine Division, Report of Operational Suitability Test of Mk7 Honest John (OST HJ-6), 25 April, 1959

M102は、その見た目から通称「バードケージ（鳥かご）」と呼ばれる、核物質を保管・輸送するための装置である。高さ50センチほどの直方体で、外側の金属製の檻に守られるようにして、中心部に核物質を保管する筒がある。

このバードケージには二つの役割がある。一つは、核物質を特殊な素材の筒の中で保管することで、核分裂反応が起きるのを防ぐこと。そしてもう一つは、核コンポーネントと非核コンポーネント（兵器本体）を分離することで、平時における核兵器の誤使用を防ぐことである。

核物質は、最も慎重な取り扱いが要求され、当時、国防総省ではなく、エネルギー省の管理の元に置かれた。兵器本体とは別の場所で管理され、厳しい手順を踏んで初めて兵器に組み込むことができたのである。また、全てを軍に委ねてしまうのではなく、核兵器の使用という究極の作戦にシビリアン・コントロールを利かせるという考え方も反映されていた。

沖縄で行われたオネストジョンに使われる核弾頭の適合試験では、このバードケージがドック型揚陸艦の中に持ち込まれ、実際に核物質が取り出されて核弾頭が組み立てられたと見られる。組み立てられた核弾頭は、揚陸艦から再びトラックで運び出され、陸上で待機していたロケット部分へと取り付けられた。

核物質を用いた、実戦さながらの訓練が沖縄で行われていたことになる。

しかし、その作業の過程では、いくつかの問題が発生したことも報告書に記録されている。

- 核弾頭をLSDの床に置いて作業した際、兵士が足を引っかけそうになった。
- 訓練が行われた日は波が穏やかだったにもかかわらず、LSDの揺れが核弾頭の組み立て作

核物質を封入する装置であるM102、通称「バードケージ」を扱う海兵隊員

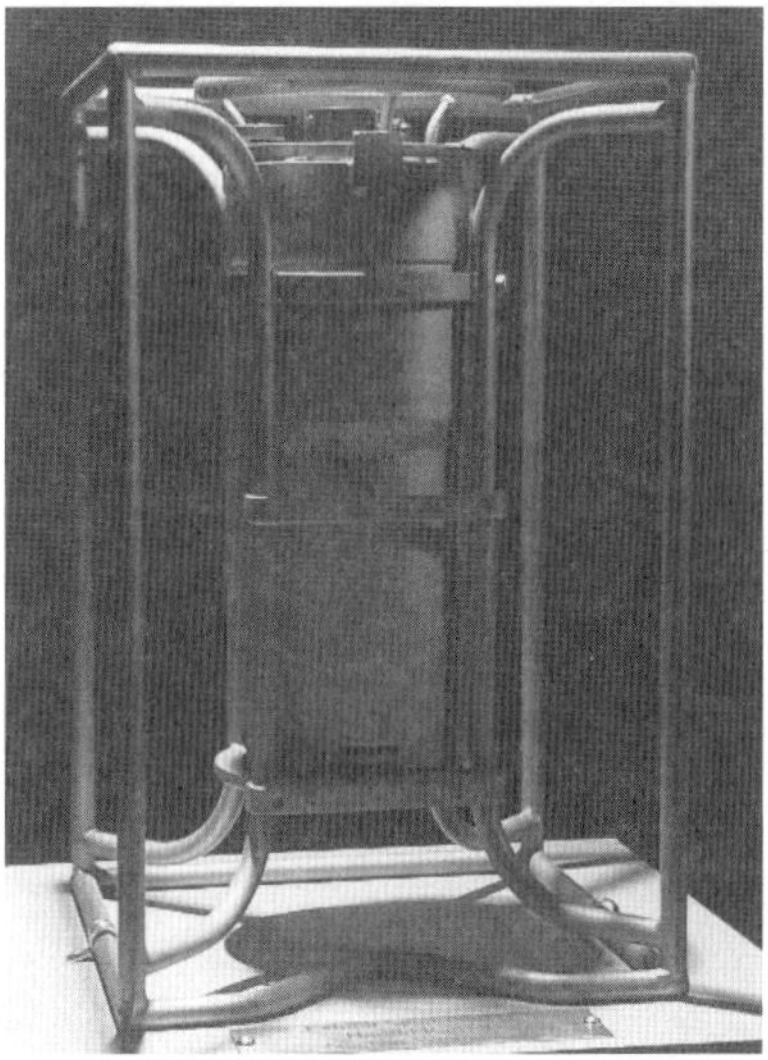
ニューメキシコ州の国立原子力博物館に展示されている「バードケージ」

業の障害になった。特に金属製のチェーンで核弾頭を吊した際に、振り子現象により不安定になった。

●兵士がバードケージの作業をする際には「放射性の粉じん radioactive dust」が飛散する可能性があるにもかかわらず、防塵マスクが用意されていなかった。

「核弾頭に足を引っかけそうになった」「船の揺れで作業が困難だった」「放射能被害を防ぐための防塵マスクが用意されていなかった」など、極めて初歩的なトラブルが起きていたことが率直に記されている。

“再機密指定”という壁

この文書をめぐっては、その内容もさることながら、もう一つ重要なことがある。

実は、この文書を最初に入手したのは、我部政明教授である。1990年代に、ワシントンDCにあった「海兵隊歴史センター」でこの文書を入手したという。

当時我部教授も、日本本土から沖縄に移駐した第3海兵師団の動きを追っていた。そのとき収集した文書群の中に、このオネストジョンの核弾頭訓練の文書も含まれていた。

その後、およそ20年間、我部教授の研究室で眠っていたが、私が我部教授の研究室を訪ねた際、「そう言えば、こういう文書もある」と複写してくれたのである。

他のどの文書よりも核兵器の訓練の様子が詳細に描かれている貴重な資料だったが、一つ難点があった。原本の印字が薄いのか、我部教授が複写した際に薄くなってしまったのかは分からないが、所々で字がかすれ、判読が難しい部分があったのだ。

写真についても同様だった。コピー機を通したことでコントラストが高くなり、細部が読み取りづらくなっていた。活字と違い、テレビ番組で使うには、文字や写真はできる限り鮮明であって欲しい。

私は、海兵隊の資料室でもう一度原本から複写をしようと試みた。保管されている原本資料は文字もきれいで、写真も印画紙にプリントされた生の写真がそのまま添付されている場合が多い。そこから複写をし直せば、文字も写真もより高品質なものが手に入るだろう。また、この文書が納められている箱や棚を網羅的に調べ直せば、さらに興味深い資料が見つかる可能性もある。

調べてみると、ワシントンＤＣにあった「海兵隊歴史センター」はすでに別の場所に移転し、文書資料のほとんどが国立公文書館に移されたという。

そこで、ワシントンＤＣ在住の柳原緑に、我部教授からもらった文書を送り、もう一度その原本にあたってもらうとともに、その周辺の文書も含めて収集するよう依頼した。

その三日後、柳原からメールが届いた。

「……ところで、別の問題が出てきました。先日松岡さんが送ってくださった、海兵隊の資料に関してです。一つ“3rd MarDiv-OpSuitability Test of Mk7…”というのがありましたが、添付の写真を見てください。信じられない。２０１１年に Reclassify されています！」

柳原によると、かつて我部教授が入手した海兵隊の文書は国立公文書館に保管されているものの、６年前に“Reclassify”即ち「再機密指定」され、一般には開示できない状態になっているという。

柳原が送ってきたReclassifyを通知する文書には、

「審査の結果、この文書の閲覧は制限されたため、除外した」

と短く書かれていた。

柳原によると、一度は機密解除された文書が、後に何らかの理由で再機密指定されるケースは、9・11テロ事件を受けたブッシュ政権下で頻繁に見られるようになったという。やっかいなのは、対象の文書が通知されず、理由も明らかにされないまま秘密裏に行われることだ。

「以前引き出した文書をもう一度引き出そうとした時に、〝非開示になっている〟と言われ、そこで初めて気付くのです」

アメリカ政府が再機密指定を行う理由は、機微な情報が「潜在敵」の手に渡ることで国家の安全が脅かされることを防ぐ、というものだ。その対象となりやすいのは、外交や軍事、とりわけ核兵器に関わるものだという。

9・11を境に、「テロとの戦い」に乗り出したアメリカが最も恐れることの一つが「テロリストの核武装」だ。こうした空気の中で、一度は機密指定が解除された文書が、「テロリストの手に渡れば悪用されかねない」といった理由で審査にひっかかり、再機密指定されるケースが増えている。

そもそも、アメリカは公文書についての機密指定期間を最長25年までとし、それを過ぎたものは、原則、公開するというルールがある。

しかし、このルールも、国立公文書館で長年文書収集を行ってきた柳原によれば、

「あくまで原則に過ぎません。私たちが本当に見たい外交や軍事の肝の部分は、国家の安全を脅

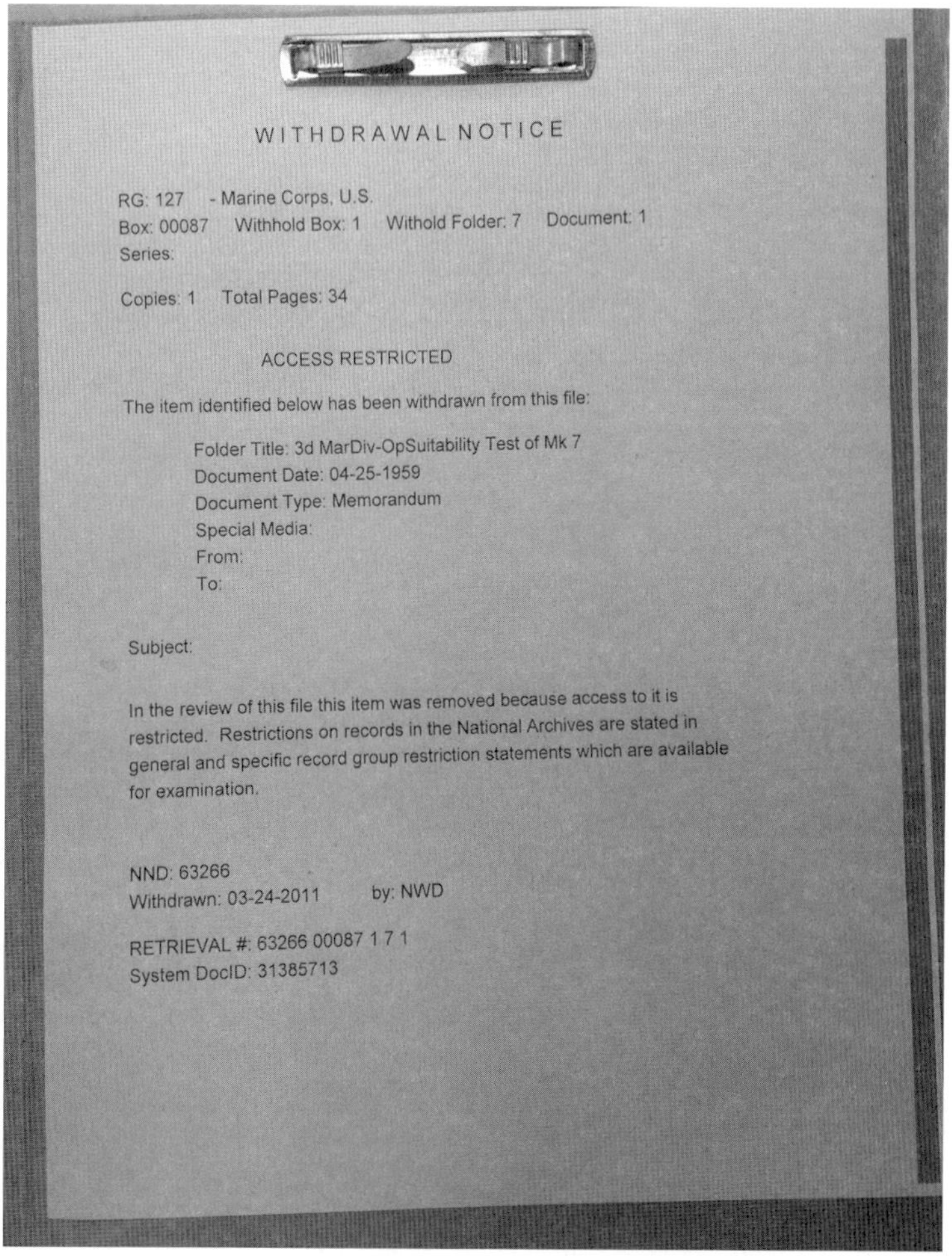

WITHDRAWAL NOTICE

RG: 127 - Marine Corps, U.S.
Box: 00087 Withhold Box: 1 Withold Folder: 7 Document: 1
Series:

Copies: 1 Total Pages: 34

ACCESS RESTRICTED

The item identified below has been withdrawn from this file:

Folder Title: 3d MarDiv-OpSuitability Test of Mk 7
Document Date: 04-25-1959
Document Type: Memorandum
Special Media:
From:
To:

Subject:

In the review of this file this item was removed because access to it is restricted. Restrictions on records in the National Archives are stated in general and specific record group restriction statements which are available for examination.

NND: 63266
Withdrawn: 03-24-2011 by: NWD

RETRIEVAL #: 63266 00087 1 7 1
System DocID: 31385713

「再機密指定」を告知する文書

かすという理由で機密解除の対象から外されるのです」

という状態なのだ。

当然ながら、秘密裏に行われる「再機密指定」や、「25年ルール」を骨抜きにする「例外」の多さには、アメリカの研究者らから、「知る権利を害している」という批判が出ている。また、再機密指定が、国の安全を向上させるために行われるのか、国に都合の悪い情報を隠蔽するために行われるのか、その区別がつかないことが問題だという声もある。

しかし、こうした、「知る権利」派の声が、「国家の安全」派の声を凌駕し、再機密指定が解除されるという事例はほとんどないのが現状だ。

沖縄で行われていたオネストジョンの核弾頭組み立て試験の詳細についての文書は、再機密指定を受ける前に我部教授が収集していたことで日の目を見た。

しかし、その陰で、「沖縄と核」に関する重要な事実を記録した文書が、知らぬ間に、歴史の闇に葬られているかもしれないのである。

沖縄〝焦土化〟作戦

もう一つ、沖縄に駐留していた海兵隊と核兵器の関わりについて語る上で、外せない資料がある。

1998年、テキサスA&M大学でアメリカ外交史を研究していたニック・サランタケスが発見した海兵隊文書「Operation Plan4-57（作戦計画4-57）」である。

我部教授と同様、サランタケスも移転前の「海兵隊歴史センター」でこの文書を見つけた。私たちは、この文書についても原本からの複写を試みたが、先に見た「オネストジョンの核弾頭試験」同様、ワシントンの国立公文書館で複写することはできなかった。

実はこの「作戦計画4－57」は、サランタケスが発見したことで研究者の間で知られるようになり、沖縄の地元紙でその内容が大きく報じられた[26]。

［米軍・沖縄防衛計画］／沖縄が核戦場下に／50年代後半の米軍防衛計画／海兵隊秘密文書で判明／基地を自ら攻撃／米冷戦戦略に新史料

沖縄が米国の施政権下にあった一九五〇年代後半、現地駐留の米軍が、旧ソ連など敵の侵攻を受けた際に備え、核兵器の使用を含む沖縄本島の防衛作戦計画を立てていたことが一日、米海兵隊の秘密指定文書で明らかになった。作戦計画には、米軍が損害を受け反撃能力を失ってしまったような最悪の場合などに、敵の進撃や占拠、利用を阻むため、自ら核攻撃を加える島内の主要な軍事拠点や使用核弾頭の種類を事前に定めたリストも添えられている。

（中略）

同計画によると、琉球諸島の有事の際、在琉球米陸軍・陸軍第九軍団は沖縄本島の防衛を最優先に地上戦闘を遂行し「核兵器が発射可能な八インチ（二〇三ミリ）りゅう弾砲、もしくはオネストジョン・ミサイルの部隊の展開準備を行う」などとしている。

26　1998年8月2日、「沖縄タイムス」

その上で、第三海兵師団を陸上の反撃部隊の主力と位置付け「嘉手納飛行場、関連核兵器貯蔵施設など最重要防衛地点」が集中する島中部の石川地区から南を「いかなる犠牲を払っても守る」よう努め、必要なら核兵器を用いると明記。

これを受けた「核火力支援」のための「計画」と題した添付表には、嘉手納や普天間、読谷などの各飛行場から在琉球米陸軍司令部、金武ビーチ、主要道路、橋りょうまで計三十一カ所を万一の際の核の「事前選定目標」「随時目標」として列挙、それぞれ使用兵器や核弾頭の種類、爆発威力、起爆設定高度を詳しく決めていた。


基地が敵の手に落ちるぐらいなら、海兵隊は核兵器で自らの基地を破壊する――。

「作戦計画4－57」は、有事の際に、沖縄を〝焦土化〟する計画であった。

この文書発見のニュースは、沖縄県内で大きな反響を呼んだ。紙面には、自治体首長や市民の「恐ろしい計画だ」「事実であれば、ぞっとする」といったコメントが掲載された。

沖縄の人々に衝撃を与えたのは、沖縄において核兵器が使われることへの恐怖もさることながら、海兵隊の計画が、沖縄戦における日本軍の行動と重なり合うものだったからでもある。

かつて日本軍は、「沖縄守備軍」という名目で部隊を沖縄に送り込み、基地を建設した。しかしその本当の理由は、沖縄を守るためではなく、本土侵攻を少しでも遅らせる「時間稼ぎ」のためだった。そして、アメリカ軍は、日本軍基地があるが故に、沖縄に侵攻した。

住民の中には、自主的に北部に逃れた者もいたが、日本軍に召集されて戦いに巻き込まれ、命を落とした人も多かった。その結果、日米両軍と住民合わせて20万人もの犠牲者を出した。

一方、海兵隊の「作戦計画4－57」は、住民の代表機関であった琉球政府について「琉球政府は、USCARの監督下にあり、米軍の沖縄防衛戦を支援する」と書いている。この作戦が実行された場合には、かつての日本軍同様、琉球政府を通じて住民を「召集」するということだ。

また、「住宅地域」「病院」「孤児院」などは核攻撃の標的からは外すとしているが、それには「軍事的必要性がある場合を除き」との条件がついている。むしろ、軍事的に必要なら核攻撃の対象になったり余波を受けたりするのも仕方がない、と読める書きぶりだ。

「沖縄防衛」を名目とした軍隊によって、沖縄は「本土防衛のための捨て石」とされた。それが沖縄戦の実相であった。

そして、戦後、日本軍の代わりに駐留を始めた米軍は、自らの基地防衛のために沖縄を捨て石にすることを計画していた。

二つの軍隊は、その本質において、同じ行動原理を持っている。この文書が明らかにしたのはそのことだった。

当時沖縄に駐留していた海兵隊員たちは、この核による〝焦土化〟計画をどこまで知っていたのだろうか。

まず、1960年から61年にかけて沖縄に駐留し、対戦車砲の部隊に所属していたダグラス・ラミスに文書を見てもらった。ラミスは、当時海兵隊の将校だったが、核を扱う部隊ではなかったため、計画の存在は知らなかった。

ラミスは、海兵隊を除隊した後、日本の大学での学者生活を経て、現在は退役軍人らで作る「ベテランズ・フォー・ピース」の一員として平和運動に参加している。文書を読み終えると、「我が意を得たり」という表情を浮かべた。

「これは非常に面白い。ここから言えることは、『戦争が起きたら、米軍は絶対に住民を守らない』ということだ。最優先されるのは、嘉手納基地だと書いてある。しかも、嘉手納基地の核弾薬庫だと。米軍にとって最も大切なのは核を敵に奪われないことで、住民を守ることではない。住民は、北部に逃がすとなっている。まさに沖縄戦と一緒だ」

カリフォルニア州に住む元海兵隊員ハリー・ミカリアンにも文書を読んでもらった。

「作戦計画4－57」が作成されたのは、1957年10月。ミカリアンは、1958年半ばに沖縄に派遣され、8インチ榴弾砲の部隊に所属していた。

文書によれば、作戦が実行に移された時には、8インチ榴弾砲は、"AWASE AF"(泡瀬飛行場)や"KIN AF"(金武飛行場)を、1キロトン(＝広島型原爆の15分の1の威力)の核砲弾で破壊する役割が与えられていた。ミカリアンは、時期的にも役割的にも、「作戦計画4－57」にカウントされた要員だったということになる。

私が文書を見せ、中身を説明すると、途中からミカリアンは文書を手にとって、自分で読み始めた。時折、"Oh really?"(本当か?)、"Wow!"(なんと！)などとつぶやいている。

「……こんな計画があったとは知りませんでした。危機的な事態が起きたときには、私はこの作戦に参加したのでしょうが、計画については全く知らされていませんでした」

確かに、「作戦計画4－57」の表紙には、“SECRET”（秘密）、“RESTRICTED DATA ATOMIC ENERGY ACT”（原子力法により機密指定）という文言とともに、手書きで“COPY 2 OF 10 COPIES”（計10部中の2部目）と書かれている。

作戦は、海兵隊の中でもごく少数の幹部のみが共有し、下っ端の兵士には知らされていなかったとしても不思議ではない。

沖縄に着任したとき19歳だったミカリアン。それから60年が経って初めて、海兵隊が自分に課していた役割を知った。それまでは笑顔で淡々と話していたが、この文書を見せたときだけは、顔をしかめて真剣な口ぶりになった。

「核を使えば、目標物を破壊するだけでは済みません。人々の土地を破壊するのです。当然住民も死ぬでしょう。全環境が破壊されるでしょう。もし沖縄が侵略されるとしても、もっとマシな対処の仕方があったはずです」

それでも、もし作戦が実行されていたらどうしたか、と問うた。

「ええ、私は核を撃ったでしょう。当時私は何も考えていませんでした。年齢的に、ということです。軍が若者を好む理由はそこにあります。そんな年齢では、軍のやり方に疑問を感じる余裕などないのです」

究極的な状況では、沖縄の基地を自ら核攻撃するという、海兵隊が持っていた獰猛な本性。見逃してはならないのは、この焦土化作戦において、海兵隊が「どんな犠牲を払っても守らなければならない」としているのが、

「嘉手納飛行場、および関連の核兵器貯蔵施設」

だったということだ。

すなわち、最優先事項は「核を守る」ことだとされていたのである。

そして、この「核を守る」意識の高まりが、さらに多くの核兵器を沖縄に呼び寄せ、悲劇をもたらすことになるのである。

第5章 高まる〈核〉防衛

スプートニク・ショック

1957年10月、一つのニュースがアメリカを震撼させた。ソビエトが、世界で初めて、人工衛星の打ち上げに成功した、というのである。

重さ84キロの球体に4本のアンテナが付いた人工衛星「スプートニク1号」は、周回軌道に乗り、信号音を地球に向けて発信した。

「ピーピーピー……」という特徴的なその音は、ソビエトだけでなく、アメリカのテレビやラジオでも流れ、放送局には「この信号音は本物なのか?」という市民からの問い合わせが殺到したという。真珠湾攻撃以来の衝撃と言われた「スプートニク・ショック」である。

人工衛星の打ち上げでソビエトに先を越された形となったアメリカは、これを機にNASA(アメリカ航空宇宙局)を立ち上げ、米ソの宇宙開発競争が一気に加速していく。

スプートニク・ショックは宇宙開発だけでなく軍事的にも大きな意味を持った。というのも、それはソビエトが核弾頭を搭載したICBM(大陸間弾道ミサイル)の技術を獲得しつつあることを意味したからである。

核弾頭は、通常弾頭に比べて複雑な構造を持つため、その分重い。核弾頭を搭載する弾道ミサイルには、重い弾頭を長距離飛ばし、目標にヒットさせる能力が必要となる。

ソビエトは、スプートニク1号の打ち上げに先駆けて、1957年8月に6000キロを飛行する世界初のICBMであるR－7の発射実験に成功。

核弾頭に関しては、世界初の水爆実験に成功していたアメリカに遅れること1年、1953年に初めての水爆実験に成功したと発表していた。

そして、スプートニク1号の打ち上げの1カ月後、ソビエトは、同じR－7ミサイルを用いてスプートニク2号の打ち上げにも成功する。2号の重さは1号の約6倍の508キロもあった。核弾頭を積んだソビエトのICBMが、自分たちの領土に向かって飛んでくるという恐怖がアメリカで肥大化していった。

「沖縄は最大のターゲット」

一方、沖縄に駐留するアメリカ軍は、スプートニク・ショック以前から、敵が沖縄の基地を核兵器で攻撃してくるという状況を現実的なものと考え、その可能性を分析していた。

分析の主体となっていたのは、嘉手納基地を拠点とする第313航空師団である。

爆撃機、戦闘機、偵察機などあらゆる機能の航空機部隊を束ねる、アジア太平洋地区で最大級の空軍部隊であった。伊江島でLABSの訓練を展開していたのもこの第313航空師団に所属する戦闘機部隊である。

マクスウェル空軍基地の空軍歴史研究センターで入手した第313航空師団の文書からは、当初、沖縄への核攻撃は中国から行われるだろうと想定していたことが分かる。

「上海の飛行場を離陸したＩＬ－28（イリューシン28＝ソビエトの爆撃機）は、わずか40分で沖縄上空に到達する。ＩＬ－28はいとも簡単に防空警戒線をくぐり抜け、核爆弾によって沖縄中の重要な基地を破壊し尽くしてしまうだろう」[27]

中国が最初の核実験を行ったのは１９６４年であり、この文書が書かれた１９５６年の時点では、まだ自前の核兵器は持っていない。使われる機体がソビエトの爆撃機であることからも分かるように、ソビエトが中国の基地を経由して沖縄に核攻撃をしかけてくることを想定していたのである。

そして、１９５７年10月のスプートニク・ショック後に行われた分析では、敵からの攻撃の想定が、ソビエトのミサイル開発を前提とした、より大規模なものへと変化していく。

「１９５８年時点では、共産圏からの核兵器の運搬手段は有人の爆撃機だが、今後は巡航ミサイルまたは弾道ミサイルに変わっていくだろう。中国にミサイルが配備されていないとしても、沖縄に対するミサイル攻撃はソビエトからのＩＲＢＭ（中距離弾道ミサイル）、あるいは潜水艦発射

27 History of the 313th Air Division: 1 January 1956 through 30 June 1956, Chap. Ⅱ, マクスウェル空軍基地所蔵、請求記号 0466005

型ミサイルとなる。

第一波のミサイル攻撃に次いで、爆撃機による核攻撃もなされる。ソビエト機が60～70機、中国機は50～100機。沖縄は、極東で最もアメリカの核戦力が集中する拠点となっているので、ソビエトは、最大威力である10メガトンの核爆弾を積んで沖縄を攻撃してくるだろう[28]」


10メガトンと言えば、広島型原爆の約700倍もの威力である。途方もない規模の核攻撃が、沖縄に対してなされることを想定していたことが分かる。

そして、核攻撃による被害は、以下のように想定されていた。

「地上の建物はコンクリート製のものも金属製のものも破壊し尽くされる」

「核攻撃を受けてから12日間は、兵士は地下施設に避難することを余儀なくされる」

核貯蔵施設

攻撃の最初のターゲットとなる可能性が高い基地として具体的に列挙されているのは、現在も米軍の重要拠点とされている「嘉手納基地（空軍）」「普天間基地（海兵隊）」「ホワイトビーチ（海軍）」などだ。

そして、防衛のために重点を置く部隊として名前が挙げられたのが、第7戦術貯蔵中隊（7th Tactical Depot Squadron）である。

第7戦術貯蔵中隊は、嘉手納基地を拠点とし、核兵器を管理・貯蔵する任務を与えられていた。平時には核兵器を構成するパーツを万全の状態に整備し、有事の際には、核兵器として機能するよう組み立て、日本本土と韓国の空軍部隊全体に供給する。つまり、第7戦術貯蔵中隊は、沖縄が極東における核兵器のハブとして機能するための要となる部隊であった。

海兵隊は、先述した「作戦計画4－57」で「嘉手納飛行場および関連核兵器貯蔵施設」を死守すべき施設としていた。この「関連核兵器貯蔵施設」とは、第7戦術貯蔵中隊の施設のことである。

第313航空師団も、「飛行場と共に、第7戦術貯蔵中隊の核貯蔵施設を守ることが最重要である」としている。

その核貯蔵施設とはいったいどのようなものだったのか。私たちは、取材の過程で、米軍が撮影した航空写真を入手していた。

沖縄本島の中央部を撮影したもので、一枚一枚が捉えている範囲はごく狭い。この断片的な写真群を、画像ソフトを使って合成することによって、嘉手納基地を中心とする米軍施設の様子が一枚の写真として浮かび上がった（126頁）。

一見して分かるように、写真は、その一部が黒く塗りつぶされている。米軍にとって、その詳細を明らかにしたくない地区や施設である。それらは一体何なのか。

写真の中央下、黒く大きく塗りつぶされているのが「嘉手納基地」である。ただし塗＋りつぶ

28　History of the 313th Air Division: 1 January 1958 through 1 June 1958, Chap. Ⅱ, マクスウェル空軍基地所蔵、請求記号 0466071

複数枚の航空写真を合成して浮かび上がった嘉手納基地と嘉手納弾薬庫地区

されているのは嘉手納飛行場の滑走路や格納庫などの軍事的な役割を担う施設であり、その周辺に広がる兵士の住宅地区などは塗りつぶされていない。

一方、画面左上、読谷村の「読谷補助飛行場」や「ボーロー飛行場」については、飛行場そのものも塗りつぶされていない。飛行場の存在を隠したいというわけではないようだ。

よく見ると、読谷補助飛行場やボーロー飛行場の周辺のいくつかのポイントが塗りつぶされている。これらは、この後に述べる「メースB」や「ナイキ・ハーキュリーズ」といった核ミサイルの発射台や関連レーダー施設が位置していた地点にあたる。

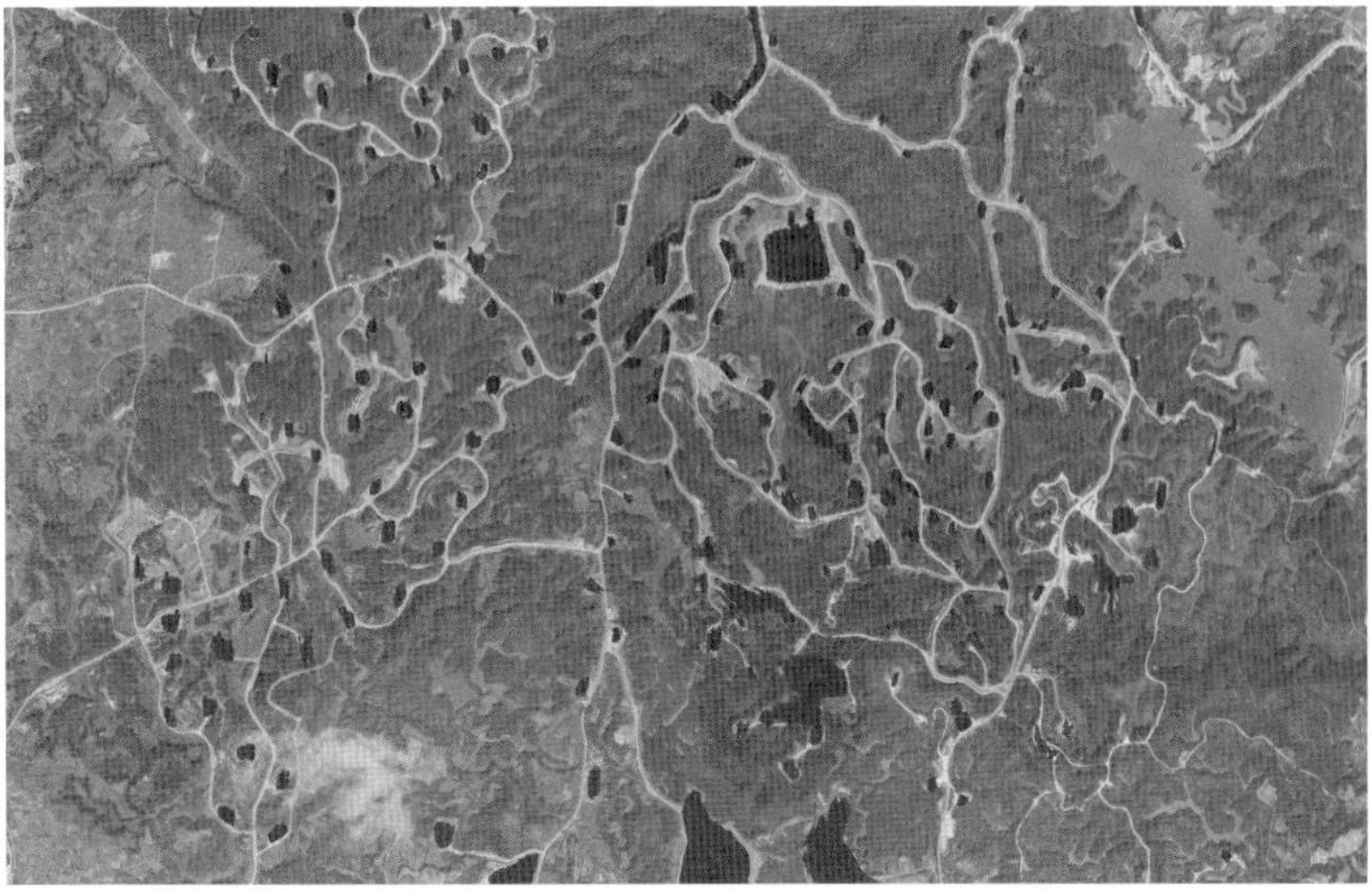

嘉手納弾薬庫地区を拡大。黒く塗りつぶされた施設が多数存在しているのが分かる

こうした事情を総合すると、この航空写真で黒く塗りつぶされているのは、核兵器に関連した施設であると推定される。

そして、嘉手納飛行場の北側の区域をよく拡大してみると、黒塗りされた施設が、ゴマのようにいくつも点在しているのが分かる。ざっと数えただけでも、およそ300はある。

この区域は現在、嘉手納弾薬庫地区と呼ばれている。その名の通り、爆撃機に搭載される爆弾、大砲に使われる砲弾、そして戦闘機に搭載されるミサイルなど、様々な弾薬類が保管されている場所である。

東京ドーム約600個分の広大な敷地はうっそうとした樹木に覆われており、望遠レンズを使って見ると、所々に台形の平べったい建物を見つけることができる。屋根の上は緑の芝生に覆われ、周囲の森に溶け込むように配置されているため、肉眼ではほとんど見分けることができない。

この建物は、その形状が北極圏に住む先住民族の住居に似ていることから「イグルー」と呼ばれ、現在も弾薬類を貯蔵するために使われている。

米軍が撮影した航空写真で、嘉手納弾薬庫地区に点在するおよそ300の黒塗りされた地点にも、やはりこのイグルーが存在していたはずだ。

黒塗りされているということは、そこに核弾頭など核兵器に関わるものが貯蔵されていたからなのだろうか。


「ノーコメント」


この疑問をぶつけるのに、ちょうどいい人物にたどり着くことができた。

かつて、第7戦術貯蔵中隊に所属していたポール・カーペンター（79）である。

ペンシルベニア州の自宅を訪ねると、大柄で口ひげを生やしたカーペンターが出迎えてくれた。そして、カーペンターの隣に立つ小柄な女性が、にこやかに「イミソーレ（沖縄の方言で、お入りください の意）」と言って家の中へ招き入れてくれた。女性はカーペンターの妻で、良子《よしこ》という。2人は、カーペンターが沖縄で任務についていた時に出会って結婚したという。

一通りの挨拶を終えると、私はさっそく、スーツケースの中から例の航空写真を取り出した。カーペンターに見てもらうために、大きく印刷したものを日本から持ってきたのである。

カーペンターは、興味深そうにそれを見ていたが、私が、嘉手納弾薬庫地区の中で黒塗りされた施設が核兵器と関連しているのかと聞くと、きっぱりとした口調で「ノーコメント」と言った。

私は2015年に国防総省が「沖縄に核兵器を配備していた事実について機密解除する」とした文書を見せて食い下がったが、結果は変わらなかった。

実は、カーペンターは、空軍を退役した後、地元ペンシルベニア州アレンタウンの新聞社に入り、記者となった。そして第7戦術貯蔵中隊の一員として経験したことをコラムに書いている。カーペンターは、そのコラム執筆のために、国防総省との間で、何が今も機密で何が機密解除されているのか、つまり何を書くことができて何を書いてはならないか、をめぐって7年にわたるやりとりを重ねたという。

カーペンターは、退役後も機密の可能性が残る事柄については一切しゃべらないという頑固な性格の持ち主で、「この航空写真については、機密解除されたという証拠を持っていないので、何も話すことができない」の一点張りだった。

それでも、語れる範囲でという条件付きで、自らの経験を振り返ってくれた。

高卒の核兵器スペシャリスト

カーペンターは高校を卒業して空軍に入った。しばらくすると、上官から、お前は特別な部隊に配属される、と宣告された。その部隊は、核兵器開発を行うＡＦＳＷＰ《アフスワップ》（Armed Forces Special Weapons Project）に組み込まれた秘密部隊であった。

ＡＦＳＷＰとは、広島・長崎に投下された原爆を開発した「マンハッタン計画」を主導した部隊を戦後に引き継いだ組織である。

初期の核兵器は大きく複雑な構造を持っていた。電気回路や爆薬などの寿命も短く、部品を頻繁に整備し取り替える必要があった。また、先に触れたように、安全性とシビリアン・コントロールの点から核物質と兵器本体は別々に保管されていた。

核兵器の整備・管理のために多くの専門的な人員を必要としたため、ＡＦＳＷＰは陸海空の各軍から人材を選抜し、核兵器の専門家として育成したのである。

ＡＦＳＷＰの一員として選ばれるにあたり、カーペンターの地元にはＦＢＩの調査員が送り込まれ、家族、同級生、そして近所の人にまでカーペンターの「人となり」についての聞き込みが行われた。核兵器についての情報は国家の命運を左右しかねない。敵国に機密情報を売り渡すような人物でないことを確かめるための調査だった。しかし、母親は、息子がどんな悪事をはたらいたのかと取り乱したという。

「身体検査」を無事パスしたカーペンターは、核兵器情報に接することのできる特別な資格「Ｑクリアランス」を得る。

そして、アメリカ本土で核融合と核兵器組み立ての技術について2年間の訓練を受け、19歳の時に沖縄の第7戦術貯蔵中隊に配属となった。

カーペンターが自宅に保管している文書には、彼が「核融合専門家 nuclear weapons fusing specialist」と「核兵器機械専門家 nuclear weapons mechanical specialist」という二つの専門技術を身につけていたことが記録されている。

沖縄で最初に扱うことになったのは核爆弾「マーク７」だった。全長およそ5メートル、重量約７００キロ、威力は広島型原爆よりもやや大きい20キロトン。アメリカが初めて陸海空の３軍に本格配備した戦術核兵器である。

カーペンターの業務は、このマーク７を定期的に分解しては各構成部品をチェックし、調整し、場合によっては交換を行い、また組み立て直すという作業だった。

インタビューに答えるポール・カーペンター

沖縄で出会って結婚したポール・カーペンターと妻の良子

核物質を封入しておく装置、あの「バードケージ」も取り扱った。

実際の核物質（カーペンターはそれを「コア」と呼んだ）をバードケージから取り出し、核爆弾本体に組み込む手順を確認し、命令があればいつでもその動作を滞りなく行えるようにするのだ。作業を終えると、コアと爆弾本体は別々の場所で厳重に保管した。コアの取り扱いについてそれ以上質問しようとすると、カーペンターは語ることを拒否した。

一日の仕事が終わると、沖縄の街に繰り出すこともあった。しかし一歩基地を出ると、仕事の話は一切しないよう命じられていた。第7戦術貯蔵中隊に所属する兵士たちは、他の部隊の兵士とはあまり交流を持たず、ほとんど酒を口にすることもなかったという。

「酒を飲むと、どうしても人はしゃべりたくなる。それで失敗してしまうのが怖かったからだ」

とカーペンターはその理由を説明した。

しかし、いくら最高度の軍事機密を抱えている身とはいえ、20歳そこそこの若者には心を通じ合える話し相手が必要だった。その点、カーペンターは偏見のない好奇心の持ち主だった。同僚や上官が「月30ドルで働く奴隷のようなやつら」と馬鹿にする沖縄の人々とカーペンターは、積極的に交流するようになった。

「タクシーの運転手やバーのウェイトレスたちと話していて、彼・彼女たちは、とても優しくて魅力的な人々だということに気付いた。それで少しずつ日本語を覚えていったんだ」

そうして知り合った沖縄の友人から、紹介されたのが良子だった。良子は当時、洋裁の仕事をしながら英会話の勉強をしていた。出会ってすぐ2人は恋に落ち、結婚した。

居間の暖炉の上には、結婚したての2人の写真が飾られている。赤い和服を着た良子と軍服を着て良子の肩に手を回すカーペンター。写真立ての横には星条旗と共に沖縄のシーサーが置かれ、2人が今も沖縄で出会ったことを大切な思い出にしていることが伝わってくる。

しかし、沖縄の女性と結婚したカーペンターについて、部隊の上官は懸念を示した。そのことが遠因となりカーペンターはやがて核兵器を扱う任務から外され、結局1963年に空軍を除隊することになる。

しかし、新聞社に転職して自身の経験をコラムに書くまで、妻の良子にも軍での任務については一切話さなかったという。

夫が核兵器に関わる仕事をしていたと初めて知った時、沖縄出身の妻はどう思ったのか。夫がインタビューを受ける様子を横で見ていた良子に聞いてみた。

「恐ろしかった」

と良子は言った。

「なぜって……原子爆弾。それは広島・長崎で人々の身に起きたこと。戦争は間違ったことだと思ったから」

良子は緊張してうまくしゃべれなかった。カーペンターが、良子の手を握り、横から補足する。

「彼女はそのとき、長い間結婚していた男の本当の仕事を知ったのです。それは彼女をとても動揺させました」

実は良子は、沖縄戦で多くの家族を失っている。アメリカ軍の艦砲射撃により父が死亡、姉は腕を切断する大けがを負った。もう1人の姉は腹部に大砲の砲弾を受け、苦しみながら亡くなった。一家で避難している最中、祖母が遅れ、はぐれた。祖母とはそれっきり二度と会うことはなかった。

　こうした事実は、後から夫のカーペンターが教えてくれたことだった。今も良子は、沖縄戦の体験を落ち着いて語ることができないからだ。

　沖縄戦、原爆投下、そして冷戦と核兵器開発競争……。時代の大きなうねりが沖縄で2人を結びつけ、同時に2人の間に微妙な影を落としていた。


　話を戻そう。カーペンターが作業を行っていた核兵器を管理し貯蔵する施設とは、どのようなものだったのだろうか。

　カーペンターの説明によると、核兵器を扱う一部の施設はやはり「イグルー」と呼ばれるが、通常の弾薬を保管するイグルーよりもずっと大きかったという。壁は分厚いコンクリートで作られ、鉄製の頑丈な扉が取り付けられていた。

　一方、屋根は薄くできていた。これは、仮に内部で爆発が起きた場合に、爆風を上部に向かわせ、周囲に被害を及ぼさないようにするためだったという。核爆弾には、核分裂反応を引き起こすために多量の高性能爆薬が使われていた。その爆薬が、何らかの事情で爆発することを懸念していたのである。最も深刻な事態、即ち、誤って核爆発が起きるという事態はさほど心配していなかったという。

　カーペンターが解説する。

「誰かがよほどおかしな事をしない限り、核爆発は起きません。核爆発を起こすためには、何よりもまず爆弾の中にプルトニウムのコアを入れなければなりません。そして起爆装置が起動しなければなりません。その起爆装置は、飛行機によって落とされたことを検知しなければ作動しません。何重もの安全装置があるのです」

核兵器には何重もの安全装置があるので、核爆発が起きる心配はない、という言葉は、カーペンター以外にも、他の元兵士から何度も聞くことになった。

一方、核貯蔵施設の警備は極めて厳重なものだったという。兵士たちは顔写真入りの身分証を常に携行し、いくつもの検問を通り抜けて作業場に向かった。

施設の周囲には三重のフェンスが張り巡らされ、中心のフェンスには高電圧の電流が流されていた。そして、機関銃を携行した憲兵が常に周囲を見張っていたという。

第313航空師団の文書にも、核弾頭を貯蔵するイグルーの条件として、「周囲を高いフェンスで囲み、照明灯を設置する。監視が行き渡るよう、フェンスから50メートルの範囲には背の高い植物は生やさないようにし、複数の監視塔を設ける」などの規定が書かれている。[29]

軍が恐れていたのは、悪意を持つ人物が不正に核関連施設に侵入し、核兵器そのものや、核兵器に関する情報を盗み出すことだった。

カーペンターは、核兵器を守ることの重要性については熱っぽく語った。

「質問なんかするな、まず撃て。それが私たちの合い言葉でした。核兵器は国家を守る最強の力

29　History of the 313th Air Division: 1 January 1958 through 30 June 1958, Chap. II

なのです。その兵器を守ることは、私の愛国心そのものでした。核兵器とその技術を守るという任務は、他の何よりも優先されていました」

住民も目撃していた嘉手納弾薬庫地区の警備強化

沖縄に核兵器が持ち込まれたことで、嘉手納弾薬庫地区の警備が強化されたというのは、住民側の証言によっても裏付けられた。

現在も広大な面積を持つ嘉手納弾薬庫地区は、沖縄市・うるま市・嘉手納町・読谷村・恩納村という五つの市町村にまたがり、西側の境界線は、沖縄本島を南北に貫く国道58号線に沿う形で伸びる。

58号線と弾薬庫地区のフェンスの間には、幅300メートルほどの畑が帯状に広がっている。畑への入り口に設置されている看板には「US AIR FORCE FACILITY 米国空軍施設」と大きく書かれ、この畑が米軍基地の一部であることを示している。

この帯状の畑は「黙認耕作地」と呼ばれ、本来は弾薬庫地区の一部として米軍が管理する地域だが、地主が特例的にそこで農作業を行うことを認められているのである。

比嘉秀徳（74）もその黙認耕作地で農業を営む1人だ。比嘉は、終戦1年前の1944年に読谷村の農家に生まれた。

終戦後に米軍統治が始まると、先祖代々の土地は接収され、嘉手納弾薬庫地区に組み込まれた。それでも、戦後しばらくは、弾薬庫地区にフェンスは設置されておらず、比較的自由に自分たちの畑で農業を続けることができたという。

比嘉は、5〜6歳の頃、つまり1950年前後、弾薬庫地区の中で母親の農作業を手伝ったり、友達と遊んだりしていたことを覚えている。戦争で亡くなった人々の遺骨がそこら中に野ざらしになっており、そうした遺骨を収集する人たちの姿もあった。

当時、米軍の爆弾は、他の資材と同様、野外で保管されていた。枕木の上に爆弾が二重もしくは三重に平積みにされているのである。警備は、軍に雇われたウチナンチュー（沖縄の人）が犬を連れて見回りにくる程度で、それほど厳しいものではなかった。

ところが、10歳頃になると、突然、弾薬庫地区に高いフェンスが設置された。監視塔も作られ、そこに銃を持った兵士が常駐するようになったという。

比嘉が10歳頃というと1955年前後。ちょうど沖縄に核兵器が持ち込まれた時期と一致する。恐らくは、その時期に、弾薬庫地区に核兵器貯蔵施設が設置され、警備が強化されたのだろう。

「何でフェンスができたのか、とかあまりそういうことは考えなかった。怖さもなかった。アメリカ軍というと、小っちゃいときにガムやチョコレートをくれたという、美味しい記憶なわけさ」

しかし、フェンスと監視塔が設置されてからは、以前のように弾薬庫地区内の畑に入ることはできなくなった。農業は、フェンスの外側に残された黙認耕作地で行うしかなくなった。

比嘉は、高校を卒業して軍雇用員となった。収入は、嘉手納弾薬庫に接収された土地の軍用地料、軍雇用員としての給料、そして黙認耕作地での農業収入となり、アメリカ軍との関係はさらに深まった。

沖縄が本土復帰する前後に、弾薬庫に核兵器や毒ガスなどが貯蔵されているという噂は耳に入ってきたが、それをことさら問題視することもなかったという。

今も自分たちの土地が弾薬庫地区の中にある現状についてどう思うか聞くと、比嘉は複雑な思いを語ってくれた。

「できたら、僕としては、個人的には米軍がいないほうがいいんだけれども、一方で僕は、黙認耕作というのかな、そういう二重所得、軍用地料をもらいながら、こうして生計を立てているものだから、現状のままのほうがいいとも思う。ほかの人はどう考えているか分からんけれども」

核兵器が沖縄に持ち込まれたことは、弾薬庫地区へのフェンス設置や警備強化という変化をもたらし、住民は農地から閉め出された。一方で、住民には軍用地料や黙認耕作地という形である種の「うま味」も与えられた。こうした仕組みは、弾薬庫内に貯蔵されている核兵器という最高機密から住民の目をそらす役割も果たしていた。

核を防衛するための核

最優先事項となった〈核の防衛〉。それは核貯蔵施設の警備を強化するだけでなく、「空からの攻撃」に対する防衛を強化することにもつながった。

1958年11月、迎撃用ミサイルであるナイキ・ハーキュリーズの発射基地が初めて沖縄本島に建設された。発射基地はその後、8カ所まで増やされることになる。ナイキは、高高度からやってくる敵の爆撃機や弾道ミサイルを打ち落とすための地対空ミサイルであった。

レーダーによって敵機の位置を捕捉し、無線でその標的へとミサイルを誘導することができた。通常弾頭の他に、20キロトンの核弾頭を搭載可能な、核／非核両用兵器でもあった。

ニューメキシコ州の国立原子力博物館に展示されているナイキ・ハーキュリーズ

迎撃用ミサイルになぜ核弾頭が必要なのか。それは、核弾頭であれば、仮に敵機に命中せずとも、近傍で炸裂させれば、1発で敵の全編隊を撃破することが可能になるという発想だった。

核拠点としての沖縄が敵からの攻撃に対して脆弱であるとの分析が米軍内部で盛んに行われていた1950年代半ば以降、ナイキ・ハーキュリーズは待望されていた兵器であった。

陸海空軍および海兵隊の4軍を統括する琉球米軍司令部（RYCOM《ライカム》）による1955年の文書には、「ナイキ・ハーキュリーズが配備されて初めて、沖縄に十分な防空態勢が整ったということができる」と記されている。[30]

ナイキが配備される以前に敵の攻撃機を打ち落とすために配備されていたのは、いわゆる高射砲である。しかし、高射砲では、どうしても命中精度や砲弾の到達高度に限界がある。

その点、レーダーによる誘導が可能で、核弾頭の圧倒的な破壊力を持つナイキがあれば、防空能力は格段に強化できると考えられたのである。

ナイキは、沖縄本島の8カ所に配備された。一カ所ごとに4発のミサイルを備えた発射基地とレーダー施設が備えられていた。

次頁の図を見て分かるように、ナイキが配置されていたのは、重要な核兵器関連基地の周辺である。最も大量の核兵器が保管されていたと見られる嘉手納弾薬庫地区の周辺には三つのナイキ基地が取り囲むように配備されている。さらに、同じく那覇基地に隣接する弾薬庫や、最南端の南部弾薬庫の周辺にもナイキが配置されている。いずれも核兵器が保管されていた弾薬庫である。

核兵器を守るための新たな核兵器、それがナイキ・ハーキュリーズであった。沖縄で、核が核を呼ぶ連鎖が起きていたのである。

本土では〈核〉、沖縄では〈土地〉

核ミサイルであるナイキ・ハーキュリーズが沖縄に配備されることを人々はどう受け止めたのか。

いち早くナイキを核兵器として認識し、報じたのは日本本土の新聞であった。

例えば、1957年5月の読売新聞による「米、沖縄にナイキ基地」と題する記事では、「最新式ナイキ・ハーキュレスは、原子弾頭もつけられ五十マイルの射程距離をもち、電子頭脳で運転し、超音速の敵機も撃墜できる能力をもっている」と紹介している。[31]

記事では、次のような増原防衛庁次長のコメントも掲載されている。

「ナイキは防御用対空兵器であり、これに対し日本が別に反対する理由もない。新型ナイキに原

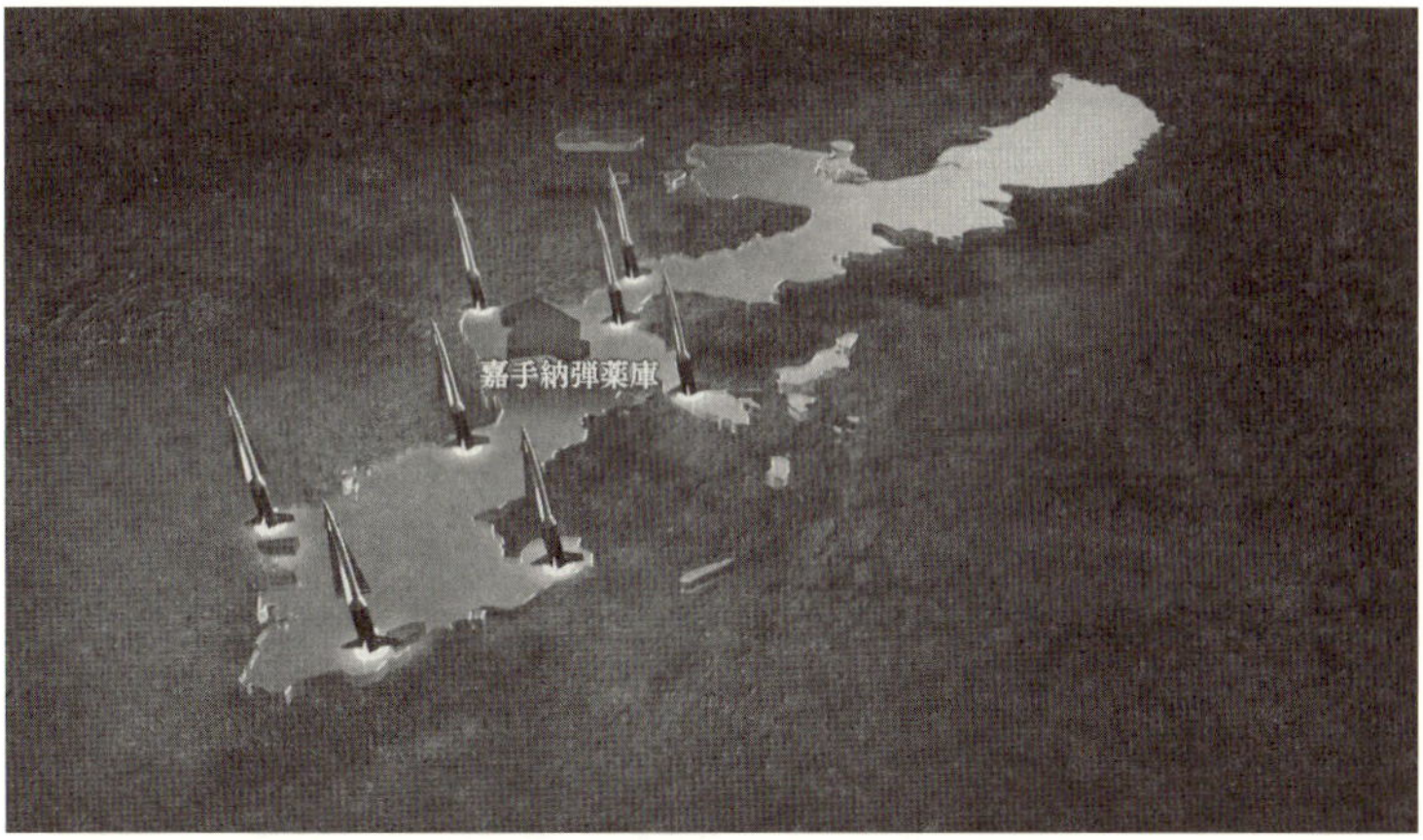

沖縄本島の8カ所に配備されたナイキ・ハーキュリーズ

子弾頭をつけられるようになったということは聞いているが、もちろんそれではないと思う」

ナイキに核弾頭は付けられるが、沖縄に配備されるナイキには核弾頭はついていないはずだ、ととぼけた防衛庁次長。その逃げ方は、2年前に起きた日本本土への地対地ロケット砲・オネストジョンの持ち込み問題のときと同じく「たまはない」というものだった。

ただし、本土で問題になったオネストジョンの場合はアメリカ側の資料によって核弾頭が付属していなかったことが分かっているが、沖縄に配備されたナイキについては核弾頭と一緒に持ち込まれたことが文書上明らかだ。

30 Rycom G-3, Lt Col Geo C Woolsey, Aspects of land requirements in Okinawa as affected by the tactical mission and training requirements, RG319, NARA

31 1957年5月30日「読売新聞」

例えばあの国防総省の『歴史』でも、沖縄に配備されたナイキ・ハーキュリーズは核兵器としてリストアップされている。また、私たちが話を聞いた多くの元ナイキ部隊の兵士も、ナイキには核弾頭が搭載されていたことを証言している。

しかしここで注目したいのは、本土では、沖縄へのナイキ配備にあたって、「新たな核兵器」が持ち込まれることを問題視する視点が存在していた、ということである。

一方、沖縄でもナイキの配備計画について地元紙が書いている。ただし、沖縄では、「核」の問題ではなく、再び「土地接収」の問題として取り上げられた。ナイキ基地建設を担う陸軍工兵隊が、12村35万坪の土地に対し接収を通告。立ち退きを命じられた住民は反発し、適正補償を求める運動が広がっていたのである。

オネストジョンのときと同様にナイキの場合にも、本土では〈核〉が焦点となる一方、沖縄では〈土地〉という、明日の生活を守るための議論に収斂せざるを得なかったのである。

配備からおよそ1年後の1959年10月31日、読谷村に配備されたナイキ基地において、初めての発射訓練が行われた。アメリカ本土以外でナイキが実際に発射されるのはこれが初めてのことであった。

発射訓練の様子を記録した映像がNHKに残されている。発射台が設置された読谷村の残波岬《ざんぱ》には観覧席が設けられ、軍の高官や琉球政府の関係者らが招かれた。

直立したナイキを背景に、部隊の兵士から訓練の概要についての説明が行われる。多くの人々が見守る中で行われた発射訓練。ナイキは点火された瞬間、白い煙を残して一直線に上昇し、雲の中へ消えた。地元紙は、「残波ゆるがすナイキの轟音」「一瞬火を吐く、村民ただ呆然」とその日の夕刊で伝えている。

常態化したナイキの発射訓練

しかし、最初こそ大きな注目を集めたナイキの発射訓練だったが、その後、読谷村残波岬での訓練が頻繁に行われるようになり、次第に住民にとって日常的なものになっていった。

1962年から1970年にかけて読谷村長を務めた池原昌徳が残していた資料の中に、米軍当局から通告されたナイキ発射演習についての文書が残されている。

それによると、1967年度は1月から3月までの3カ月の間に、合計30日の発射訓練が行われることが予告されている。

発射が行われる日は、午前8時から午後6時までの間、残波岬の周辺海域に船舶が入ることは禁じられた。というのも、ナイキミサイルは、発射後しばらくして固体燃料を使い切ると、その燃料の入っていたブースターを切り離す。ブースターはそのまま海上に落下するため、その海域に地元の漁師などがいると危険なのである。

地元の人たちは今でも、残波岬で行われていたナイキの発射訓練の様子をよく覚えていた。読谷村に隣接する恩納村宇加治《うかじ》地区の現区長・徳村博史と前区長・長浜真信は、当時小学生。ナイキの発射訓練は子供たちの「楽しみ」だったという。

「発射の30分ぐらい前にはサイレンが、ミサイル撃ちますよ、みたいな感じで流れるんですよ。僕ら、サイレンの音を聞いて、ミサイル上がるぞ、見に行こうと言って、みんなワーッと集まってきたんです。子供たちが集まってきて、みんなで岩の上で発射を待つんです。ギンギラギンに光ってるロケットだから、ここからでもはっきり見えて。で、バーッと上がって、雲に入って見えなくなると、また落ちてくるんです。そこまで完全に見えました。水面に落ちたときに波しぶきが上がるのまで見えよったから」

2人は楽しそうに、当時の様子を振り返った。ナイキの発射訓練は、子供たちにとっては楽しいイベントであり航空ショーのようなものだった。

楽しみは発射訓練が終わった後にも残されていた。

「燃えかすか何か知らないけどね、5ミリくらいのちっちゃい火薬が海岸にいっぱい流れ着いたんですよ。それをまた僕ら拾って、銀紙で包んで、火をつけるとボーンと、これがまた燃えるんですよ。きれいに。これで遊びよったんですよ、自分ら」

訓練で発射されたナイキに核弾頭が搭載されていたはずはないが、ナイキ・ハーキュリーズは、核弾頭を搭載できるれっきとした核兵器である。

そのことを徳村と長浜に伝えると二人は驚いた。

「それは何も知らないです」

「知らないですよ」

2人はナイキが核兵器であることを当時も知らなかったし、今も知らなかった。

「僕らはただ、子供心に、おお、ミサイルが飛ぶぞ、上がるぞ、みたいな感じで見て、それを見て楽しんでただけ。バーッと上がって落ちてくるのを」

世界最大級の核拠点となった沖縄で、新たに配備された〈核を守るための核〉。そして、その訓練を興奮しながら見つめる無邪気な子供たち。この奇妙な落差こそが、本土から隔絶された沖縄の戦後だった。

第6章 隠されていた核事故

元兵士たちの掲示板

取材の過程で、沖縄に配備されたナイキ・ハーキュリーズが、大惨事につながりかねない重大な事故を起こしていた事実をつかんだ。核弾頭を搭載した1発のナイキが、誤って発射され、海に突っ込んだ、というのである。

きっかけは、在米のリサーチャー野口修司が見つけた、インターネット上の掲示板だった。そのサイトは、かつてナイキ部隊に所属していた兵士たちが中心になって運用しているもので、ナイキ開発の歴史から退役兵たちの同窓会にいたるまで、ナイキに関わるあらゆる情報が集まっている。

その中に、沖縄に配備されたナイキについて情報交換がされているページがあり、その書き出しにはこうあった。

「沖縄でナイキが誤って水平に発射されたという噂がある」

複数の元兵士が、その「噂」について書き込んでいた。ある人物はその事故の現場に居合わせた経験をつづり、また別の元兵士は事故が起きた時には自分はいなかったものの、事故を起こしたミサイルは核付きだったと書いていた。

ただし、事故がいつどのようにして起きたのか、という基本的な事実が抜け落ちていた。また、掲示板への書き込みは、１９９９年を最後に止まっていた。

私たちは、掲示板に書き込みを行った元兵士たちを探すことにした。

事故現場に居合わせた男

まず見つかったのは、事故が起きた時に現場にたまたま居合わせたというティム・ライアン（77）である。

ライアンの担当任務はナイキの整備だったため、普段は発射場とは別の場所にある格納庫で作業しており、通常は発射基地にいることはない。しかし、偶然が重なり、その現場に立ち会うことになったという。

ライアンが沖縄に派遣されたのは１９５９年初め。当時19歳だったが、階級はすでに軍曹だった。アメリカ本国では、ナイキ・ハーキュリーズだけでなく、旧タイプであるナイキ・エイジャックスの整備の技術も身に付けていた。ハーキュリーズは、エイジャックスが対応していなかった核弾頭を搭載することができ、大きさは4倍ほどあった。

「ハーキュリーズとエイジャックスは、機械的な仕組みは一緒ですが、サイズ・威力・精密さ、全てにおいて段違いです。沖縄に配備されたとき、そこに配備されたナイキが全て最新型のハーキュリーズだったことにまず驚きました」

ライアンの仕事は、発射場では対応できないような不具合が見つかったミサイルについて、格

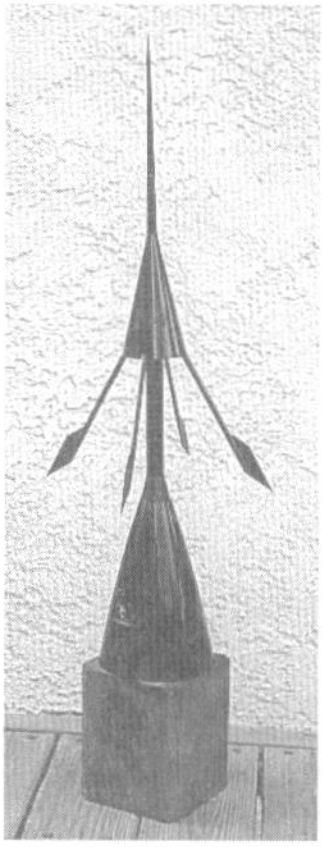

左：ナイキ・ハーキュリーズの先端に取り付けられた「バロメータ」。米軍撮影
右：取り外された「バロメータ」。エド・ティレン氏提供

納庫で時間をかけて整備を行うことだった。仕事は非常に忙しく、整備が必要なミサイルが出ると、24時間いつでも呼び出されたという。

ライアンの仕事の「守備範囲」に核弾頭は含まれていなかった。それでも、核弾頭付きのナイキと通常弾頭のナイキを外見で見分けることはできた。核弾頭が搭載されている場合、ミサイルの先端部分に特殊な「バロメータ（測定器）」が付いていた。

このバロメータは、4本の突起が飛び出た小さな黒い装置である。ミサイルの先端に取り付け、気圧や速度を計測する。そして、ミサイルが一定の高度と速さに達して初めて核爆発を可能にする信号を送る。つまり地上などで誤って核爆発を起こさないようにする安全装置として機能する。

バロメータは、核弾頭が搭載されているナイキのみに取り付けられ、通常弾頭のものには付いていない。だから、それが付いているかどうかで、そのナイキの核／非核を区別できるのである。

ライアンによれば、その「絶対に忘れることのできない恐ろしい事故」が起きたのは、正確な日付こそ忘れてしまったものの、「金曜日」だったという。

ライアンはその頃、格納庫での任務を外れ、一時的に発射基地に派遣されて整備の仕事にあたっていた。その週で発射基地での仕事は終わり、翌週の月曜日から再び格納庫での仕事に戻ることになっていた。事故は、その発射基地での仕事の最終日に起きたため、「金曜日」というのが記憶に残っていたのだ。

後から分かるのだが、事故が起きたのは１９５９年6月19日金曜日。ライアンの記憶は正確だった。

その日、ライアンは、数人の部下を連れて、那覇飛行場に隣接されているナイキ発射基地（「サイト8」と呼ばれていた）にいた。その場所は、現在の那覇空港がある場所だ。沖縄県庁などがある那覇の中心市街地からは、およそ3キロメートルしか離れていない。

発射場には四つのミサイルが配備されていた。各ミサイルは平常時は地下に保管されているが、発射準備が命じられると、エレベータで地上に運ばれる。そして発射台に乗せられ、水平状態から垂直に近い角度に持ち上げられる。こうした操作は、半地下に設置されていた発射司令室で行われた。

作業を行うためにライアンが数人の部下とともに地下司令室への階段を下りようとしたところ、ナイキ部隊の上官が走り寄ってきた。

「上官から、『今すぐ地下から地上に出ろ』と言われました。ブルーアラートが発令された、と

那覇飛行場に隣接するナイキ発射基地「サイト8」。写真はミサイルが地下に格納されている状態。元兵士提供

言うんです」

ブルーアラートとは正体不明の航空機またはミサイルが接近していることを意味する警戒情報である。警戒態勢は下から順に、以下のような種類があった。

「ホワイト（白＝安全）」
「イエロー（黄色＝敵機を察知）」
「ブルー（青＝敵機からの攻撃の可能性）」
「レッド（赤＝切迫した危険）」

ナイキ部隊はブルーアラートが出されると、迎撃できるよう、ミサイルを発射準備態勢にしなければならない。

ライアンと部下は地下から出て車に乗り込みそのまま基地から出ようとしたが、ゲートのところで一旦車を止めた。普段格納庫で作業を行っているライアンは、ナイキ部隊が実際に発射準備を行う場面を見たことがなかった。好奇心から、ゲートからことの成り行きを見守ることにしたのだ。ミサイルは、すでに地上に上げられ発射台に水平にセットされていた。

しかし、ライアンと部下がゲートでとどまっているのを見た部隊の上官が再び駆け寄ってきて、「敷地から出ていけ！　ミサイルを撃つかもしれんぞ」と叫んだ。

ライアンと部下は、仕方なくミサイルに背を向け、歩き去ろうとした。

その直後、背後で大きな爆発が起きた。

そして猛烈な勢いで、石ころや砂埃が襲ってきた。

最初に想像したのは、敵の攻撃機が爆弾を投下したのではないかということだった。急いで逃げ、建物の陰に隠れた。

しばらくすると、発射台の方からうめき声が聞こえてきた。発射台のある方向に向かって走った。

驚いたことに、発射台は水平のまま空っぽになっていた。何かがおかしい、と直感した。そして、基地と外部を隔てるフェンスに、ちょうどナイキミサイルの直径と同じくらいの大きさの穴が開いているのに気付いた。

地面には、3人の兵士が倒れていた。1人は明らかに死んでいた。片方の足が付け根から切断され、頭も割れていたからだ。それを見たライアンは呆然となり、しばらく体が動かなくなった。

正気を取り戻して、もう1人の若い兵士のところへ近寄った。この兵士は意識があった。ライアンを見ると、自分の出身地がどこかということと、「ガールフレンドに自分は大丈夫だと伝えてくれ」と言った。上着を吹き飛ばされ、上半身にヤケドを負っていたため、ライアンは自分の上着を脱いでこの兵士にかけてあげた。

倒れていた3人目の兵士は、ブーツが脱げ、足にヤケドをしていた。ライアンは、やはり自分の肌着を脱いで彼の足にかけてやった。

倒れていた兵士たちへの応急処置をしたあと、発射台近くの丘の上に登ってみた。そこから基地全体を見下ろした瞬間、ライアンは「オー・マイ・ゴッド!」と叫んでいた。フェンスに開いた穴の先で、ナイキミサイルが海に突っ込んでいたのだ。

海岸には、1人の将校が立っていた。ライアンは丘を下りて海岸に向かい、その将校に、「あれは、発射台にあったミサイルですか?」と聞いた。

将校は、「心配するな。そんなこと起きるわけがない」と否定した。

ライアンは食い下がった。

「起きるはずのないことが実際に起きたんです。起きるわけがないとは、どういうことですか?」

しかし、将校は「心配するな」と繰り返しただけで、何も説明してくれなかった。

しばらくして、海に突っ込んだナイキは引き揚げられた。それがしばらくの間、自分たちの格納庫の一角に保管されていた。大破していたが、バラバラにはなっていなかったという。

事故が起きた原因については、後になって、足を切断されて死亡した男が、誤ってブースターを暴発させてしまったことで起きた、と聞いた。

ブースターには発射直前にケーブルをつなぐ。その前にまず特殊な器具を使って、電気回路に浮遊電圧(stray voltage)がかかっていないことを確認する手順になっている。その手順のどこかで、間違いが起きたとのことだった。

しばらくして、本国の両親から手紙が来た。地元の新聞に小さく「沖縄でミサイル事故があった」という短い記事が掲載されたため、息子が無事なのか心配になったのだ。

当時、上官から、事故については一切口外してはならないと言われていた。だから、ライアンは、両親への手紙にも「無事だ」とだけ伝え、事故については何も書かなかった。軍を除隊して地元に帰るまでは、誰にも事故について話さなかったという。

事故を起こしたミサイルに、核弾頭は搭載されていたのだろうか。

ライアンは、ミサイルの先端に取り付ける「バロメータ」の仕組みを知っていた。その有無が、核弾頭か通常弾頭かを区別する指標となる。

核弾頭の有無について聞くと、ライアンは、こう答えた。

「遠く離れていたからか、反対側にあったからか、もしくは土埃をかぶって汚れていたからか……。バロメータがあったかどうか、私自身は、直接は確認していません」

しかし、ライアンはこうも言った。

「あのナイキには核弾頭が付いていたということです。ある将校から、そうはっきりと言われたのです」

24時間態勢での敵機襲来への備え

ライアンの証言は詳細だった。ただし、核弾頭を搭載していたのかどうかについては、又聞きの情報だった。

インターネット掲示板に書き込んでいた元兵士で、次に話を聞くことができたのはカール・ダーリング。沖縄にやってきたのは、事故が起きた半年後の1960年1月。掲示板では、事故を起こしたナイキは「核弾頭付きだった」と書いていたが、当然ながら、間接的な情報だった。

ダーリングは、ナイキ部隊が常に高い警戒態勢を維持していた実態を話した。

ダーリングは、事故を起こしたサイト8のレーダー担当だった。レーダーサイトは、ナイキの発射場からは1マイル（1・6キロ）ほど離れた場所にあったが、敵機の侵入に備えて365日24時間の監視態勢が敷かれていたという。

あるとき、ダーリングは、正体不明の航空機が近づいてきていることを探知した。

「画面を見ていると、その機体はどんどん沖縄に近づいてきた。ナイキを地上に上げ、発射準備態勢を取った。後は発射命令を待つだけの状態だった」

2機の米軍機がスクランブル発進し、正体不明機に近づいた。中国機だった。結局、ナイキによる迎撃命令は出されなかったが、一触即発の事態だったという。

実戦を想定した訓練も定期的に行われていたという。そしてそれは「抜き打ち」で行われた。つまり訓練は、本物の敵機襲来なのか訓練なのか、現場の兵士たちに知らされずに始まるのだ。ダーリングが振り返る。

「我々はどんな時でも気を抜くことを許されなかった。敵機がやってくるのをレーダー担当が探知するのが少し遅れたり、ミサイルを準備する手順が少し狂ったりしただけで命取りになる、と言われて教育されていたんだ」

これも後から分かることだが、サイト8で起きたナイキの誤射事故の背景には、自分の置かれた状況が「本番」なのか「訓練」なのか分からない中で、常に緊張を強いられていた兵士たちの精神状態があった。

見つかったナイキ部隊の「日報」

証言者を探すのと並行して、この事故に関わる文書の収集も進めていた。

その結果、ミズーリ州セントルイスにあるアメリカ国立公文書館分館で、沖縄に駐留していたナイキ部隊の日報など、いくつかの資料を見つけることができた。

沖縄でナイキ・ハーキュリーズを運用していたのは、米陸軍第30砲兵旅団の傘下に属する「第65砲兵隊第1ミサイル大隊」。そのうち、那覇のサイト8を運用していたのは「D組」と呼ばれる、およそ100名からなる部隊であった。

この第1ミサイル大隊D組が残していた日報には、その日の責任者名や、任務にあたっていた階級ごとの人数といった基本事項の他に、「特記事項」の欄が設けられている。

1959年6月19日の特記事項欄には、「任務中の死」として、「フランク・L・ゴンザレス」の名前と共に、「ナイキ・ハーキュリーズミサイルの点火により死亡」と短く記されていた。時期と内容からして、これが、ナイキの誤射事故であることは間違いなさそうだった。

「ミサイル発火事故」

事故が起きたことは、当時、報じられていたのだろうか。日本とアメリカの新聞をそれぞれ探

Group Picture of Personnel of Btry "D," 1st Msl Bn (NH), 65th Arty

那覇サイト8を運用していた「D組」の集合写真。元兵士提供

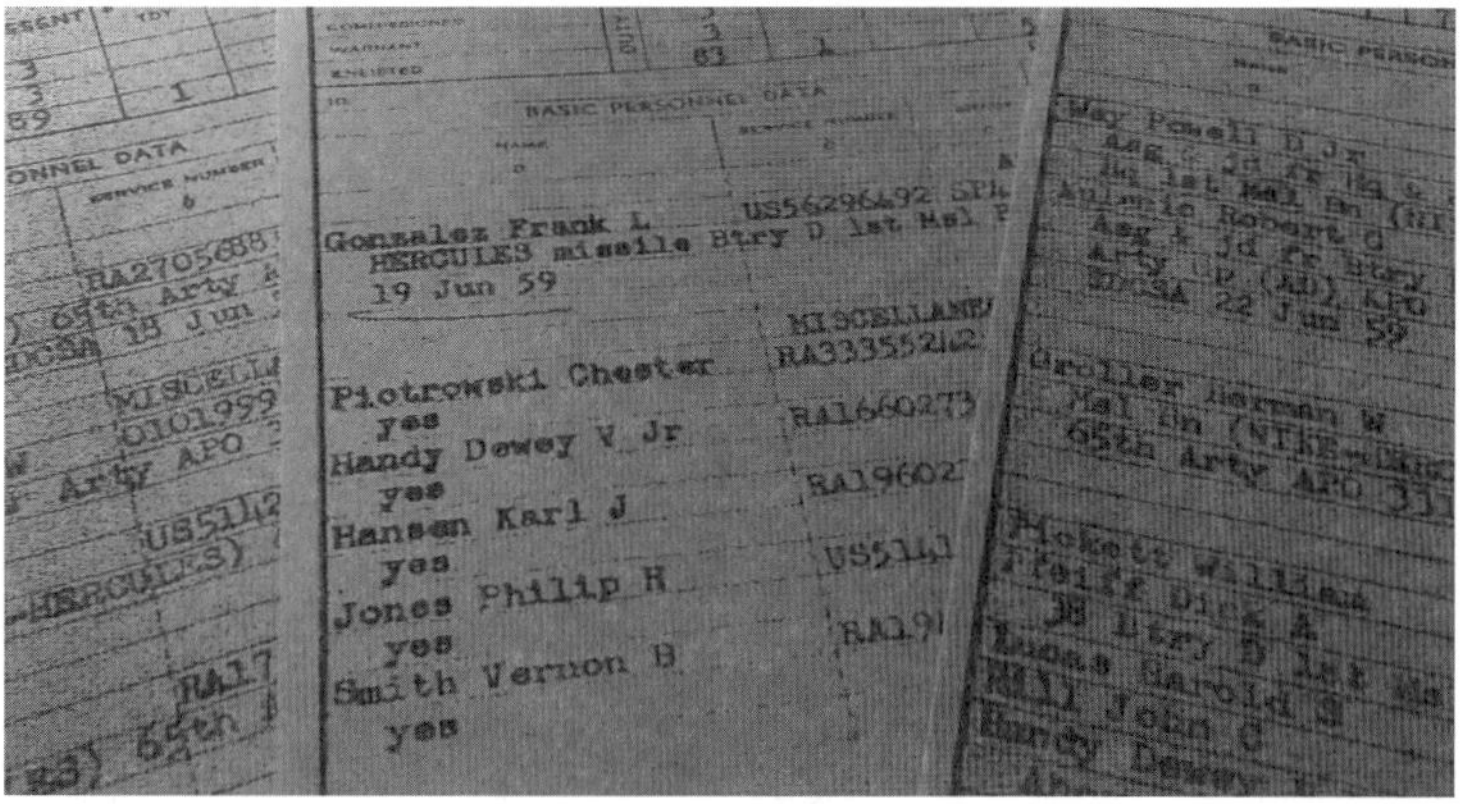

1959年6月のナイキ部隊「D組」の日報

ってみた。

沖縄の新聞二紙（琉球新報と沖縄タイムス）には、それぞれ短い記事が掲載されていた。


「米兵六名死傷　ミサイルが発火して」

【琉球米陸軍情報部】十九日あさ那覇飛行場近くにある米軍のミサイル基地でミサイルの発射台が水平に向いているとき、ミサイルが部分的に発火するという事故が発生した。この発火によってミサイルは●百フィートの距離まで発射されその地点（空地）でミサイルは無数の破片になって散った。このミサイルは爆発はしなかったが、発火したときの発射火薬によって一名が即死し、他の五名が負傷した。死傷者の氏名は親族に通知するまで公表を控えている。現在のところ事故の原因は明らかでない。この事故で調査するため琉球米陸軍司令官が調査委員長に任命された。

（1959年6月20日「琉球新報」、●は判読不明）


「ミサイル発射寸前に発火　兵士一人即死、五人負傷」

十九日軍司令部情報部の発表によると、十九日あさ那覇空軍基地ちかくの米軍ミサイル基地のミサイル発射台で、発射寸前のミサイルが水平状態で一部発火、その発射火薬で操作員一人が即死、他の五人が負傷した。ミサイルはこの発火のため数百メートルの地点（空中）までとび破裂した。爆発はしていない。米軍当局ではブース中将を調査委員長に任命、発火事故の調査をはじめているが、原因はまだ分らない。死亡した米兵の氏名は軍規により発表されないという。

（1959年6月20日「沖縄タイムス」）

記事は両方とも、米軍当局の発表をそのまま伝える形をとっていた。事故を起こしたのが核ミサイルのナイキ・ハーキュリーズであることも、実際にそれが核弾頭を搭載していたかどうかについても触れられていなかった。続報が書かれた形跡もなかった。

一方、米軍の準機関紙である「スターズ&ストライプス」の太平洋地区版にも、事故についての記事が掲載されていた。

「1人死亡、5人負傷　ナイキ暴発で」

那覇にて。金曜日、発射場でナイキミサイルが誤って点火し、数百フィートにわたって飛んだ。この事故でカリフォルニア州出身の兵士が1人死亡、5人が負傷した。ミサイルは爆発しなかったが、部分的な発火によって空中に発射され、いくつかの破片となった。ワシントンのAPによると、死亡したのは、カリフォルニア州サンバレーのフランク・L・ゴンザレス伍長。負傷したうちの2名は、テキサス州エルパソのチェスター・ピオトロウスキー上等兵、オレゴン州ポートランドのヴェルノン・B・スミス上等兵。

在琉球米陸軍司令官ドナルド・P・ブース中将は調査委員会を結成し、事故原因の調査に乗り出した。

防空用ナイキ誘導ミサイルは、全長20フィート（6メートル）、円筒形の「弾丸」で、5万〜6万フィート（1万5000〜1万8000メートル）の高高度を高速で飛ぶジェット機を撃ち落とすことができる。時速約1500マイル（2400キロ）で、射程距離は25〜30マイル（40〜48キロメートル)。

さらに、その二日後には、続報が掲載されていた。

(Pacific Stars & Stripes, 1959年6月20日)

「ナイキ暴発で負傷した5人を特定」

沖縄の陸軍当局は、那覇近くで金曜日にナイキが誤って発射された事故で負傷した5人の兵士の名前を公表した。

事故では、発火した際にミサイルの操作にあたっていたカリフォルニア州サンバレーのフランク・L・ゴンザレスが死亡している。

負傷者の中で最も重傷なのはカンザス州カンザス・シティのカール・ハンソン上等兵で、体の23パーセントに第2級のヤケドを負った。他は、デューイ・V・ハンディ・ジュニア上等兵、フィリップ・H・ジョーンズ上等兵、チェスター・ピオトロウスキー一等軍曹、ヴェルノン・B・スミス上等兵。

(Pacific Stars & Stripes, 1959年6月22日)

こうして、事故で死亡、あるいは負傷した兵士の名前が明らかになった。

事故で神経を患った男

名前が判明した事故の関係者を探す中で、最初に見つかったのは、負傷したデューイ・ハンディ上等兵の妻、シンシア・ハンディ（79）だった。当のデューイは2015年に77歳で死去していた。

デューイ・ハンディは事故の当日、発射場のゲートで検問を担当していた。ゲートは、ちょうどミサイルのブースターの後ろに位置している。ナイキが暴発した際、その爆風で吹き飛ばされ、全身にヤケドを負った。

シンシアは、夫から事故のことを繰り返し聞いていたという。

「夫は、真っ二つに切断された同僚兵士の姿を見たと言っていました。自分もひどいヤケドを負っていたので、そのままヘリコプターで病院に運ばれたのです」

デューイ・ハンディは、入院中に起きた出来事についても語っていた。

「ミサイル事故のあとしばらくして、ヤケドを負った子供たちが同じ病院に運ばれてきたそうです。子供たちのベッドを確保するために、先に入院していた兵士が病棟を移ったり、日本本土の病院に転院したりしました。夫は精神病棟に移りました。飛行機が学校に墜落したことが原因だったそうです」

沖縄の子供たちを巻き込んだという この事故は、宮森小学校米軍機墜落事故であろう。1959年6月30日、つまりナイキ誤射事故の11日後に起きている。

空軍のジェット戦闘機が沖縄本島中部・石川の住宅街に墜落し、付近の家屋を引きずりながら宮森小学校の校舎に激突。エンジンの一部が教室の中に突っ込み、学校は大量のジェット燃料で激しく炎上した。児童11名を含む18名が死亡、200人以上が重軽傷を負った。戦後最悪の米軍機事故として、今も沖縄県民の記憶に深く刻まれている。

ナイキ事故も一歩間違えれば、大惨事につながりかねなかった。デューイ・ハンディも、やはり、重大な事実を妻に伝えていた。

「夫は、そのミサイルには核弾頭が搭載されていたと言っていました」

しかし、夫婦にとってそれ以上に重要だったのは、ナイキ誤射事故を受けた軍の対応だった。

シンシアは、今もデューイの軍での記録を段ボール一箱分保管していた。その中に、軍当局が、デューイが負傷したことを両親に知らせるために送った電報が残されている。そこには、「あなたの息子デューイ・ハンディ上等兵は、1959年6月19日に沖縄で負傷しましたが、容体は深刻ではありません」と記されていた。

しかし、デューイ・ハンディは、ヤケドから回復し部隊に復帰した後、深刻な神経症に悩まされることになったという。事故の凄惨な現場を目撃したことが原因だとデューイも周辺も考えていた。特にミサイルに直接関わる任務についた際に、精神的に不安定になることが多くなった。

シンシアが保管している記録の中には、事故から3年後の1962年に、軍の医師が書いた処方箋がある。そこには、

「この男は、爆発物を扱う緊張度の高い環境の中で働くことに不安を感じている。この男については、予防措置として、核兵器への接近を禁じた方が良いと思われる」

と書かれている。

結局、デューイ・ハンディは、ナイキミサイルに関わる仕事から外された。そして2年後の1964年に陸軍を除隊した。

不安を感じた業務から外すというのは、組織としての配慮にも思える。しかし、デューイもシンシアもこうした軍の対応に納得がいかなかった。

「夫が不安神経症を患ったことは認め、核を扱う仕事からは外しました。だけど、軍は夫の症状と事故の関係を曖昧なままにしました。事故の影響を過小評価し、できるだけ大事にしないようにしていたのです。そのやり方に納得ができませんでした」

デューイは、亡くなるまで不安神経症に悩まされた。シンシアは夫が除隊したあとの医療費の補償を求めているが、今も軍からは何も回答がないという。

誇りと不信

「スターズ＆ストライプス」の記事で、「最も重傷」とされていたナイキ部隊の上等兵、カール・ハンソン（78）にもたどり着くことができた。ハンソンもデューイ同様、事故後の軍の対応に不信感を持っていた。

ハンソンは現在、アーカンソー州の田舎町リトルロックの教会で管理人として働いている。待ち合わせの時間に教会の前で待っていると、大きなピックアップトラックに乗って大柄な男が現れた。

「US ARMY」と大きく刺繡された帽子をかぶっている。陸軍にいたことを今でも誇りに思っているのだろう。そのことを聞くと、

「そう、私は那覇のミサイル基地で防空の任務に当たっていたんです。沖縄を守っていたんですよ」という答えが返ってきた。

ハンソンはサイト8D組の通信担当だった。通信担当の任務は、上官が他の組やレーダー担当者と交信できるように通信回線を適切に切り替えること。いわば、部隊の電話交換手のようなものである。

ハンソンが事故に直面したのは、ゲートの外での用事を済ませて司令室に戻ろうと発射基地を歩いて横断していたときだった。3メートルほどの距離にあったナイキミサイルが突然暴発したのだ。ハンソンはちょうどブースターの真後ろにいたという。

「轟音と炎は覚えています。大きなトラックのような音でした。その後、炎が襲ってきました。しかし、記憶があるのはそこまでです」

そう言いながらハンソンは、頭の横でパチンと指を鳴らした。

目を覚ますと、チューブにつながれた状態で病院のベッドに横たわっていた。全身のあちこちにヤケドを負っていた。そして、いつの間にか事故から40日も経っていた。長い昏睡状態に陥っていたのだ。

体のヤケドは幸い回復したが、皮膚が薄く弱くなった。太陽光の下で働くことが困難になり、熱いシャワーを浴びることはできなくなった。軍を除隊し、屋内だけで働ける仕事を転々としてきた。

ナイキに核弾頭が付いていたのかどうか、ハンソンは知らなかった。しかし、いずれにせよ、ハンソンにとって事故が重大なものであることに変わりはなかった。

話をしながら、ハンソンは何度も「悲しい」という言葉を繰り返した。

悲しいのは、自分と世間の「ずれ」だった。事故の光景が今でもフラッシュバックし、「あの

ナイキの誤射事故で全身に大ヤケドを負ったカール・ハンソン

とき自分も死んでいたかもしれない」と思う。しかし、事故について知っている人は周りにおらず、誰にも話すことができなかった。

沖縄の住民に事故の真相が伝わっていないことにも疑問を感じていた。

「もしそんな重大事故が自分の裏庭であったとしたら、誰かに教えてもらいたいと思いますよね？　でも軍はそのことを外部には適切に知らせなかったのです。それは今でもおかしいと思います」

全てを知る男

那覇で密かに起きていたナイキ誤射事故の端緒をつかんでからおよそ2カ月。ようやく、事故の核心を知る人物にたどりついた。同じくサイト8D組に所属していたロバート・レプキー（81）である。

電話で話を聞いたところ、事故で亡くなったゴンザレス伍長とともに、ミサイルの発射準備を行っていたという。そして、暴発したナイキには「間違いなく核弾頭が付いていた」という。これは是非、TVカメラとともにインタビューしなければならない。

２０１７年5月末、ウィスコンシン州の人口８０００人ほどの田舎町ジェファーソンにある自宅を訪ねた。

トレーラーハウスと呼ばれる、キャンピングカーからタイヤを外したような小さな家に住むレプキーは、今回の取材で出会った元兵士たちの中で最も慎ましい生活を送っているように見えた。妻に先立たれ、今は一人住まいだという。

レプキーは淡々とした口調で語り始めた。

「22歳の時に沖縄に派遣されました。基地は造成されていましたが、まだナイキミサイルはありませんでした。私たちの最初の仕事は、ミサイルをセットアップし運用を開始することでした」

レプキーは、D組として最初に那覇基地に配属されたチームの一員だった。アメリカ本国から送られてきたミサイルを組み立て、那覇のサイト８に設置することから任務が始まった。

沖縄に到着したのは１９５８年11月。読谷村残波岬で最初の公開発射試験が行われたのが１９５９年10月31日なので、その1年ほど前からナイキミサイルの実戦配備が始まっていたことになる。

ナイキ部隊は、大まかに三つのセクションからなる。

一つ目が発射基地。二つ目がレーダーサイト。三つ目が整備のエリアである。レプキーは三つ目の整備担当であった。

ナイキ・ハーキュリーズの整備担当者は核弾頭も扱う。そのために特別な資格を得る必要があったが、レプキーには一点、軍当局による審査で引っかかる点があったという。

「父はドイツ出身でした。第二次大戦のずいぶん前、1923年にアメリカに渡っていたんですが、出身地が東ドイツにあたる地域だったんです」

核兵器に関わる情報が共産圏に流れることを何よりも恐れていたアメリカ軍。調査は、兵士の父親の出自にも及んだ。それでも結局「嫌疑」は晴れ、資格は与えられた。D組の整備担当兵の中で、核弾頭を扱う資格を持っていたのはレプキーを含めて2人だけだった。

ミサイルに不具合が見つかれば、365日24時間の対応を求められた。さらに、整備担当兵もいざというときには発射の作業にも関わることが求められ、そのための訓練も頻繁に行われた。

「早朝から日没までの長時間労働でした。週7日働くこともよくありました。週の平均労働時間が78時間だったのを今でも覚えています」

週5日の勤務だとすると、一日の平均勤務時間は15時間以上になる。とんでもない激務だ。事故はこうした日々の中で起きたのである。

僅かな針の振れ

その日は、発射基地内でミサイルの整備にあたっていた。

すると、「戦争が始まった。これは訓練ではない」との一報が入り、ブルーアラートが発令された。兵士たちはミサイルを発射準備態勢にするために一斉に走り出した。最初に話を聞いたライアンの証言と一致する。

レプキーによれば、その時、現場にいたのは「スケルトン・クルー」だったという。スケルトンとは「骨と皮の状態」。つまり、最小限の人員のみで部隊が運営されていたということだ。

レプキーは整備担当なので、通常であれば発射準備には関わらない。しかし、このときはスケルトン・クルーだったために、自分も発射準備作業に加わることになった。

ミサイルは地下で保管されている。警戒情報が出されてからエレベータでミサイルを地上に上げ、発射台にセットし、発射台を水平から垂直にして発射準備が完了する。

那覇サイト8には、四つの発射台があり、それぞれの地下にミサイルが保管されている。通常は1発が核弾頭付きのタイプで、3発が通常弾頭タイプだ。

このときは、「核弾頭付きを上げろ」と言われた。

エレベータでミサイルを地上に上げた。しかしまだやることがある。発射台とミサイルを、ケーブルでつながなければならない。発射ボタンが押されると、その指令は電気回路を通ってミサイルに伝わり、ブースターが点火し、発射される。ケーブルをつながなければ、この指令が伝わらないのだ。

だが、いきなりケーブルを接続してはならない。その前に、発射台側に余分な電圧（浮遊電圧）がかかっていないことを確認するのが手順だった。固体燃料で満たされたブースターは電気に対して極めて敏感なのだ。僅かな電流が流れただけで点火してしまう。だから、電気回路の中に余分な帯電がないことを確認する必要があったのである。

レプキーは、浮遊電圧の有無を確認するために、専用の検査器具を使って発射台側のケーブルを点検した。すると、これまでに見たことのない反応があった。

「検査器具をケーブルにつないだところ、針が振れたんです。ほんの僅かですが、針がピクッとしたのです。嫌な感じがしました。これまでにそんな反応が出たことはなかったからです」

インタビューに答えるロバート・レプキー

レプキーは、このままケーブルを接続するのはまずいと考えた。

そこで、隣で準備をしていたフランク・L・ゴンザレス伍長に懸念を伝えた。ゴンザレス伍長は、ちょうど一週間前に着任したばかりで、まだあまり話をしたことがなかった。

「変な電圧があります。ちょっと気になります」とレプキーはゴンザレスに伝えた。

しかし、ゴンザレスは「大したことはない」と言って取り合わなかった。ゴンザレスは、そんなことよりも早くミサイルを準備態勢にするべきだ、と主張した。

レプキーは上等兵だが、ゴンザレスは二階級上の伍長だった。しかし、レプキーには、ミサイルの構造については自分の方が詳しいという確信があった。

レプキーは食い下がった。浮遊電圧とは何かを説明し、もう一度検査機器をつないでゴンザレスに「針の振れ」を見せた。

それでも、ゴンザレスは作業を前に進めるという主張を譲らなかった。

「敵機が迫っているのだ。そんなことを考えている余裕はない」

最終的にゴンザレスは、レプキーの肩をつかんで命じた。

「検査器具をピットに戻してこい。俺がケーブルを接続する」

レプキーは、諦めるしかなかった。言われたとおり、検査器具を戻すためにピットと呼ばれる半地下の作業空間へと向かった。

そして、ピットへの階段を半分ほど下りたところで、耳をつんざくような轟音と共に爆発が起きた。

何が起きたのか、見ていなくても手に取るように分かった。

ゴンザレスがケーブルをブースターに差し込み、その結果、ケーブルの中にたまっていたわずかな電圧がブースターを点火した――。予想はしていたが、最悪の事態が起きたのだ。

「彼は明らかに焦っていました。私がいくら説明しても、彼にはブースターがどれほど電流に敏感なものか認識できなかったのです。もし認識していればあのような事にはならなかったはずです」

戦争ではなく訓練だった

頭上で爆発が起きた後、レプキーは急いで階段を上がって外へ出た。周辺にはもやがかかって、ぼやけて見えた。

最初に目に付いたのは、下半身を切断されたゴンザレスの姿だった。

「彼の顔は私の方を向いていました。口が動いていて、何かをしゃべりかけているように見えま

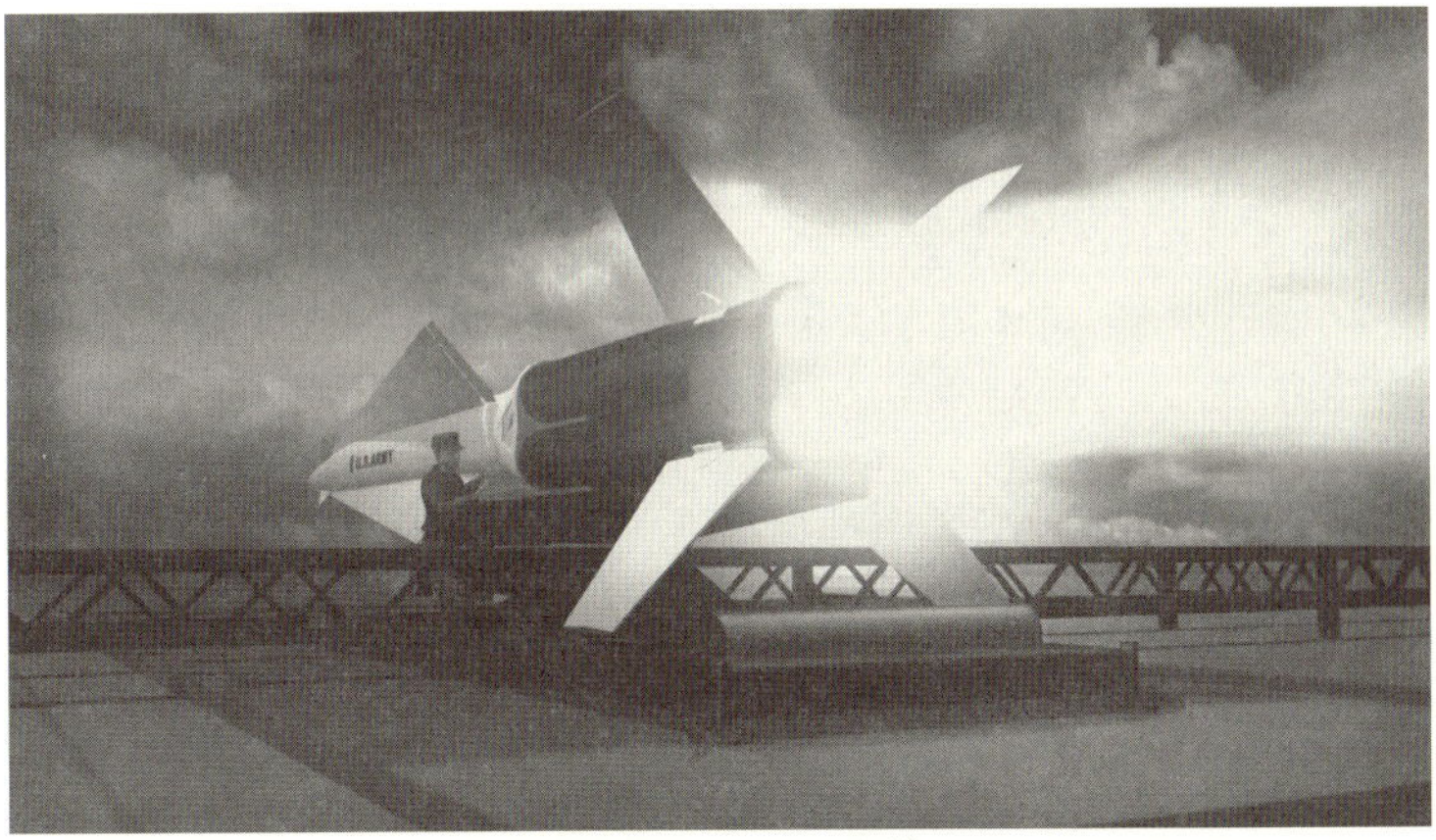

誤発射されたナイキのイメージ映像

した」

しかしゴンザレスは明らかに死んでいた。体が真っ二つに裂けていた上に、頭部にも大きな損傷を受けていたからだ。立っていた位置からして、ちょうどロケット後部に付いている金属製の羽と発射台の間に挟まれて体を切断されたようだった。

ブースターから出た大量の炎で、周囲が真っ黒に焦げていた。

反対側を見ると、発射場のフェンスには穴が開いて、ナイキミサイルは海に突っ込んでいた。ナイキは水平状態で発射され、フェンスを突き破って海に達して止まったという一連の出来事がすぐに分かった。

地上には、さらに数人の兵士が倒れていた。うめき声を上げている者や意識を失っている者もいた。

しかし、救助にあたっている時間はない。レプキーは2発目のナイキの準備に取りかかった。

「まだそのときも、私たちは戦闘状態にあると思っていました。というのも、最初に『戦争が始まった』と言われたからです。だから側にいた兵士と共に、次のミサイルの発射準備を始めたのです」

今も、レプキーはそのとき共に次のナイキの発射準備を行った同僚兵士を「ヒーロー」と呼ぶ。極限状態の中でパニックを起こさず、きっちりと浮遊電圧のチェックも経た上で、ものの5分か10分ほどでブースターのケーブルをつないだからだ。

しかし、2発目のナイキを水平から垂直にしている途中で伝令があり、一連の「敵機」情報が実は訓練によるものであったことを知らされた。体中の力が抜け、全ての作業を即座に停止した。多くの死傷者を生んだ訓練だったが、そのねらいについては冷静に受け止めた。

「幹部連中は、多くの兵士が任務を外れている状況を知っていてあえて訓練を行ったのだと思います。少ない兵士だけでどう対応するかを見たいために、あのようなことをしたのでしょう」

「間違いなく核弾頭が搭載されていた」

気になるのは、暴発したナイキに核弾頭を搭載していたのかどうか、という点である。レプキーは、電話で話を聞いていた時から、「核弾頭は搭載されていた」と認めていた。あらためて、その点について聞いた。

――そのナイキミサイルには、核弾頭は付いていたのですか?

「はい、あのミサイルには核弾頭が搭載されていました」

――なぜ、そう言えるのか?

「私がそう言えるのは、そのナイキには先端にプローブが付いていたからです。プローブがあったのは、核ミサイルだけでしたので」

ここでレプキーが「プローブ」と呼ぶのは、「気圧測定器 barometric probe」のことだ。事故現場に居合わせたティム・ライアンが、「バロメータ」と呼んだ装置と同じものである。

――事故を起こしたナイキにプローブが付いていたのですか？

「はい。ミサイルが地上に移動された時、私はそこにプローブが付いているのをこの目で確認しました。疑問の余地はありません」

――核弾頭の威力は？

「20キロトンです。大まかに言えば、広島に落とされた原爆とほぼ同じ威力でした」

「安全」への過信

広島原爆「リトルボーイ」の威力は15キロトンだった。１９４５年8月6日に投下され、その年だけでおよそ14万人の犠牲者を出したとされる。

那覇で誤射されたナイキは、核爆発や放射能漏れは起こさなかったという。

しかし、場合によっては、核分裂を伴う大事故になっていた可能性もあったのではないか。率直な疑問をレプキーにぶつけた。

「その気持ちは非常によく理解できます。20キロトンという小型の核兵器でも、あの場所で核爆発を起こしていたら、那覇市の大部分が吹き飛んでいたことでしょう。そのことを考えると、恐ろしくなります」

　しかし、こちらに共感を示す一方で、レプキーは「核爆発は起きるはずがなかった」と強調した。

「安全装置であるプローブが付いていたんです。一定の高度と速度に達しないと、核爆発は起きないようになっていました」

　東日本大震災とそれに伴う原子力発電所のメルトダウンを経験している私たち日本人は、「あり得ないと思われていたこと」が実際に起きたことを知っている。レプキーの安全装置への「信頼」も「過信」に思えてならなかった。


――核爆発が起きる可能性は本当に0％だったのでしょうか？

「何事も可能性がゼロではないとは思いますが、どうやったらあの状況で核爆発が起きるのか、私には想像できません。実際、核爆発は起きませんでした」

　その後も、何度かこの事故で核爆発が起きた可能性についてやりとりをしたが、「あり得ない」というレプキーの認識は揺るがなかった。

秘匿された事故

　レプキーの証言を続けよう。

事故の後しばらくして、事故原因を調べる調査が始まった。

事故直後の沖縄の新聞にも、米軍当局が、沖縄の米軍トップであるドナルド・P・ブース中将を委員長として事故調査委員会を結成した、とあった。

一方、レプキーによると、事故調査には「CIA（Central Intelligence Agency、中央情報局）」や「CID（Criminal Investigation Command、陸軍犯罪捜査部）」の捜査員も加わっていた。兵士たちへの聞き取りは、何人もの捜査員が、何日間にも亘って行う徹底したものだったという。

調査の結果、事故原因は、発射台に設置されていた「避雷針」にあたる装置の取り付け方に問題があったということが判明した。電気回路の中に余計な電気がたまらないようにするはずの避雷針が正常に機能せず、点火装置の中に浮遊電圧がかかった状態になってしまっていた。ゴンザレス伍長がケーブルを接続した時に、その僅かな電圧がブースターを点火させてしまったのだ。

しかし、調査は事故原因を探るだけでは終わらなかった。聞き取りの過程で、兵士たちはこう釘を刺されたという。

「私たちが言われたのは、事故に関することは全面的に機密扱いであり、誰だろうと一切話してはならないということでした。核が絡んでいるからこそでした。当時、沖縄に核兵器が置かれていたことは知られていませんでしたし、外部の人はその事を知らなかったと思います。だからこそ軍は私たちに黙っていろ、と。この件を秘密にしておこうとしていたのだと思います」

CIAやCIDが行った事故調査の結果はどのようなものだったのだろうか。私たちは複数の公文書館で事故報告書を探したが、結局今回の取材で見つけることはできなかった。

一方、核兵器の事故が起きた場合の軍としての考え方を示した文書を見つけた。そこには次のような記述があった。

「核兵器の情報の取り扱いに関する我が国の政策は、『アメリカ本国以外に配備した核兵器については、その存在を肯定も否定もしない』というものである。こうした情報を公表することは、アメリカの国際的地位を脅かし、不都合でやっかいなものにする可能性がある。それゆえ、核兵器や非核コンポーネントの存在、そして核兵器を含む事件・事故に関する高度に繊細な情報は、関係者以外極秘とする」[32]

「アメリカ本国以外に配備した核兵器については、その存在を肯定も否定もしない」というのは、ＮＣＮＤ（Neither Confirm Nor Deny＝肯定も否定もしない）と呼ばれる、アメリカの核兵器に関する大原則である。

最大の目的は核についての機密の保持である。一方で、聞かれても核兵器の所在を明らかにしないことで、同盟国の親米政権を守ることも目的だとされる。つまり、同盟国の国民の間で核兵器への不安が高まり、国内の核の有無を明らかにせよとの圧力が高まった際に、その国の政府が「アメリカにはＮＣＮＤ原則があるため分からない」という言い逃れを可能にする。そうすることで、アメリカの核配備の自由を確保し、結果として抑止力を高める効果があるとされる。

この文書で、アメリカ軍は、核兵器の存在だけでなく、核事故も含めて、情報は全て秘匿されなければならない、とする。

これは、嘉手納基地に駐留していた空軍部隊がまとめた文書の一節であり、ナイキを運用していた陸軍のものではない。また、1959年6月のナイキ誤射事故について直接言及しているものでもない。しかし、レプキーが証言した軍当局や調査機関による「事故については絶対に口外するな」という指示は、同じ考え方がもたらしたものだろう。

実際、事故翌日の沖縄の新聞に掲載された軍当局の発表には、事故に核兵器が関係していることはおろか、事故を起こしたナイキ・ハーキュリーズという兵器の名前すら含まれていなかった。沖縄の住民には、事故に関わる本質的な情報は一切伝えられなかったのである。

レプキーは、「口外するな」という指示を自分なりの基準で守り続けてきたという。

「これまで周囲に自分の部隊が事故を起こしたという話はしたことがあります。しかし、核の部分に関して話したことはありませんでした。それこそが最高機密であり、自分たちはそれについて何も言うべきではないと分かっていたからです」

だからこそ、レプキーにとって、私たちの取材に応じることは、大きな決断だったはずだ。

詳細について話すことを決断させた一つの要因は、2015年に国防総省が「本土復帰前の沖縄に核兵器を配備していた事実」を初めて公式に認めたことだった。

もちろん国防総省は個別の事象についての機密解除に触れているわけではない。それでも、長

32 History of the 6313th Air Base Wing, 1 January through 31 December 1962, マクスウェル空軍基地所蔵、請求記号0462340.

い時間が経過し、かつて機密だとされたことが徐々に機密ではなくなっているという事実が背中を押した。

しかし、それ以上に大きかったのは、沖縄の住民にはこの事故について知る権利がある、という長年抱き続けてきた思いだった。

レプキーはこう言った。

「もし私が沖縄の住民だったら、なぜ自分たちに事故のことが伝えられなかったのだろう、と疑問を感じるはずです」

証言に踏み切らせたのは、「軍の論理」ではなく「市民の感覚」だった。

最後にレプキーはこうも言った。

「あの事故は記録にきちんと残すべきことだと思います。広く知られるべき歴史なのです」

待たれる公文書開示

国防総省は、1981年に、核兵器に関する事故の一覧を公表したことがある[33]。一覧に含まれているのは、1950年から1980年の間に起きた32件。

アメリカ本土以外で起きた事故としては、1966年にスペイン南部パロマレスで起きた事故、1968年にグリーンランドのチューレ空軍基地で起きた事故、そして1965年に日本の奄美沖で起きた事故などが含まれている。

パロマレスの事故では、米軍の爆撃機B－52と空中給油機KC－135Aが空中衝突し、B－52に搭載されていた水爆4発のうち2発が地上に落下。衝撃でプルトニウムが飛散した。

チューレの事故では、空軍基地に着陸に失敗したB－52が墜落し、搭載していた4発の水爆が炎上。やはり地上で放射能汚染が起きた。

また、奄美沖では、米空母タイコンデロガの甲板上で、パイロットが機体の操作を誤ったために海に転落。機体に搭載されていた水爆もろとも水没した。奄美沖の深海には今も水爆が沈んだままとなっている。

こうした核兵器の事故は、暗号名で、「折れた矢」を意味する「ブロークンアロー」と呼ばれている。しかし、このブロークンアローのリストに、1959年のナイキ誤射事故は含まれていない。

これまでにブロークンアローを引き起こしているのは空軍と海軍だけで、「(ナイキを運用していた）米陸軍は、これまでに核兵器に関する事故を起こしたことはない」という記述もある。

リストに書かれた定義によれば、ブロークンアローとは、以下のようなものを指すとされている。

＊戦争を誘発する可能性のある偶発的または命令のない核兵器の発射または使用

＊核爆発

33　Department of Defense, Narrative Summaries of Accidents Involving U.S. Nuclear Weapons, 1950-1980, https://archive.org/details/DODNarrativeSummariesofAccidentsInvolvingUSNuclearWeapons19501980

＊核兵器の非核爆発または燃焼
＊放射能汚染
＊核兵器や核物質の強奪、盗難、紛失
＊公害（その可能性のあった事態も含む）

ナイキ誤射事故は、偶発的な発射ではあったが「戦争を誘発する可能性」があったとは言えないだろう。また、「核爆発」は起きていない。「非核爆発」も「燃焼」も、元兵士たちの証言によれば、起きていない。放射能汚染もなかったとされる。そして核弾頭やミサイル本体は回収されたので、「紛失」も起きていない。

住民感覚からすれば、極めて重大な事故であり、アメリカ軍にとっても死者1名を出した悲惨な事故でもあったが、ブロークンアローの基準にはあてはまらないとされたのかもしれない。

また、かつてこのブロークンアローのリストを開示したとはいえ、国防総省の情報開示は極めて限定的なものにとどまっている。多くの事故では、その概要の説明が数行程度の記述にとどまり、詳細が明らかになっているとは言えない。

また、発生場所も「大西洋の海上」「地中海」「太平洋地区の基地」などと曖昧に表記されているものが多い。１９６５年の空母タイコンデロガの水爆搭載機水没事故も、国防総省のリストでは「太平洋の海上」とされていた。１９８９年になって環境保護団体「グリーンピース」の調査によってタイコンデロガの航海日誌が明らかになり、そこから、奄美沖で起きた事故であることが判明したという経緯がある。

那覇基地で起きたナイキ誤射事故については、まだ明らかになっていない事実が多くあると思われる。さらなる公文書の開示が待たれる。

第7章 核訓練が生んだ悲劇

〝クズ鉄収集人が自業自得の死〟

核兵器に関わる事故で犠牲になったのは、米兵だけではなかった。

ナイキ誤射事故からおよそ3カ月後、ＬＡＢＳの演習が行われていた伊江島において、住民が犠牲になる事故が起きていたことが米空軍第３１３航空師団の部隊記録に残されていた。[34]

「１９５９年９月６日、伊江島の二人のクズ鉄収集人が自業自得の死を遂げた」

「クズ鉄収集人」「自業自得」……。短いながらも米軍の表現は辛辣である。いったいどのような出来事だったのか。日付を頼りに調べてみると、地元紙にその概要が報じられていた。

34　History of the 313th Air Division: 1 January through 30 June, Chapter Ⅲ, The Ie Shima Bombing Range and the problem of Scrap Metal Collection, マクスウェル空軍基地所蔵、請求記号 0466027

「あさ十時ごろ、伊江村真謝区一組比嘉良得さん（三八）、同二組石川清鑑さん（二八）の二人は、石川さんの本家石川清富さん宅の庭先で、拾ってきた爆弾を解体していたが突然それが爆発、二人とも即死した。
四、五日前二人が演習場内から拾ってきた爆弾で、部落《ママ》では二百キナー（二百斤ものの意）と称している大型爆弾だった。大きさはジェット機のガソリンタンク大。半分下はそっくりセメントでかためられており、上部には砂がつめられている。セメントをはがすため大ハンマーでたたいたところゴウ然爆発した…と伝えられている」

（１９５９年10月8日「沖縄タイムス」）

亡くなった2人の男性、石川清鑑《せいかん》（享年28）と比嘉良得《りょうとく》（享年38）にはそれぞれ家族があった。石川清鑑は結婚したばかりで、19歳の妻と生後9カ月の娘がいた。比嘉良得は、同い年の妻と5人の子供、そして目が不自由な父と同居していたという。

2人が住んでいた伊江島の真謝区は、１９５５年の爆撃演習場拡張によって、住民に立ち退きが通告された地区である。多くの住民はその通告に応じず土地の明け渡しを拒んだが、米軍は武装兵を送り込み、家を焼き払い、ブルドーザーで整地して演習場に組み込んでしまった。

納得できない住民は、その後も抵抗運動を続けていた。米軍は当初、鉄柱と鉄線によってフェンスを張り巡らし、住民が演習地に入れないようにしたが、住民たちはそのフェンスを取り外し撤去した。米軍が立てた「米国人以外の者の侵入を禁ず」と書いた看板は、「地主以外の侵入を禁ず」と書き換えた。

事故で亡くなったのは、こうした抵抗運動の先頭に立っていた2人だった。

爆発事故が起きたことを聞きつけて、多くの住民が集まってきた。その中には、土地接収に抵抗する住民運動のリーダーだった阿波根昌鴻もいた。そのときの様子をこう書いている。

「わたしは知らせを聞いて、急いで現場にかけつけました。清鑑君は大腿部をもぎとられ、良得君は胸をやられ、腕を一本吹きとばされて、見るも無残な姿でした。二人は心もつよく、体も頑強で、たたかいの中心人物でした。わたしは、これでたたかいはおしまいになるのではないかとさえ思いました」

（阿波根昌鴻『米軍と農民』）

〝模擬〟核爆弾

なぜ2人は演習場から爆弾を拾ってきて解体していたのか。そして、その爆弾とはどのようなものだったのか。

記事によれば、その爆弾の大きさは「ジェット機のガソリンタンク大」であったという。これほどの大きさとなると、通常爆弾ではなく核爆弾のサイズである。

爆弾の種類については、米軍の部隊記録にその正体が記載されていた。男性2人が解体していたのは、「練習用爆弾MD－6」であった。

そして、アメリカの核兵器を詳細に分析した専門書の中に、核爆弾「マーク28」の練習用模擬核爆弾として「ＭＤ－６」の名称があった。[35]

模擬核爆弾とは、大きさと重さが本物の核爆弾と同じになるよう、セメントや砂を詰めて作られたもので、機体への搭載や投下の訓練のために使われるものだ。

マーク28は、１９５８年に開発された最も初期の水爆である。威力にはいくつかの種類があったが、代表的なものは１・１メガトン。広島型原爆のおよそ70倍である。

嘉手納基地において、マーク28が当時の主力戦闘爆撃機Ｆ－１００に搭載される場面を撮影した写真が米国立公文書館に残されている。爆撃機への核爆弾の搭載をどれだけ素早く行えるかを競う競技会の場面を捉えたものである。

マーク28は直径51センチ、全長４・３メートル、重さ約１トン。新聞記事にあった通り、そのサイズは戦闘機の両翼の下に装着されている燃料タンクとほぼ同じである。専用の運搬車両を使い、３人がかりでの作業が行われている。

しかし、核物質を含んでおらず、訓練に使われるだけの模擬核爆弾であるＭＤ－６がなぜ爆発を起こしたのだろうか。

第３１３航空師団の部隊記録によれば、ＭＤ－６には「致命傷を与えうるスポッティング・チャージが内蔵されていた」との記述がある。

事故が起きた時期、伊江島でＬＡＢＳの訓練を行っていたという元パイロットのノーマン・バタグリアによれば、スポッティング・チャージとは、練習用の模擬爆弾に内蔵されている爆薬だという。

この爆薬は通常、落下地点で点火し、大量の煙を発生させる。パイロットが、自分が投下した

F−100戦闘機に積み込まれるマーク28核爆弾。米国立公文書館所蔵

爆弾がどのくらい正確に目標にヒットしたのか、上空から知ることができるようにするためである。

バタグリアによれば、煙を発生させるための爆薬とはいえ、「至近距離で爆発した場合には、人間を死に至らしめるほどの威力がある」と言う。

米軍の記録や記事を総合すると、伊江島の事故では、何らかの事情で、このスポッティング・チャージが投下直後に点火せず、2人が解体している時に爆発した、と推定される。

激化する核爆弾の投下訓練

では、なぜ犠牲になった2人の男性は模擬核爆弾を収集して解体していたのだろうか。

まず、当時の伊江島の状況を米軍の資料から振り返ってみる。

伊江島において核爆弾の投下訓練を行っていた

35 Chuck Hansen, The Swords of Armageddon, Version 2, Volume V

戦闘爆撃機の部隊は「第18戦術戦闘航空団」。その1959年度における第一の任務は、「核兵器を用いて、命令通りに戦術航空任務を計画し実行し支援すること」とされている。[36]

第4章で述べた通り、第18戦術戦闘航空団による核攻撃が検討された事態もあった。前年の1958年に起きた第二次台湾海峡危機である。このとき、空軍内部で、中国共産党の拠点を核攻撃する計画が立てられていたのである。

こうした状況の中で、核爆弾の投下手法にも様々な改良が加えられていた。

1955年に伊江島の爆撃演習場が拡張されたのは、ここでLABSと呼ばれる核爆弾の投下手法の訓練を行うためであった。地上150メートルの低空を時速500ノット（925キロメートル）という高速で侵入。目標の手前で急上昇して核爆弾をリリースする投下方法である。

当初のLABSは「トス爆撃 toss bombing」と呼ばれ、バレーボールのトスのように目標の手前で核爆弾を放物線上に放り投げる手法が取られた。

その後にLABSの一種として開発された「オーバー・ザ・ショルダー over the shoulder（肩越し）」と呼ばれる手法では、投下目標地点の上空まで低空飛行を続け、そこで急上昇する。核爆弾をより垂直に、高く（機体の肩越しに）放り上げることで、さらに脱出までの時間を稼ぐことができるようになった。

さらに、その後に開発されたのが、「レイ・ダウン lay down（伏せ置く）」と呼ばれる投下方法。これは、核爆弾の中にパラシュートを内蔵しておき、投下後にそのパラシュートによって落下速度を減速させる手法である。これによって急上昇を行う必要がなくなり、レーダーに捕捉される危険も低減された。また、脱出までの時間的余裕をさらに確保すると同時に、命中精度も向上した。

第18戦術戦闘航空団の記録によると、1962年の7月から10月までの4カ月間に、各種のLABSやレイ・ダウンによる核爆弾の投下訓練が1048回に亘って行われていた。[37] その大部分が伊江島の演習場で行われたとみられる。

爆音下での人々の暮らし

戦闘爆撃機が頻繁に低空飛行や急上昇を繰り返す環境の中で、人々の生活は過酷なものになっていた。

当時の住民生活を生々しく記録した写真と録音が残されていた。撮影・録音したのは東京出身の音楽家・杉本信夫である。1960年代半ば、杉本は沖縄民謡に惹かれてアメリカ統治下の沖縄を何度も訪れた。人々から直接民謡を聞き取って録音し、それを譜面に起こしていくのが目的だったという。

ところが、その録音旅行の過程で訪れた伊江島で、異様な光景に出会う。民家の上すれすれをかすめ飛んでいく米軍のジェット機と、そこから投下される爆弾。民謡を

36 History of the 313th Air Division: 1 July through 31 December 1959, Vol 1, Chapter1, マクスウェル空軍基地所蔵、請求記号0466024
37 History of the 18th Tactical Fighter Wing 1 July 1962-31 December 1962, Vol1, マクスウェル空軍基地所蔵、請求記号0448474

録音するはずが、米軍の演習による騒音（爆音）でしばしば録音を中断せざるを得なくなったという。

杉本の関心は、次第に民謡を録音するだけでなく、この異様な伊江島の現状を記録することに向かった。米軍機による訓練の様子を撮影し、その爆音を録音した。

杉本はその後沖縄に移住し、現在、本島南部の糸満市で暮らしている。病気のため直接話を聞くことはできなかったが、杉本は当時記録した写真と音声を糸満市の教育委員会に寄贈していたため、私は、その貴重な記録を糸満市の担当者から提供してもらうことができた。

伊江島を訪れた杉本が、ある家族に対して、爆音下での生活状況についてインタビューを行う音声がある。それは、書き起こすと次のようなものだ。

杉本：毎日爆音で育った子供ってどうでしょうね？

妻　：かわいそうですよ。……（爆）……おびえてですね。全然……しょっちゅう……車やオートバイの音でもびっくりして泣きますからね。……（爆）……。

杉本：（米軍は）一日も休むことはないわけですね？

夫　：休むということはないわけです。何かやるわけです。爆撃をしなければ人間の方が演習を……。もうなんやかんや演習が休みというのは台風とか天気の悪いときしかないです。

妻　：しかし……（爆）……ジェット機なんか墜落しても全然知らされないですね。一週間前に……（爆）……。

夫　：一週間ほど前にジェット機が近海に墜落しているんですよ。私たちには何も知らされない

民家の上空をかすめ飛ぶ戦闘爆撃機（杉本信夫撮影）

んですよ。全然ですよ。

妻：……（爆）……全然落ち着いて生活できないですね。この周辺にも（爆弾が）落ちよったんですよ。子供たちが遊んでいる、その場所ですね。夕方、日が暮れてもう、遊び場所からおうちに帰ると同時にその遊び場所に落ちたと言って、みんな冷や冷やしていましたけれども。

言葉の合間に（爆）とあるのは、米軍機の猛烈な爆音によって前後が聞き取りづらくなっている部分である。

爆撃機が接近すると、爆音は徐々に大きくなり、ピークを迎え、次第に小さくなる。ピーク時の数秒間は、誰が何を言っても聞こえない。一機が通過するまでにおよそ30秒。一機が去ってもまた次の機体がやってくるので、騒音が波状的に襲ってくる感覚になる。母親の側で赤ちゃんが泣いている。確かにこれだけ生活の中に爆音が続けば、感覚がおかしくなるだろう。

命がけの模擬弾拾い

杉本は、この一家の様子を写真でも捉えていた。驚いたことに、インタビューに答えていた夫が、爆弾の横に立っている。

爆弾は、その形状とサイズからして模擬核爆弾である。さらに、別の一枚には、一家の娘と見られる少女が、多数の模擬核爆弾に囲まれて遊んでいる様子も写っている。

この家族は今も伊江島にいるのだろうか。写真と音声データを持って、伊江島の人々に聞いて回ったところ、みな口を揃えて「これは、ちゅうえいさんだ」という。小さな島だけに、すぐに誰なのか判明した。

写真の中で模擬核爆弾の横に立っている男性は、知念忠栄（79）。少女は、忠栄の長女の恵《めぐみ》（56）であった。忠栄は現在も写真と同じ場所に住んでいた。恵は家庭を持ち、沖縄本島で暮らしている。

恵は、杉本が撮影した写真を見ながら、「今思えば、伊江島は戦場そのものだった」と言った。

学校への行き帰りには米軍の滑走路を横切っていく必要があった。米軍の戦闘機が離着陸を行う、その切れ目を見計らって走った。しかし、「それが日常だったので、当たり前のことだと思っていた」と恵は振り返る。

知念家は代々農家であった。しかし、1955年の米軍による土地接収で、農地の大部分が演

模擬核爆弾と知念忠栄（杉本信夫撮影）

拾ってきた模擬核爆弾に囲まれた娘の恵（杉本信夫撮影）

習場の中に取られた。一家は米軍との契約を拒否し、抵抗運動に加わった。補償金は受け取らなかった。困窮した一家の生活を支えるため、忠栄は、中学生の頃からイモ売りや漁師の仕事についた。

その頃、伊江島の人々の間で密かに広まっていたのが「スクラップ集め」だった。忠栄も見よう見まねでそれを始めた。

初めに売ったのは、米軍の演習場の周囲に張り巡らされた金網だった。抵抗運動のために撤去した金網だったが、売ることで生活の足しになることが分かったのだ。

それ以降、バケツ・釘・電線など米軍の敷地内で金属製のものを見つけると、忍び込んで取ってくるようになった。

こうして米軍から奪った品々は「戦果」と呼ばれ、米軍の物品を盗む行為は「戦果上げ」と言われた。

弱い沖縄の住民が、圧倒的な力と物量を誇るアメリカを出し抜く——。そんな「快感」ともとれるニュアンスが込められた言葉だ。

戦果上げは次第にエスカレートし、住民たちは米軍の演習で投下される模擬爆弾に目を付けるようになった。

恵は、父忠栄から聞かされた話を覚えている。それは爆弾を金属スクラップとして売った時の対価だ。

「小さな爆弾（核ではない通常爆弾のこと）でも、15斤（約9キロ）の鉄がとれる。これが25セントで売れるって父が言っていたのを覚えています」

25セントは今の価値で4000～5000円に相当するという。安定して一定の量を確保することができれば、生活を支えるだけの収入源になる。

ジェット機による演習が始まると、住民たちは、MPと軍用犬の監視の目をかいくぐって演習場内に忍び込み、腰の高さほどの茂みの中に隠れた。

忠栄がその様子を振り返る。

「ジェット機は低空を飛んでやってくると突然急上昇し、爆弾を放り投げるんです。あるいは、急降下して爆弾を投下することもあります。爆弾を目で追いかけ、落下地点の目星を付けると、我先にとその場所を目指して走るんです。爆弾は最初に見つけた人のものになるという、暗黙のルールがあったからです」

忠栄の言う、突然急上昇して爆弾を放り投げるという米軍機の動きは、まさにLABSであろう。

爆弾の落下までに時間がかかるため、爆弾よりも先に落下地点に到達し、後から落ちてきた爆弾による爆風や泥をもろに浴びた人もいたという。

落下地点には深い穴が開いていて、爆弾はその中に埋まっている。比較的小さな通常爆弾であれば、1人でも掘り出せるが、大きなものになると、すぐには掘り出せない。そこで、自分が見つけたものだという目印を立てておき、夜になってから、数人がかりで掘り出し、演習場から運び出した。

夜間でも見回りの米兵が来る。見つかれば逮捕され、基地内に勾留されることになる。爆弾にひもをくくりつけ、音を立てないようにして引いた。

戦果の中でも最も価値があったのが、模擬核爆弾だった。

何よりその大きさだ。通常爆弾はせいぜい100キロだが、模擬核爆弾は1トンほどあるものもあった。さらに、模擬核爆弾に付属しているパラシュートも高値で売れた。頑丈な素材でできており、運搬業者が荷物をトラックに縛り付けるための道具などとして、他には代えがたい価値があったからだ。

大きな爆弾を見つけたら、「鯨を釣り上げた」ような感覚になったという。

金属スクラップを一定量集めると伊江島から船を使って那覇に運び、現金に換えた。

「船員は事前に接待を重ねて買収し、仮に警察や軍による荷物検査があっても自分の積み荷を差し出すことがないように手を回していた」と忠栄は振り返る。

娘の恵にとっては、

「父が那覇から買ってきてくれるお土産の洋服が、何よりの楽しみだった」

爆弾を集めれば集めるほど、安定した現金収入が得られたが、同時に、演習の巻き添えになるリスクや米兵に見つかって逮捕されるリスクもはらむ。究極のハイリスク・ハイリターンのシノギだった。

そんな日々を、忠栄と恵は懐かしそうに振り返った。表情や言葉はどこか楽しげで、熱がこもっていた。戦果上げは、大きな制約の中、自らの力で勝ち取ったささやかな「自由」であり「誇り」でもあるようだった。

夫を亡くした妻の訴え

しかし、運悪く命を落とすケースもあった。それが、1959年9月6日に、比嘉良得、石川清鑑という若い男性2人が大型爆弾を解体中に亡くなった事故だった。

忠栄は石川清鑑のことをよく知っていた。

「清鑑さんは若手のリーダー的存在で、戦果上げの先輩でもあった。あのとき、私が死んでいても全然不思議ではなかった」

忠栄はそう言って、顔を曇らせた。

現在伊江島では、阿波根昌鴻が残した膨大な資料を整理する取り組みが進んでいる。一群の資料の中に、爆発事故で夫・石川清鑑を失った妻が、米軍による統治機関であるUSCARと琉球政府に宛てて書いた嘆願書が残されていた。

それは、「私は訴えます」と題されていた。

「私は訴えます」

石川ツネ子

私の夫は九月六日アメリカ空軍の爆弾によって爆死しました。私たちは一九五五年米軍に土地を取られて以来生活に困りそのため私の夫は仕方なく私たちの畑に落とす爆弾を拾って生活を続けて来ました。この爆弾は拾ってよいということになっております。理解のある米兵は、力を貸してくれて、一緒に掘り出してくれました。また無情な米兵は、演習地外に居た夫を逮捕した上、乱暴を加え罰金投獄したこともあります。こんな不幸にも耐え忍んで今日まで五カ年も爆弾拾いで生き延びてきました。今までの爆弾は破裂したことはありません。それで何時も演習地に近い本家である石川清富の広庭でスクラップにするため解体切断していました。九月六日も何時ものように売店から買った米代を支払うために、本家の庭で解体したところ、一瞬にして爆発し、無惨な死にかたをしました。とうとう私の夫はアメリカに殺されたのです。私たち、真謝の部落民は、土地を失っては生活が出来ないからと接収に反対を続けてきました。私の夫は、米軍が土地をとらなければ、こんな危険な爆弾拾いなんか決してやりません。（中略）土地を軍が取らなかったら私の夫は死なないですんだのであります。馬鹿げた戦争や演習はもう止めて私達の土地を私達に返してください。そうすれば私達は立派な農民として平和な生活がおくれるのです。これが夫の五年間の願いでありました。夫の霊を慰める唯一の私のなすべきことだと思います。此の頼もしい勇敢な夫を奪われた十九才の妻私は九ヶ月になる子供を抱へてどうして暮らしていけと云われるのですか。

米軍の論理

しかし、こうした訴えに対し、米軍の態度は冷淡だった。２人の死を「自業自得」と書いた第３１３航空師団の部隊記録は、伊江島で広まっていた「スクラップ集め」についてこう記している。

「演習場のせいで農業ができなくなったという人々は、危険をおかしてでもスクラップ拾いをしなければ生きていけないと主張しているが、この主張には根拠が無い。移住のための寛大な補償金を支払っており、農業を継続するために、手放した土地と同等の土地を与えてもいる。真実は、単に、畑を耕すよりも、スクラップ拾いの方が稼げると彼らが発見したに過ぎないのだ」

スクラップ拾いは、強制されたものではなく、あくまで「個人の選択」だとして、事故の責任は本人たちにあると突き放したのだ。

土地を接収するにあたり、米軍が金銭の補償や、代替地の確保、さらに新たな家を建てるための資材を提供したというのは事実である。しかし、仮に金銭を払っていたことが事実だとしても、そのやり方はとうてい住民を納得させるものではなかった。

住民の側から見れば、それはこのようなやり方だった。

「立退き家主たちをピストルを持った米兵が、ジープを乗り廻してかき集め「この金は君たちの家を破壊した賠償金だから受け取れ」と言い、一人一人が腕をとられ指をつかまえられ、金を渡され捺印させられました。その一人である島袋三助さんは恐怖のあまり押しだまっていたら、米兵が三助爺さんの両手をつかまえて「チョウダイ」の形をさせ、垂れた頭を上げさせて写真をとり、隣家の不在であった家主の金も無理に受けとらされました。夕刻、心身ともに疲れはて飛行場誘導路の固い砂利の上に坐り込んだ時、その苦しさと悲しみ、かぎりない憎しみと怒りは言葉で言いつくすことができませんでした」

（阿波根昌鴻『米軍と農民』）

米軍は住民の土地だけでなく、人間としての尊厳も奪っていた。

元パイロットの弁明

模擬核爆弾が爆発して2人の男性が死亡する事故が起きたとき、元戦闘機パイロットであるノーマン・バタグリアは、まさに伊江島とその近海でLABSの訓練を重ねていた。

インタビューの途中、私が、事故について書かれた部隊記録を読み上げて聞かせていると、爆発した模擬核爆弾を投下したのが「第18戦術戦闘航空団」であるとのくだりで、バタグリアはハッと気付いた。

「それは私がいた部隊です。私は第18戦術戦闘航空団の第44戦闘中隊に所属していたのです」

バタグリアは全くこの事故のことを知らなかったが、自分たちが落とす模擬核爆弾や機関銃の弾丸が伊江島の住民にとって「生活の糧」になっていた状況をよく覚えている。

「住民は大きなカゴを持っていて、そのカゴに我々が落とした弾丸を拾って入れていました。私もたくさんのスクラップを提供したと思いますよ。彼らは、我々がやって来る前の、早朝から演習場に入って待っているのです。あまりにも近づきすぎて、非常に危険でした」

空軍は、伊江島で、爆弾の投下訓練だけでなく機関銃の掃射訓練も行っていた。訓練が行われる時は、大きな的が地面と垂直に立てられる。戦闘機は低空飛行でその的めがけて機関銃を撃ち込み、飛び去っていく。地上には、大量の薬莢がばらまかれる。薬莢は真鍮でできており、特に高値で売ることができるため、スクラップ拾いの対象となっていたのだ。

バタグリアは、この機関銃の訓練中に、住民を巻き込んだ事故を起こしたことがあるという。

ある日、バタグリアをリーダーとする4機の編隊は、順番に的めがけて機関銃を掃射する訓練を行っていた。自分の射撃を終えた直後、眼下に、演習場に侵入している住民を発見した。このまま演習を続けるのは危険だ。後続の機体に「射撃中止」と叫んだ。しかし、遅すぎた。後ろの戦闘機が撃った弾は、その住民に命中してしまったのだ。

「その男は死には至りませんでしたが、腕を失ったと聞いています。悲惨な事故でした」

バタグリアに、模擬核爆弾を解体していて亡くなった2人の男性の事故についてどう思うか聞いたところ、こんな答えが返ってきた。

「気の毒に思いますね。しかし、それについて私ができることはあまりありません。お金を出すこともできませんし……」

そして、少し考え込んだバタグリアはこう付け加えた。

「ただ、忘れて欲しくないのは、当時我々は沖縄で重要な任務についていたということです。自由主義世界を守るという任務です」

「大きな正義」のためなら、多少の犠牲には目をつむってもらう必要がある――。

またこの論理が顔をのぞかせた。

58年後に知った父の死の真相

模擬核爆弾MD-6をスクラップとして収集し解体中に亡くなった比嘉良得と石川清鑑。その遺族は今どうしているのだろうか。

比嘉良得の遺族を見つけることはできなかったが、伊江島での聞き込みの末、石川清鑑の娘が沖縄本島で暮らしていることが分かった。

石川清鑑の妻・ツネ子が、事故直後に書いた嘆願書の中で、「九ヶ月になる子供を抱へてどうして暮らしていけと云われるのですか」と書いていた、その娘である。

事故時に生後9カ月だったならば、直接の記憶はあろうはずもない。

取材を通じて分かった事実を伝えることは余計なお世話だろうか。ショックを与えてしまわないだろうか。でも、もし自分だったら知りたいと思うかもしれない……。そんなことを考えながら、本島南部の豊見城《とみぐすく》市に向かった。

生後9カ月だった石川清鑑の娘・京子は、58歳になっていた。結婚して與儀《よぎ》という姓になり、3人の子供にも恵まれた。現在は、次男の健《たける》（29）と同居している。

京子は、父を亡くした事故から2年後に撮られたという写真を見せてくれた。22歳の母ツネ子が膝の上に2歳の京子を抱いている。京子の表情はどこか不安げだ。

ツネ子は夫を失った後、幼稚園の先生をしながら京子を育てた。京子が7歳の時に再婚。新しい夫との間に子供も生まれた。現在は認知症を患い、会話が難しくなっているという。

京子は実の父・清鑑について、母からこんなエピソードを聞かされていた。

「自転車に乗るとき懐に京子を入れてたよとか、いつも一緒にいたよとか……」

ただ、それ以外には、ツネ子が清鑑について語ることはほとんどなかった。再婚したこともあり、新しい家庭の中では話しにくかったのかもしれない。毎年、事故があった9月6日になると頭痛に苦しめられる母の姿を京子は覚えている。

京子は中学を卒業後、伊江島を離れて、沖縄本島の定時制高校に通った。定時制を選んだのは、

石川清鑑の妻のツネ子と娘の京子

日中に少しでも働いて家計を助けたいという思いからだった。そこで調理師の免許を取り、現在も学童保育の調理担当として働いている。

京子が初めて父・清鑑の死に触れたのは、阿波根昌鴻による伊江島の記録写真集、『人間の住んでいる島』が出版されたときだ。１９８２年、京子が23歳の時だった。

写真集の中には、阿波根昌鴻が撮影した事故直後の父の遺体の写真が含まれている。

親戚から、「こんど写真集が出るみたいだよ」と聞きつけて一部買った。

写真の下に「爆死した石川清鑑（28才）さん」という説明書きがあった。しかし、そのときも誰も詳しいことは教えてくれなかった。

「写真で初めて父がこんな感じで亡くなったんだというのを見て、不発弾が爆発して亡くなったんだよ、というようなことを聞いたけど、それもどういうことなのかよく分からないままで……」

父について自分から聞くこともなかった。母を悲しませてしまうかもしれないと思ったからだ。

土地を取られた人々が、生活の糧を得るために始めた「爆弾拾い」についても、他の人からほとんど聞いたことはなかった。

京子の手元にある写真集には、表紙をめくった部分の余白に、自分自身で書いたメモが残っている。写真集を買ってすぐに書いたものだという。

書き出しは、「一度も話したことのない大嫌いなあなたへ」。

あなたとは、父・清鑑のことだ。なぜ自分には実の父がおらず、家族の中で自分だけ名字が違うのか、そんなモヤモヤとした気持ちが綴られている。

一緒に過ごした記憶もなく、誰もその死の背景について教えてくれない父。京子は次第にその父を、身勝手に蒸発してしまったような存在と感じるようになっていたという。

「なんだろうね……。ようするに、父親がいたら自分の人生はもっと変わっていたのではないかと。母親もこんな苦労していなくて、もっといい……いいって言ったらおかしいけど、もっと楽しくできたんじゃないかと思って。だから『大嫌いなあなた』なんです。あなたがいないから悪いんだよ、みたいな」

それでも、最近、生前の清鑑を知る人から、次男の健が清鑑に似ていると言われたことがあった。現在、健は29歳。清鑑が亡くなったときの年齢を一つ超えた。そのことを語る時の京子には笑顔があった。

私は、伊江島がかつて核爆弾の投下訓練の場とされていたこと、そのことで住民の土地が接収されたこと、人々が爆弾拾いを生活の糧にするようになったこと、そして石川清鑑がスクラップ

事故で亡くなった石川清鑑

清鑑の孫にあたる・與儀健と清鑑の娘・與儀京子

として解体していたのが模擬核爆弾であったこと、内蔵されていた爆薬が爆発したことなど、取材で分かった事実を伝えた。

説明を終えたところで、健がつぶやいた。

「不発弾じゃなかったんだ……」

伊江島は沖縄戦の激戦地だった。航空機と艦船から大量の砲弾が撃ち込まれた。今も大量の不発弾が地中に残され、畑仕事の最中に触れた人が爆発に巻き込まれ、事故になることもある。健は、祖父である清鑑の死は、こうした戦争中の不発弾による事故だと思い込んでいたという。

京子は、「あんな小さな島で核兵器の訓練……、それがびっくり」と言った。

取材の最後に、事故の直後、母・ツネ子が書いた「私は訴えます」と題した嘆願書を、京子に見せた。

「こんなものが、あったんだね」

そう言って、京子は黙って読み始めた。父のことをほとんど話さなかった母の思いが、そこに書かれていた。京子の目に涙があふれた。

「土地を取られていなかったら、こういうこともなかったということですよね……」

自分のルーツと、伊江島が歩んできた歴史がつながった。核兵器の訓練の最前線となっていたこの小さな島は、住民の手が及ばない大きな力に翻弄されていた。

京子は、「（父に）いて欲しかったな」と自分に言い聞かせるように、何度もうなずいた。

第8章 安保改定と沖縄

広がる本土と沖縄の溝

沖縄が未だ戦時下と見まがうばかりの状況に置かれていた1950年代末、本土では、高度経済成長・大量消費時代を迎えていた。

「もはや『戦後』ではない」と経済白書が結論づけたのは1956年。この年、GNP(国民総生産)は戦前の水準を超え、その後も日本の経済成長率は年平均10%の水準を維持していく。

沖縄でナイキ・ハーキュリーズの誤発射、宮森小学校米軍機墜落事故、そして伊江島で模擬核爆弾の爆発で死者が出た1959年、本土では皇太子の婚約・結婚を受けて「ミッチー・ブーム」に沸いていた。成婚パレードでは、その姿を一目見ようと50万人以上が沿道に詰めかけ、生中継を見るために茶の間にテレビが普及するきっかけともなった。

一方、この時期には、国民を巻き込む大論争も起きた。それが日米安保条約の改定とそれに反対する市民による安保闘争である。反対派は安保改定によって、「日本がアメリカの戦争に巻き込まれる」と訴えた。その声はやがて労働組合、学生らを中心とした大規模な反対運動へと発展し、国会を包囲するデモが連日行われる事態となった。

本章では、この日米安保条約改定について見ていく。

日本本土の問題として語られる事の多い日米安保改定問題だが、実は、沖縄の命運を大きく揺さぶる出来事でもあった。もっと踏み込んで言えば、この安保改定によって〈日本本土を非核化〉する一方、〈沖縄の核基地化〉を決定づける仕組みができあがったのである。

“宙吊り”にされた沖縄

当時の沖縄の「立ち位置」を確認しておく。

1952年に発効したサンフランシスコ講和条約によって、日本本土は独立を回復した一方、沖縄・奄美・小笠原諸島は引き続きアメリカの施政権下に置かれることとなった。それを定めたのが「講和条約第三条」である。そこにはこう書かれている。


「日本国は、（沖縄・奄美・小笠原諸島を）合衆国を唯一の施政権者とする信託統治制度の下におくこととする国際連合に対する合衆国のいかなる提案にも同意する。このような提案が行われ、且つ可決されるまで、合衆国は、領水を含むこれらの諸島の領域及び住民に対して、行政、立法及び司法上の権力の全部及び一部を行使する権利を有するものとする」


信託統治制度とは、戦争などの影響でまだ自立する能力がない地域に対して、国連の監督の元、ある国が統治を代行する制度を指す。

講和条約第三条では、国連によるこの信託統治制度が始まるまでの間、つまりあくまで暫定的に、アメリカが、沖縄・奄美・小笠原（以下、これらの島々をArticle Ⅲ islands即ち「第三条諸島」と呼ぶ）への施政権を行使する、とされた。

しかし、実際には、アメリカは、第三条諸島に対して信託統治を行う意思はなかった。「国連」の看板を前面に出すことでこの地域を管理することが正当なものであるとの装いを与えつつ、実際にはいつまでもその提案を行わないことで、この地域を自らの軍事的な都合で利用し続ける――。それがこの条文に込められたアメリカの真の狙いであった。

一方でアメリカは、日本の「潜在主権」を認めた。第三条諸島を完全に日本から切り離すことはせず、期限は定めないもののいずれは日本に返還する地域であるという形式にしたのだ。日本の潜在主権を認めることで、国際社会に向けて、アメリカが第三条諸島に対する植民地支配を行うわけではないというメッセージを発する意図があった。

この潜在主権によって、沖縄は、首の皮一枚で日本とのつながりは維持されたものの、実際上はいつ終わるとも知れないアメリカの支配下に置かれることになった。日本でありながら日本ではないという宙吊り状態、それこそが沖縄の微妙な立ち位置であった。

沖縄も核も大事

このサンフランシスコ講和条約発効から5年後の1957年2月に首相に就任したのが岸信介である。岸は、よく知られているように、日米安保条約を見直し「対等な日米関係」を樹立することを政治目標に掲げた。講和条約と同時に締結された旧日米安保条約は、日本に不利な点が多い不平等条約だと考えられていたのである。

一方、岸は安保条約の問題だけでなく、「沖縄と核」に関しても独自の見解を持っていた。簡単に言えば、岸は、沖縄も核も大事だと考えていた。

首相就任から3カ月後の1957年5月、岸は、野党議員から核兵器についてのスタンスを問われ、「核兵器も今や発達の途上にある」「すべての核兵器を憲法違反とは言えない」などと答えた。憲法は自衛のための最小限度の兵力の保持を許容している。当時の小型戦術核の開発状況などを踏まえれば、憲法に適合する核兵器保有もあり得るという見解を示したのである。

さらに、岸は、日本がアメリカと共に、共産主義に対峙する姿勢を明確に示した上で、自国の安全保障はアメリカの「核の傘」があってこそだという認識を示した。日本の「中立化」や「核アレルギー」を何よりも警戒していたアメリカにとって、岸のこのスタンスは非常に頼もしいものとして受け入れられた。

岸の首相就任と時を同じくして駐日米大使に着任したダグラス・マッカーサー2世は、岸を「好ましい人物」だとして、本国に次のように報告している。[38]

「岸は、有能な指導者である。（中略）彼の世界情勢についての基本的な見方は、極東における共産主義の脅威は、日本を主なターゲットとしているというもので、アメリカの見方と同じである。彼は私に、韓国、台湾そして南アジアから共産主義勢力を排除することは、日本にとっても死活的に重要であると言った。また、彼は、全面戦争を防ぐために、日本がアメリカの核抑止力に依存していることを認めた」

一方、岸は、講和条約第三条によって「宙吊り状態」に置かれていた沖縄を日本に取り戻したいという願望も持ち合わせていた。

首相就任から4カ月後の１９５７年6月、岸はワシントンＤＣを訪問し、アイゼンハワー大統領との戦後初めての日米首脳会談に臨んだ。会談の中で岸は、「領土問題について申し上げたい」と切り出し、沖縄をできるだけ早く返還して欲しいという願いをやんわりとした形で伝えている。[39]

「日本人は、沖縄がアメリカの強固な基地になっており、それが極東の安全保障のためには必要であることは認識しています。しかし、日本人は、アメリカが沖縄を軍事基地とするにあたって、なぜ施政権を保持しなければならないのかが理解できません。沖縄がいずれは日本に返還されることは理解していますが、アメリカによる占領が無期限とされており、返還がいつになるのか不透明です」

しかし、核についてのスタンスが受け容れられたのとは違い、アメリカの態度は強硬なものだった。首脳会談を受けて発表された日米共同声明では、沖縄を取り戻したいという岸の声は、次

38 Letter from the Ambassador in Japan(MacArthur) to the Secretary of State, May 25, 1957, FRUS, 1955-57, Vol. XXⅢ, p.328

39 Memorandum of a Conversation, White House, Washington, June 19, 1957, FRUS, 1955-57, Vol.XXⅢ , p.372

のように処理された。

「総理大臣は、琉球及び小笠原諸島に対する施政権の日本への返還についての日本国民の強い希望を強調した。大統領は、日本がこれらの諸島に対する潜在的主権を有するという合衆国の立場を再確認した。しかしながら、大統領は、脅威と緊張の状態が極東に存在する限り、合衆国はその現在の状態を維持する必要を認めるであろうことを指摘した」

沖縄を取り戻したいという気持ちは分かったし、日本が沖縄の潜在主権を持っていることも改めて認めよう。しかし、共産主義勢力との間で緊張が続く現状では、沖縄の米軍基地は必要不可欠であり、沖縄の施政権を日本に返還することなどできない――。岸の願いは一蹴されたのである。

旧安保条約と新安保条約

沖縄返還の可能性を一蹴する一方、日米首脳会談において、アメリカは、岸のもう一つの要求を受け容れた。それが、旧安保条約の見直しである。

日米共同声明において、「安全保障条約に関して生ずる問題を検討するために政府間の委員会を設置することに意見が一致した」と、安保条約の改定に向けて、両政府が議論を開始することが確認されたのである。

アメリカが安保改定を受け容れた背景には、日本の経済成長に伴ってその国際的地位を無視できなくなっていることがあった。このまま日本の要求を無視し続ければ、日本が一方的に安保条約を破棄し、さらに、共産主義陣営に取り込まれるという事態をアメリカは恐れたのである。

岸、あるいは当時の日本政府は、旧安保条約の何が問題だと考えていたのか。当時、外務省安全保障課長として、岸の指示の下で安保改定交渉に臨んだ東郷文彦は、改定交渉における「獲得目標」についてこう書いている[40]。


「究極的には米国の日本防衛義務を如何にして条約上確保するかということであつたが、更に従前国内で絶えず問題となつて来ている核兵器持込問題、在日米軍の作戦的出動の問題等を如何に手当てするかの問題も解決しなければならなかつた」


獲得目標の一つ目、「米国の日本防衛義務の確保」とは、旧安保条約において日本には基地提供義務があるが、日本が攻撃された時にアメリカが日本を防衛する義務を負っていないという問題であった。この不平等性を改め、有事においてアメリカが日本を防衛する義務を規定しようと考えたのである。

二つ目、三つ目の「核兵器持込問題」と「在日米軍の作戦的出動の問題」は、旧安保条約において、アメリカ軍の作戦行動に日本側が制限をかける仕組みがなかったことに由来する。

まず核兵器については、第2章で述べたように、国民の強い反核感情にもかかわらず、アメリ

40　外務省アメリカ局安全保障課長「日米相互協力及び安全保障条約交渉経緯」（1960年6月）、1960年1月の安保条約改定時の核持込みに関する「密約」調査・報告対象文書1－2

カが本土に核兵器を持ち込もうとした場合などに、旧安保条約には日本がそれを拒否する法的根拠がなかった。これが「核兵器持込問題」である。

また、旧安保条約はその第一条において、「(在日米軍は) 極東における国際の平和と安全の維持に寄与」するために出動することができるとされており、広く極東という、必ずしも日本の防衛と関係のない地域での作戦行動のために日本の基地が使用される可能性があった。これに対し、国民の間では、アメリカの戦争に日本が巻き込まれる可能性があるとして、こうした米軍の作戦行動にも制限をかける必要があるとされたのである。これが、「在日米軍の作戦的出動の問題」である。

結論から言えば、安保条約の改定交渉を経て、日本は一から三までの目標を獲得することに成功した。

一つ目に関しては、新安保条約の第五条において、

「日本国の施政の下にある領域における、いずれか一方に対する武力攻撃が、自国の平和及び安全を危うくするものであることを認め、自国の憲法上の規定及び手続に従って共通の危険に対処するように行動することを宣言する」

とされ、アメリカ軍の日本防衛義務が定められた。

そして、二つ目、三つ目の「核兵器持込」「在日米軍の作戦的出動」に制限をかけることを目的として創設されたのが「事前協議制度」である。こちらは、条約本文に書き込むのではなく、付属文書にあたる交換公文の形式をとった。

その、いわゆる「岸・ハーター交換公文」は次のような内容である。

「合衆国軍隊の日本国への配置における重要な変更、同軍隊の装備における重要な変更並びに日本国から行なわれる戦闘作戦行動（前記の条約第五条の規定に基づいて行なわれるものを除く。）のための基地としての日本国内の施設及び区域の使用は、日本国政府との事前の協議の主題とする」

まず「装備における重要な変更」が、核兵器の持ち込みを意味する。核の持ち込みの際には、アメリカは必ず日本政府と事前に協議することが決められたのだ。

そして岸首相は、仮にアメリカが事前協議を行い核兵器の日本国内への持ち込みを示唆しても、これを拒否する方針だと国会などで説明した。さらに、日本の防衛と関係の薄いアメリカ軍の作戦行動についても、事前協議の対象となることが決められた。

「事前協議」「交換公文」とされた理由

ここで、素朴な疑問が浮かぶかもしれない。

核兵器を持ち込むな、と言うのであれば、事前協議、つまり話し合いなどせず、はなから拒否するべきなのではないか。そして付属文書などで取り決めるのではなく条約本文に「いかなる核兵器も持ち込むことはできない」と書き込むべきではないか、と。

本筋の議論からは少し脱線するが、こうした疑問に答えておきたい。

琉球大学の我部政明教授は、「それが現実的な落としどころだったのだ」と解説する。

日本とアメリカの力関係を考えれば、核兵器を絶対に日本に持ち込まないという約束をアメリカから取り付けることはできそうにない。そもそもアメリカは、特定の場所における核兵器の有無を聞かれても回答しない、というNCND原則を掲げている。絶対に核を日本に入れないと約束することは、言わば、核がそこにないと宣言することになり、NCND原則に反する。

しかし、日米間での事前協議という形にすれば、日本政府は、在日米軍基地の使用条件について口が出せるようになったのだとして、国内向けの説明がつく。つまり、日本政府は、「核兵器持ち込みについての協議があれば必ずNOと言う」と説明することができる。一方、アメリカ政府は、自らの議会に向けて「協議なのだからイエスもノーもありえる」と説明する。さらに踏み込んで聞かれた場合には、緊急時の核の持ち込みや基地の自由使用についての秘密裏の了解（密約）を得ていることも明らかにする。

条約本体ではなく交換公文にしたのは、こうした秘密裏の了解を作りやすくするためだ。交換公文は、条約本体と違ってその内容について国会の承認を得る必要がない。野党の批判や追及を受けることなく取り交わすことができるのだ。さらに、交換公文に付属する合意議事録などの形で、国民には一切公表しない密約を作ることもできる。

実際、民主党政権下の2009年から10年にかけて行われた有識者による密約調査では、「核兵器搭載米艦船・航空機の進入・通過」、「朝鮮半島有事における戦闘作戦行動」については事前協議制度の対象にしないという、日米間の密約が存在したことが明るみに出された。国民の知らないところで、事前協議制度に穴が開けられていたのである。

我部教授がさらに踏み込んで解説する。

「本当は、アメリカとしては、密約の内容こそアメリカの権利であり、それを表立って宣言したいのです。しかし、それでは日本の国民を納得させられず、岸政権が倒れてしまう。そこで、事前協議制度によって、日本政府の立場に配慮しつつ、同時に、アメリカ軍の行動の自由を確保する仕組みを作ったのです。それは、日本政府が国民に向けて、『空約束』をすることを黙認することでもあります。例えば、岸首相が『アメリカから核持ち込みについての事前協議があっても、必ずNOと言う』と密約とは違うことを言っても、あえてそれを見過ごす。そうすることで本質的には親米である岸政権を日本国民の批判から守る。同時に、アメリカが本当に必要だと判断したときには、密約に基づいて持ち込みを行う自由も確保しているのです」

〝沖縄も条約地域に〟安保改定草案

話を本筋に戻す。

穴が開いていたとは言え、事前協議制度ができたことは、日本にとって大きな一歩ではあった。手放しでアメリカ軍の自由な作戦行動を認めていた旧安保条約と異なり、核兵器の持ち込みなどの作戦行動に関して一定の歯止めをかける根拠を得たからだ。

問題は、日本政府（岸）の悲願を達成したかに見える安保改定が、なぜ、沖縄の核基地化を決定づけることになったのか、ということだ。

それを理解するためには、新しい安保条約が適用される範囲、即ち「条約地域」の問題と、新たにできた「事前協議制度」をめぐる水面下の攻防に目を向ける必要がある。

実は、当初の案では、新安保条約の条約地域に、沖縄も含まれる可能性があった。

その新安保条約の草案を起草し、改定交渉を常にリードしたのが、駐日米大使を務めていたダグラス・マッカーサー2世である。

連合国軍総司令部（GHQ）最高司令官だったダグラス・マッカーサー元帥の甥で、軍人だった叔父とは違い、自身は外交官の道を選んだ。アイゼンハワーがNATO軍最高司令官だった際には、その外交顧問を務めたこともあり、ホワイトハウスに太いパイプを持っていた。

正式な安保改定交渉が始まったのは1958年10月だが、マッカーサー大使はその8カ月前の時点で最初の安保改定草案を起草し、本国の国務省に送付している[41]。日本側に先んじて条約の草案を作ることで交渉のイニシアチブを握る狙いだった。

マッカーサー大使は国務省に宛てた手紙の中で、「条約地域の決定が最大のポイントである」と書いている。

その条約地域としてマッカーサーが考えたのが、

「日本の施政権下にある全ての地域及び、西太平洋の諸島のうち講和条約第三条の対象とされた地域とアメリカの施政権下にある地域」

であった。

繰り返しになるが、講和条約第三条の対象とされた地域とは、沖縄・奄美・小笠原を指す。また、「西太平洋の諸島のうちアメリカの施政権下にある地域」とは具体的にはグアムである。マッカーサー大使は、日本本土に加えて沖縄・奄美・小笠原、そしてグアムなどを新しい安保条約の適用地域に含めようと考えたのだ。

その狙いについて、マッカーサー大使は、「もし真に相互的な条約とするならば、アメリカやその領域が攻撃された場合に、日本もアメリカを防衛することに合意しなければならない」と書いている。

「相互的」という言葉を使ってマッカーサーが言いたかったのは、日本がアメリカに対して日本防衛義務を課すことを考えるのであれば、日本もアメリカを防衛する役割を担うべき、ということだ。

ただし、日本の憲法九条は海外派兵を禁じているため、アメリカ本土などに軍を派遣することはできない。だがそれでも、日本が潜在主権を持つ第三条諸島などの共同防衛であれば日本の憲法とも適合するはずだ、と考えたのである。

少しでも共同防衛範囲を広げることで日本の軍備強化を促し、結果としてアメリカの負担を軽くするのが、このマッカーサー草案の目的であった。

日本側との正式な改定交渉が始まったのは1958年10月4日。

この日、東京・芝の外務大臣公邸において、マッカーサー大使、岸首相そして藤山愛一郎外務大臣による第一回会談が行われた。

その場でマッカーサー大使は、安保条約の改定草案を日本側に提示した。

その草案では、8カ月前に国務省に送付したものと同様、条約地域は「第三条諸島」を含むと

41 Letter from the Ambassador in Japan(MacArthur) to the Secretary of State Dulles, February 18, 1958, FRUS, 1958-60, Vol.XVⅢ, pp.9-10

され、核兵器の持ち込みに制限をかける「事前協議制度」（マッカーサー草案では「フォーミュラ」と呼ばれた）についての条項もあった。

このマッカーサー草案を字義通り解釈するなら、沖縄は新安保条約の対象地域に含まれ、その付属条項である事前協議制度も適用される。つまり、沖縄への核兵器の配備に、日本側から「NO」を突き付けることができるようになる。本土だけでなく「沖縄の非核化」が実現する可能性があった、とも受け取れる内容である。

さらに、この頃、アメリカ本国の国務省では、沖縄の「飛び地返還論」も検討されていた。1950年代半ば以降の軍による強制的な土地接収は、住民の不満を爆発させ、島ぐるみ闘争に発展していた。沖縄統治が揺らぐことを危惧した国務省は、米軍基地部分を「飛び地」のようにアメリカが確保しておくことを条件に、その他の部分の施政権を日本に返還することを検討していたのである。

新安保条約と事前協議制度の適用、そして「飛び地返還」……。一見すると、この時点で沖縄の運命が「本土並み」「非核化」に向けて動き始めていたようにも見える。

しかしその実、水面下では、沖縄を、それとは全く逆方向へと押し戻す風が吹き荒れていたのである。

逆風① 米軍部の意向

そうした「逆風」の一つが米軍部の意向だった。

国務省による「飛び地返還論」の存在を知ったJCSは、沖縄の施政権を返還することに強硬に反対した。そして軍の主張をまとめた上で、国防長官に宛てて「沖縄の戦略的重要性」と題したメモを送付した。[42]

「我が米軍は、沖縄に基地を保有することによって有事における素早い対処が可能となっており、沖縄では外国の主権に左右されることがない。ソ連、中国、そして極東の他の共産勢力に対して、核戦力を含む世界大戦や極度に敵対する事態が起こった場合、米軍は沖縄の基地から何らの拘束を受けずに作戦行動をとることができる。もし、沖縄が日本へ返還されると、太平洋におけるアメリカの戦略態勢は深刻な危機に瀕するだろう。なぜなら、日本の政治的な不安定さによって、最も大事な時点で米軍の作戦部隊が基地を使えない事態を招くかもしれないからだ」

ＪＣＳは、沖縄を現状のままアメリカの施政権下に置き続けることを主張した。最大の理由は、現在は沖縄の基地で何等の制限を受けることなく核兵器を運用できるが、返還されれば、そのような便利な使い方ができなくなる、というものだった。

そしてこのメモでＪＣＳは、沖縄へのさらなる攻撃用核兵器を配備する計画についても述べる。

「沖縄にＩＲＢＭ（中距離弾道ミサイル）の配備を予定している。沖縄を選んだ理由は、ＩＲＢＭの配備と運用に際して、いかなる外国政府とも交渉を必要としないからである。（中略）近い将

42　Strategic Importance of Okinawa, May 1, 1958, FRUS, 1958-60, Vol.XVⅢ, pp.29-31

来、日本への核兵器の持ち込みが可能になるとは考えられないので、ＩＲＢＭ基地としての沖縄の重要性は高まる」

ＪＣＳは、繰り返し沖縄のアドバンテージを強調した。それは、反核感情の強い日本本土には核兵器を持ち込めないのに対し、沖縄では自由に核兵器を運用できるという、これまで何度も登場した論理である。

こうした米軍部の主張はアメリカ政府内でも重視され、安保改定交渉に大きな影響を与えた。

逆風②　外務省の「自主規制」

こうした米軍部の意向が無視できないほど大きいものであったことは、日本の外務省の動きにも現れている。

外務省のアメリカ局安全保障課も、マッカーサー大使同様、正式な改定交渉が始まる数カ月前から、新安保条約の内容について独自の検討を始めていた。マッカーサー大使が検討している新たな安保条約草案の情報を事前につかみ、自らもその方向性を打ち出そうと考えたのだ。

複数の検討課題のうち、条約地域に沖縄（第三条諸島）を含めることについては、外務省も歓迎すべきことであると考えていた。

例えば、ある内部文書で、アメリカ局安全保障課長の東郷文彦はこう書いている。[43]

「沖縄、小笠原を（新安保条約の適用範囲に）含めることは当然であると考へる」

外務省が第三条諸島を安保の適用範囲に入れようと考えたのは、なぜだったのか。京都産業大学教授で、元外交官でもある東郷和彦は、父である東郷文彦らの心理を「沖縄愛国心」という言葉で表現する。ディレクターの今理織のインタビューに答えて、東郷はこう解説する。

「沖縄というのは日本の一部なんだと。今でこそ施政権をアメリカが行使しているけど、日本には潜在主権があり、本来は日本の一部なんだと。そうすると、本来日本の一部である地域を条約の適用範囲、つまり攻撃されたときに日本が防衛する地域の中に含めるのは当然じゃないかという、それが沖縄愛国心です。当初の、条約地域に沖縄を含むという案はこの沖縄愛国心とぴたり重なり合うものだったのです」

一方、安保改定にあたって大きな課題として立ちはだかったのが、すでに沖縄がアメリカ軍によって核兵器の拠点とされていた事実、すなわち「沖縄と核」の問題であった。

その思考の軌跡が記されているのが、1958年6月24日に作成された「安全保障に関する当面の諸問題に関する件」と題された文書である。[44]

この文書では、安保条約改定にあたっての「当面の主要問題」を以下の五つに分類している。

43　外務省アメリカ局安全保障課長「安全保障調整に関する件」（1958年10月6日）、1960年1月の安保条約改定時の核持込みに関する「密約」調査・関連文書19

44　外務省アメリカ局安全保障課「安全保障に関する当面の諸問題に関する件」（1958年6月24日）、1960年1月の安保条約改定時の核持込みに関する「密約」調査・関連文書4

1. 自衛隊と在日米軍の協力の基本関係
2. 在日米軍の日本地域外使用の問題
3. 核兵器問題及び之に関連する沖縄問題
4. 在日米軍配備の協議強化の問題
5. 対日軍事援助問題

このうち、三つ目の「核兵器問題及び之に関連する沖縄問題」が、まさしく「沖縄と核」の問題について検討した項目である。

この項目は、

「核兵器問題に関しては日米間に最も憂慮すべき不一致が存する」

との書き出しで始まる。

そして、その「憂慮すべき不一致」の原因について、おおよそ次のように説明する。

日本政府は、国民の反核感情を考慮し、アメリカによる核兵器の持ち込みを認めない方針であるということを国会などで宣言している。一方、アメリカはヨーロッパにおいてもアジアにおいても核兵器の使用を前提とした戦略を立て、部隊配置を行っている。米軍と核兵器の切っても切れない関係を考えると、日本がアメリカに安全保障体制を依存する限り、核兵器を日本に持ち込まない約束をアメリカから取り付けることはできない。現状から一歩進んで、国会が「核非武装決議」を行ったり、それをアメリカとの約束として明文化しようとしたりすると、安保体制の維持そのものが難しくなる、というのである。

「非核」を強く主張できない日本の論理が、ここで生々しく顔をのぞかせている。

ではどうするか。外務省安全保障課が「対策」として提示するのが次の三つである。

＊「核兵器持込を事前承認事項とする」

＊「核兵器持込を協議事項とする」

＊「改めて一般に在日米軍の装備を協議事項とする」

表現は微妙に異なれど、最終的に「事前協議制度」となる仕組みがここで提起されている。直接の「核持ち込み禁止」の約束を取り付けるのは難しいので、事前に協議することで歯止めをかけて体裁を保つ、というあの仕組みである。

ここからが問題である。外務省安全保障課は、この事前協議制度の内容を検討するにあたって、「考慮すべき事項」があるとして、次のように書いている。

a) 米国は核兵器に関する我が国国民感情は熟知して居ること、又ミサイルを受容れる諸国に就ても核弾頭持込使用は当該国の意向を尊重することになっていること、等よりして米国も前記（2）〔＝事前協議制度のこと〕の如き了解に無下に応じないとは思われないが、斯《かか》る話合を為すとせば、其の途次、米側に対し、特定の場合には核兵器持込に同意することあるべきことを明にする用意がなければ話合は成立たない。

b）沖縄に就ては米側は何等の約束を為すことも拒むべく、前記（2）（＝事前協議制度）の了解は沖縄を含まない。

前半部分では、日本人の反核感情の強さについてはアメリカも承知しており、事前協議制度そのものについては納得を得られるとする。ただ、「特定の場合には核兵器持込に同意する」用意があることを日本側が示さなければ、最終的な合意は得られないだろうとする。これは、核兵器を搭載した艦船の「一時寄港」などは核の持ち込みにはあたらないとする「密約」につながる文脈であり、事前協議制度に「穴」を開ける重要な問題だが、ここでは深入りしない。

問題は最後の二行である。ここで、重要な推測と判断がなされている。沖縄については、アメリカはいかなる約束をすることも拒否するだろうから、そもそも事前協議制度の適用範囲に沖縄は含まない、としたのである。

この文書が作成されたのは、正式な安保改定交渉が始まる1958年10月の4カ月も前のことである。この時点で、近い将来、事前協議制度の枠組みについてアメリカと交渉することになっても、その枠組みから沖縄を除外することが、外務省内では既定路線となっていたのである。

外務省には、新安保条約の適用範囲に第三条諸島を含みたいと考えたマッカーサー大使の草案と共に、沖縄の米軍基地は核の拠点として欠かせないとする軍部の意向も間接的に伝わっていたはずだ。「米側は何等の約束を為すことも拒むべく」とある米側とは、端的に言えば米軍を指すのだ。

そして、この文書の最後は次の言葉で締めくくられている。

「現下の国際情勢の下に於ては沖縄に強力な基地があることが自由陣営の為め必要であるとの事実を明らかにし、沖縄の米軍施設には我方は干与せざる立場を堅持する必要がある」

既視感のあるフレーズである。

ちょうど1年前の1957年6月に発表された、岸首相とアイゼンハワー大統領による日米共同声明である。

このとき、岸は沖縄返還を議題に持ち出したが一蹴された。そして、「共産主義勢力との間で緊張が続く現状では、沖縄の米軍基地を現状のまま維持する」との共同声明に同意せざるをえなかった。

外務省文書の最後の一文は、この共同声明の論理を自ら繰り返しているように見える。改定交渉の中でアメリカ側から通告されるのに先んじて、沖縄の米軍基地のあり方に日本側から口出しをすることは慎むべきであると、言わば自主規制したのである。

東郷和彦にこの文書を見てもらった。父が関わって書いたであろう文書を読み終えると、東郷は最後の一文を指でなぞりながら、繰り返し読んだ。そして、文書をとんとんと叩いてこう言った。

「『沖縄の米軍施設には我方は干与せざる立場を堅持する』……うん、これしか抜け道はないですよ」

「抜け道」とはどういうことか。東郷は、その意味をこう語った。

「日本は核兵器を持たないし、日本に持ち込むのやめて下さいねというのと、アメリカの核抑止力に依存するということの間にはね、矛盾があるわけですよ。その矛盾をしかし両方活かさなくちゃいけないというのが当時の日本外交の、今でもある程度そうですけど、切実な課題だったわけです。それを安保条約改定の中でどう生かすか、ということを考えた時に出てきたのが、一つは本土に対する事前協議制度であり、もう一つは非常に申し訳ないんだけども、この時点では沖縄には手を触れられない、ということですね。それはやっぱり本土中心主義、本土の目線でしか物事が見えなかったということですね」

逆風③ 野党の反対

さらに、沖縄を条約地域に含むことに反対したもう一つの勢力があった。それが意外にも、社会党など野党である。

1958年10月4日の第一回改定交渉を経て、新安保条約の条約地域に第三条諸島を含むことを検討していることが明らかになると、国会は紛糾した。

なぜか。野党は、沖縄を安保条約に含めることで、日本がアメリカの戦争に巻き込まれる可能性が高まる、そして核兵器が沖縄ばかりでなく本土にも持ち込まれかねない、と危惧した。

その典型的な論理が、社会党の石橋政嗣による岸首相への追及に現れている。[45] 少し長いが国会議事録からそのまま引用しよう。

「適用範囲というものが広げられて、沖縄、小笠原が含まれる可能性なきにしもあらずというような答弁がなされておるのでございますが、これは私ども非常に重大だと思う。なぜ重大かといいますと、まず第一に、今アメリカは韓国との間に相互防衛条約を持っている。それから台湾との間に持っている。これと同じような形が今度は日本との間にとられる。そういたしますと沖縄というものをかなめにして、実質的ないわゆるNEATO結成というものに発展していく。沖縄が攻撃された場合には、韓国もみずからの国が攻撃されたものと考え、台湾もそう思う、日本もそう思う、こういうような形になってくる。（中略）これが第一なんです。これにわれわれは危険を感ずるわけです。

それから第二は、これも総理の従来の発言をお聞きいたしておりますと、核兵器は絶対に日本の自衛隊は持ちません、在日米軍にも持ち込みません、こう言ってきておるけれども、沖縄については事前に相談がない限りやむを得ない、これはどうすることもできないという言明をあえてしておられる。そうしますと共同防衛地域に沖縄が含まれてきたときに、ここに核兵器が来てお る。今後来るというような事態になって参りましたら、従来の政府の核兵器持ち込み反対、核装備反対という基本線がぐらついてくる」

野党は、それまで島ぐるみ闘争を直視せよ、米軍による圧政に苦しむ沖縄に寄り添うべきだ、などと政府を追及し、早期の沖縄返還を訴えていた。

しかし、安保条約に沖縄を含めるという案が浮上すると、本土に「戦争」と「核」というリスクが及ぶことを理由に、言わば沖縄を切り捨てた。野党の視野もまた、「本土中心主義」を超え

45　1958年10月23日、衆議院内閣委員会

ることはできなかったと言わざるを得ないのである。

“沖縄の核は日本に必要”

こうしたいくつもの逆風を受けて、「沖縄愛国心」から沖縄を安保条約の適用範囲に含めることを検討していた政府は、それを諦めざるを得なかった。

1958年11月、藤山外相は、日本政府の見解をマッカーサー大使に伝えた[46]。新安保条約に「第三条諸島」を含めることは難しい、その方向で、ワシントンでも検討して欲しいというのである。

そして藤山がマッカーサーに伝えた「沖縄を含むことが困難な理由」の中に、より本質的な問題が含まれていた。

藤山が挙げた「理由」の一つが、先に見た「野党の反対」である。

藤山は、野党の論理が国民の支持を得ることに成功すれば、政府の立場が弱くなりかねないと訴えた。親米の岸政権は、アメリカにとってもその政策を実現するために重要な存在だった。その意味で、これはアメリカが無視できない点だった。

問題は、その次の「理由」である。

藤山外相によれば、自民党の「重鎮」である野村大将、保科、芦田元首相といった面々が安保条約の適用範囲に第三条諸島を含めることに反対しているという。

藤山が名前を挙げた野村大将とは、元海軍大将の野村吉三郎である。1941年の日米開戦時に駐米大使を務め、戦後は公職追放の憂き目にあう。しかしその後財界に復帰し、安保改定が議論になったときには自民党の参議院議員となっていた。また、保科とは元海軍中将の保科善四郎で、やはりこの頃自民党の衆議院議員となっていた人物である。加えて、憲法九条の制定にも深く関わった芦田均元首相も、沖縄を安保の適用範囲に含めることに反対したという。

こうした「重鎮たち」の世界観を、藤山はマッカーサー大使に次のように説明した。

「彼らは、アメリカが沖縄の施政権を持っている方が良いと考えており、条約地域に沖縄や小笠原を含むことに反対している。そうなれば、アメリカが沖縄に核兵器を配備する能力を制限することにつながりかねないからだ。彼らは、日本の安全保障のために、第三条諸島におけるアメリカの核能力が制限されないことが重要だと考えている」

半年前の1958年6月に、外務省安全保障課が「（条約地域に）沖縄を含まない」「沖縄の米軍施設には我方は干与せざる」という方針をまとめた時点では、その論理はアメリカの意向への配慮からくる自主規制であった。つまり、アメリカ（軍）は核基地としての沖縄の使い勝手の良さを手放さないだろうと判断し、事前協議制度の枠組みから沖縄を外す、と自ら先回りしたのだ。

しかしここで藤山を通じて表明されている「重鎮たち」の論理は、アメリカだけでなく、日本にとっても沖縄に核があることが望ましいというものであった。日本のためにこそ、沖縄の核基地が揺らぐのは避けなければならない。だから、安保条約の適用範囲や事前協議制度などで沖縄

46　Telegram from the Embassy in Japan to the Department of State, November 28, 1958, FRUS, 1958-60, Vol.XVⅢ, pp.100-104

について議論することは避けた方が良い、というのである。

首相の岸も、自由主義陣営の一員としてアメリカの「核の傘」に依存するという安全保障観を持っていた。同時に、いつか沖縄を取り戻すという素朴な「沖縄愛国心」も持ち合わせていた。

そして、安保条約を改定し事前協議制度を新設する段になって、沖縄を条約地域に含める（つまり沖縄を取り戻す）ことと、国民の非核の要求を両立させることの困難が浮かび上がった。外務省は、条約地域に「沖縄を含まない」とし、沖縄よりも本土の非核化を優先した。野党の政治家たちも沖縄よりも本土の安全を優先した。こうした判断は、両者を天秤にかけた上での「苦渋の選択」だった、とも言える。

しかし、最後に立ちはだかったのは、沖縄をただ軍事的に都合のいい場所とみなす、アメリカと一体化した眼差しだった。

藤山からこうした「理由」を伝えられたマッカーサー大使は、アメリカにとっても、条約地域を制限したほうが賢明であると判断。本国にその方針への同意を求めた。

結局、新安保条約とそれに付随する事前協議制度に沖縄（第三条諸島）を含むという当初案は修正され、日本本土のみを対象とすることが決まったのである。

もちろん、旧安保条約の時代から、沖縄はアメリカの核拠点とされてきた。ただし、それはアメリカが日本本土の反核感情を重く捉え、自らが施政権を握っていた沖縄に核を配備する方が容易だったことで起きていた「現象」であり、その現象に何等かの「合意」があったわけではない。

当時、アメリカは日本本土にも核兵器を配備することができたし、実際に、（第2章で見たように）一旦はそれを試みたのである。

しかし、新しい安保条約とセットになった事前協議制度ができたことで、本土の非核化が制度として担保された。一方沖縄は、その非核の枠組みの「抜け道」になることが制度として固まった。つまり、本土にはアメリカの核を配備せず、沖縄のみにアメリカの核を置き、その抑止力に日本全体が依存する仕組みが固定化したのである。

第9章 メースB

攻撃型核ミサイル「メースB」

１９６０年1月、岸首相は、全権委任団を率いて渡米、アイゼンハワー大統領と並んで新しい日米安保条約に調印した。同年5月、国会での新安保条約案の承認を阻もうとする野党が審議拒否に乗りだしたが、条約案は与党によって強行採決された。

「民主主義の破壊だ」「岸は退陣せよ」と叫ぶデモ隊が国会を包囲し、反対運動はピークに達する。機動隊と群衆の衝突によって1人の女学生が圧死する事件が発生、6月に予定されていたアイゼンハワー大統領の訪日計画は中止に追い込まれた。

しかし、こうした混乱の責任をとるとして岸内閣が退陣すると、闘争は急激に退潮していく。戦後最大の国民運動となった安保闘争は、いつのまにか倒閣運動へと変質し、「目的の達成」と引き替えに収束していったのである。翌１９６１年1月、8年の任期を終えたアイゼンハワー大統領も退任した。

一方、沖縄ではこの年（１９６１年）、密かに新たな核兵器の配備が進んでいた。

それが核ミサイル「メースB」である。

第8章で見たように、水面下で安保改定交渉が行われている最中の1958年5月、JCS（統合参謀本部）は、国防長官宛てのメモの中で、沖縄にIRBM（中距離弾道ミサイル）を配備する計画について書いていた。メースB配備は、まさにこのIRBM計画を実現するものであった。

実際に沖縄に配備されていたメースBの実物が（もちろん核弾頭は外されているが）、オハイオ州にある国立アメリカ空軍博物館の「冷戦ギャラリー」の一角に展示されている。

薄暗く、広大な空間の中で、鉛色の機体にスポットライトが当たっている。

ミサイルなのに「機体」というのは、その奇妙な形状のせいだ。

全長13メートルの胴体に羽が付いている。中央付近の大きな主翼と後部に取り付けられた垂直尾翼と水平尾翼。遠くから見るとまるで飛行機のような出で立ちだ。ただし、パイロットが乗るコックピットなどのスペースはない。

パイロットがいないので、メースBには「慣性誘導装置」が内蔵されていた。飛行中に、自らの位置と速度を計測する装置である。これを備えたことで、メースBは、あらかじめ設定された目標地点と現地点のズレを認識し、自動的に高度や方向を調整して、その目標に向かうことができた。

射程は2400キロ。ロシアの東海岸から、東南アジアまでの広大な地域をその射程内に収めた。

その射程距離が示すように、メースBが、すでに配備されていた他のミサイル、例えばナイキ・ハーキュリーズと大きく異なっていたのは、それが「敵地攻撃型」の核ミサイルであったことだ。

迎撃ミサイルであるナイキ・ハーキュリーズは、こちらに向かって攻撃をしかけてくる敵の航空機やミサイルを撃ち落とす目的で配備されていた。いわば「盾《たて》」としての核兵器だ。

一方、メースＢは、敵地を積極的に攻撃する、いわば「矛《ほこ》」として配備された。

沖縄には、「矛」としてすでに核爆弾を搭載する戦闘爆撃機の部隊も配備されていた。しかし航空機は悪天候の影響を受けやすく、またパイロットが核爆発に巻き込まれるリスクもあった（だからこそＬＡＢＳなどの特殊な核爆弾の投下方法を導入する必要があった）。

その点、メースＢは天候に左右されにくく、パイロットのリスクを考える必要がないというメリットがあった。

アメリカ空軍博物館に展示されているメースB。かつて沖縄に配備されていた実物

恩納村に残されたメースB基地跡

メースＢは、沖縄本島の４カ所に配備された。

読谷村（サイト1）、勝連《かつれん》半島のホワイトビーチ（サイト2）、金武村（サイト3）、恩納村（サイト4）である。

このうち、「サイト4」と呼ばれた恩納村の基地跡が今も残されている。

珊瑚礁の青い海と白い砂浜が広がる恩納村は、沖縄本島屈指のリゾート地だ。海沿いにいくつもの大型ホテルが建ち並び、周辺には観光客相手の土産物店やレストランが軒を連ねる。

その賑やかな市街地を抜け、森の中へと続く細い坂道を登ってしばらくいくと、その発射基地跡はある。しかし、発射基地跡とは言っても、廃墟ではない。ゲートには今も警備員がおり、敷地の中の植栽も軒並みきれいに整えられている。

実は、沖縄が本土に復帰した後、宗教法人である創価学会がこの土地を買い取り、管理しているのだ。創価学会名誉会長である池田大作氏の発案で、かつての核基地を「平和の要塞」として保存することが目的だという。現在は、敷地全体が創価学会の研修道場として使われている。

担当者に敷地の中を案内してもらった。ゲートを通ってしばらくいくと、木立の間に、コンクリート製の大きな平べったい建物が見えてきた。長さおよそ100メートル。かつてメースBの発射口がずらりと並んでいた部分だという。

今、その発射口の開口部は塗り固められ、代わりに小さな扉が取り付けられている。メースBが格納されていたその内部は倉庫として使われており、かつての雰囲気はほとんど残されていない。

一方、発射口の地下には、メースB部隊の「発射司令室」だった部分が、手付かずのままで残っているという。そこは、創価学会の人もほとんど足を踏み入れたことがなく、TVカメラも入

メースBの発射基地跡。現在は創価学会の「研修道場」となっている。六角形の部分がかつてのミサイル発射口

ったことがないという。

最初に取材に訪れた時、特別に許可を得て、少しだけその地下部分に立ち入ることができた。入り口は、発射口がある部分よりも10メートルほど下の斜面にトンネルを掘るようにして設けられている。中に入ると、分厚いコンクリートで四方を固めた廊下が真っ直ぐに奥まで続く。空気は外に比べ、いくぶんひんやりとして、乾いているように感じられる。

金属製のパイプが壁からむき出しになり、その中から何本ものちぎれた電気ケーブルが飛び出している。所々に、ペンキで「FIRE EXTINGUISHER（消火器）」「NO SMOKING（禁煙）」と書かれた英語の文字が剝げかけたまま残され、かつてこの廊下を兵士たちが行き来していた気配をとどめている。

廊下は奥でT字路となって左右に分かれ、その先でさらに広い空間につながっているようだった。しかし、十分な照明がなかったこともあり、この日は、それ以上先には進めなかった。

浮かび上がったメースB基地の構造

一体メースB基地はどのような構造になっていたのだろう

か。そして、メースBを運用する部隊は、どのようにしてその核の矛先を敵国に突き付けていたのだろうか。

沖縄でメースBを運用していたのは、「第４９８戦術ミサイル群（the 498th Tactical Missile Group）」と呼ばれる部隊であった。戦闘爆撃機の部隊である第18戦術戦闘航空団と同様、アメリカ空軍第３１３航空師団の傘下に属し、嘉手納基地にその本部を構えていた。

マクスウェル空軍基地の空軍歴史研究センターにおける調査で、この第４９８戦術ミサイル群の部隊誌が見つかった。初めて沖縄でメースBの運用を開始した１９６２年、部隊誌はその任務をこう書いている。[47]

「第４９８戦術ミサイル群の任務は、沖縄の強化された（hardened）発射場において、メースBミサイルを24時間の警戒態勢に置き、あらゆる天候において、即座に核攻撃を行えるようにすることである」

「強化された」というところに、あの頑丈なコンクリートでできた発射基地の秘密がありそうだ。

しかし、その任務の詳細について知るには、やはり兵士たちからの生の声が欲しい。

突破口となったのは、今回もまた、かつてメースB部隊に所属していた元兵士たちの同窓会組織だった。

戦闘機部隊、大砲部隊、歩兵部隊、そして核ミサイル部隊……。驚いたことに、アメリカ兵たちは、それぞれの部隊ごとに今もインターネット上でつながりながら、強い絆を維持し、退役から数十年を経ても情報交換や近況報告を続けているのだ。

私たちは、元メースB部隊の同窓会組織の代表を務める人物を手始めに、沖縄に駐留していた経験のある元兵士たちに連絡を取り、芋づる式に話を聞いていった。結果としてその人数は25人にのぼった。

部隊誌や、兵士たちの証言、それに兵士たちの手元に残されていた資料を重ね合わせることで、これまで分かっていなかったメースB基地の構造が詳細に浮かび上がってきた。

かつて第498戦術ミサイル群に所属し、1965年から67年まで沖縄に駐留していたデニス・フィッツモンズは、メースB基地内部を撮影したいくつかの写真を提供してくれた。

その中に、恩納村の「サイト4」を上空から撮影した写真がある（243頁）。右端の発射口だけが扉を閉じているが、残り七つの発射口が横一列に開いている。この発射口の奥に、一機ずつメースBミサイルが設置されているのだ。

発射口から一段下がった斜面に、地下司令室への入り口が設けられているのもよく分かる。

フィッツモンズは、この地下部分の構造を図解した資料も持っていた。元兵士たちが記憶を頼りに、メースB基地の構造を再現したものだという。

入り口を入ると、廊下は突き当たりで左右に分かれる。地下部分は左右対称な構造になっており、右と左に一つずつ「司令室」と「発電機室」が置かれていた。

47　History of the 313th Air Division 1 January -30 June 1963, Chap1, マクスウェル空軍基地所蔵、請求記号 0466042

当時、発射にあたる兵士は7人で一つの「クルー」を形成した。一つのクルーで4機のメースBを担当する。一つのサイトには8機のメースBが配備されているので、AとBの二つのクルーが必要になる。Aクルーが左側の司令室に配置され、Bクルーは右側の司令室に配置された。

フィッツモンズの図には、右半分のBクルーの司令室の構造が書かれている（243頁下）。中央に置かれているのは「LCSC（Launch Control and Status Console）＝発射制御卓」である。四つのメースBミサイルの準備状況を一元的に把握し、制御するための機器だという。ここに、クルーのリーダーである発射司令官が陣取った。

嘉手納基地内に置かれた第498戦術ミサイル群の本部から発射命令が下れば、司令官は、このLCSCに配置された発射ボタンを押すことになる。

このLCSCを写した写真がある。表示板には四つの「HOT」の文字。4機全てのメースBの準備が整っており、命令があればいつでも発射できる状態にあることを示している（244頁の写真）。

ただし、発射司令官の独断で発射が行われないための安全装置とも言える機器が存在した。それが「LEU（Launch Enable Unit）＝発射起動装置」である。

これは、手動クランクが取り付けられた発電機である。発射が行われる際には、司令官以外のクルーの1人がこのハンドルを1分間に75回転以上のスピードで回さなければならなかったという。そうしなければ、LCSCの回路に電気が流れず、発射ボタンが「有効」にならないのである。

このLEUのハンドルはLCSCから3メートル以上離れた位置に置かれており、発射司令官

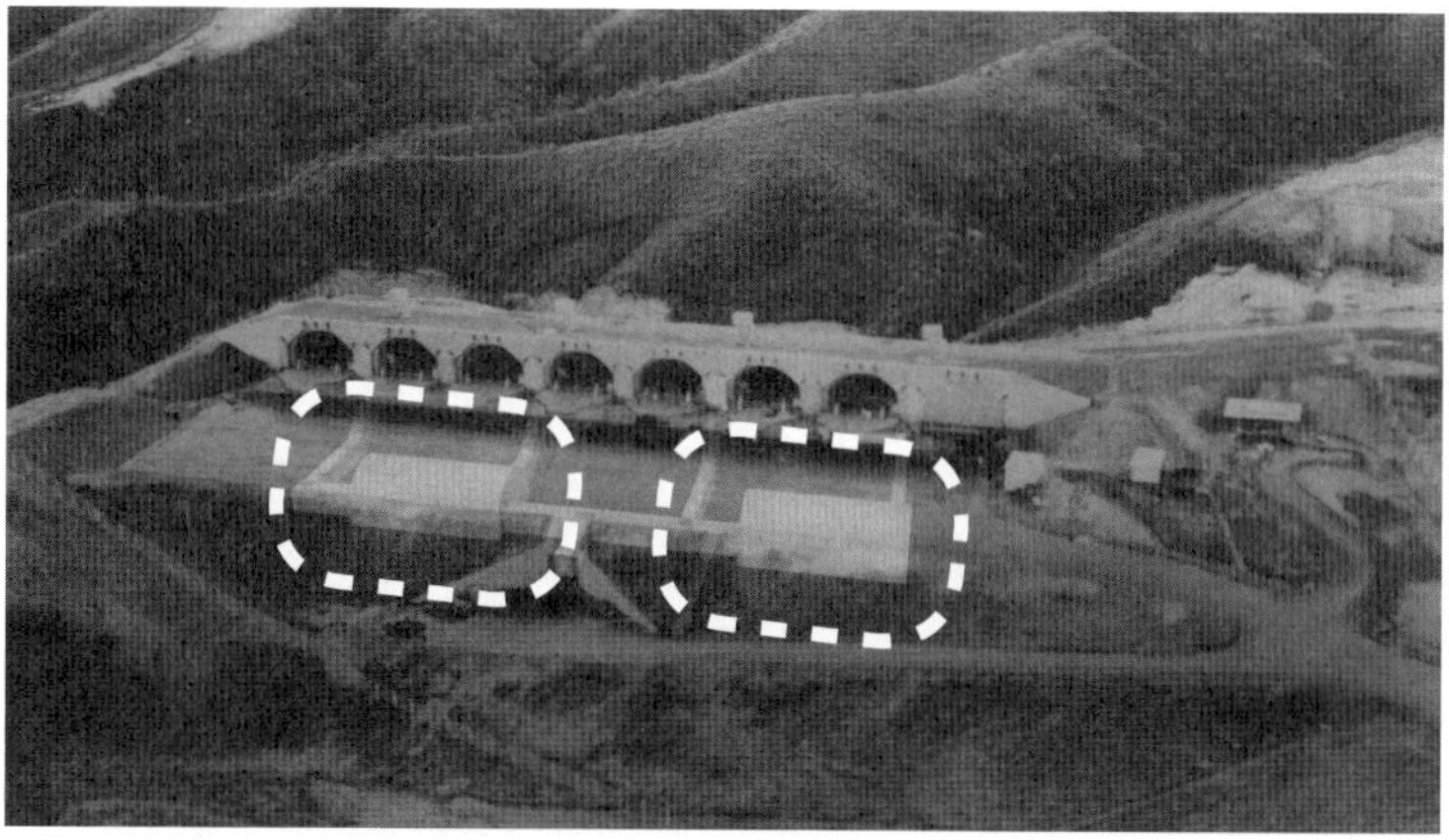

恩納村「サイト4」。デニス・フィッツモンズ提供。点線内の部分は地下司令室の位置を示すCG

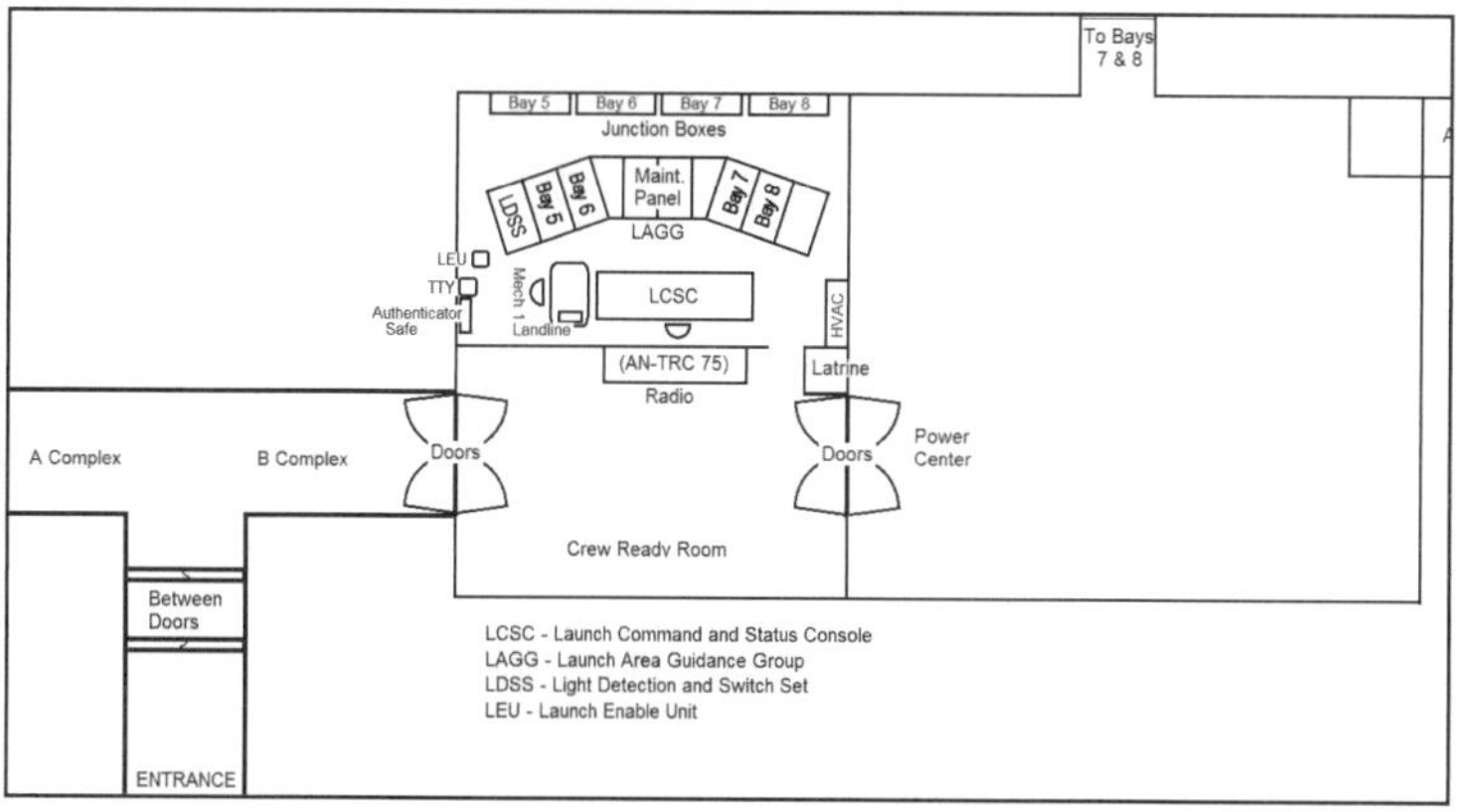

右側の4機のメースBを担当する「Bクルー」の司令室。空っぽの部屋は発電機室。デニス・フィッツモンズ提供

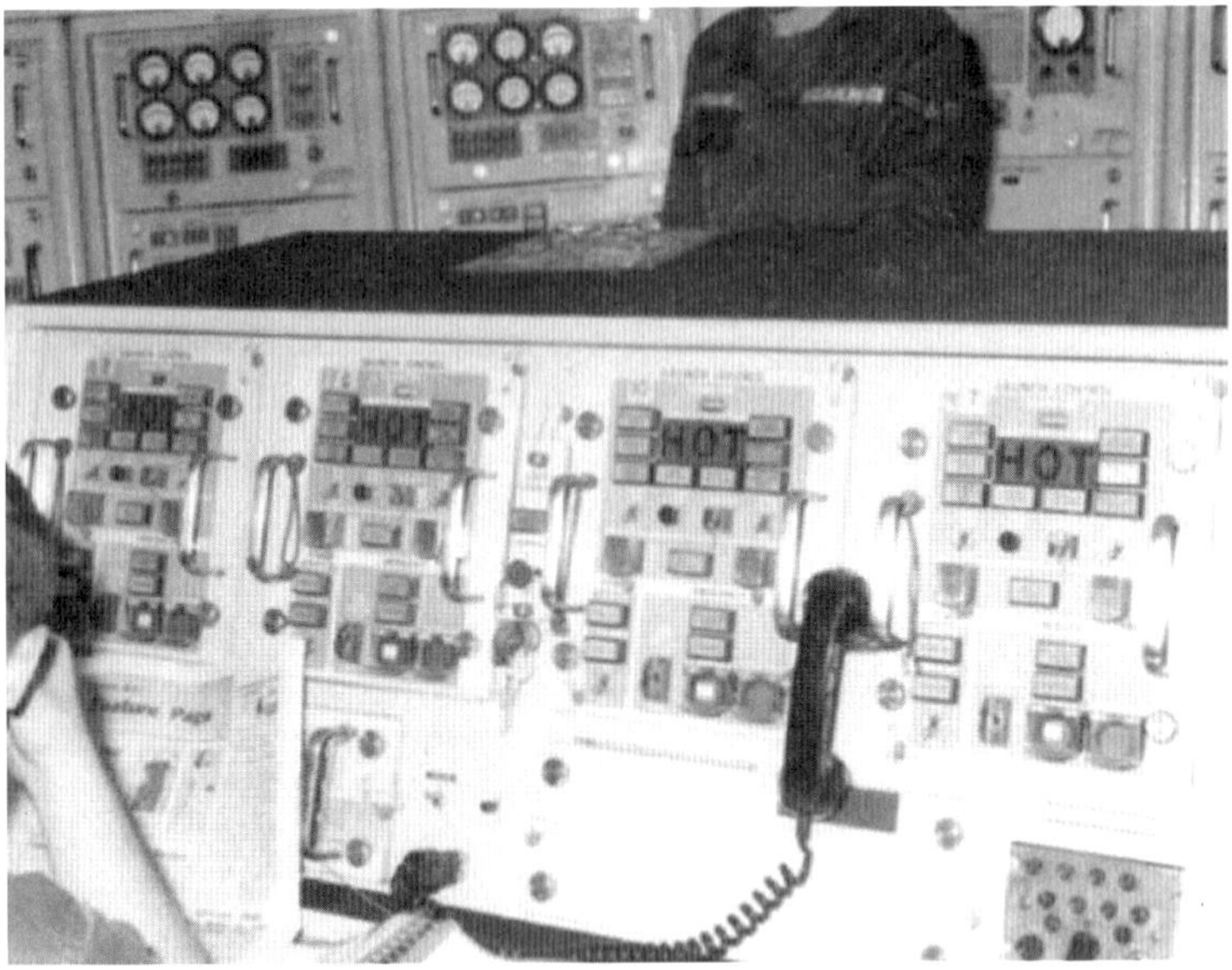
メースB基地の司令室内にあったLCSC＝発射制御卓。パネルに「HOT」の文字。元兵士提供

1人だけでは、発射ボタンを押す操作とハンドルを回す操作を同時に行うことができないようになっていた。

発射を行う際に、1人だけで作業を行わないようにし、必ず2人の兵士で行うようにするこの規則は、「2《ツー》マンルール」と呼ばれていた。核弾頭を搭載したメースBが、誤って、あるいは命令に基づかず発射される事態は絶対に起きてはならない。しかし、司令官の精神状態が突然変調をきたす可能性や、悪意のある人間がクルーの中に紛れ込んでいる可能性を完全にゼロにすることはできない。そこで、2人一組の兵士が共同しなければ機器が作動しないようなシステムを作るとともに、命令に反した行動を行わないよう互いに監視し合うようにしていたのである。

この2マンルールは、メースBだけで

攻撃目標入力装置。座標が書かれた部分には「TOP SECRET」とある。元兵士提供

なく、あらゆる核兵器の作業手順に適用されていた。

ターゲットはどこだったのか

司令室に置かれていたもう一つの重要な装置は、攻撃目標地点を入力する装置だ。目標地点は座標で表示されていたというが、写真では、その場所に「トップ・シークレット（最高機密）」と書かれた目隠しがされている。

文字通り、攻撃目標は最高機密であり、クルーの中でも司令官とそれを補助する兵士にのみ伝えられていたという。

フィッツモンズも、当時、自分たちの基地内に配備されているメースBがどこに向けられているのか知らされていなかった。

その後、昇進して嘉手納基地内にある部隊の本部で任務にあたっていた時にその情報に接したが、「今でも、その情報を明らかにすることはできない」と言う。

発射台に設置されたメースBミサイル。元兵士提供

ターゲットはどこだったのか、という質問に対しては、多くの兵士が「知らされていなかった」あるいは「機密のため、答えることができない」とした。

しかし、意外にも、ある文書に、そのターゲットが書かれていた。1992年に空軍がまとめた地上発射型のミサイルについての報告書である。その中で、沖縄に配備されたメースBのターゲットは、「中国の複合工業都市。例えば、重慶、武漢、上海、北京などが含まれていた」と、あっさり明かしている。[48]

沖縄とドイツに配備されたメースBが全て退役したのは1971年。それから20年以上が経過し、すでに、軍としてはそのターゲットの情報を機密解除していたのであろう。しかし、そのことを知らない元兵士たちは、今もかつて課せられていた機密保持の指示を守り続けているのだ。

地下に置かれた司令室と地上に設置されたメースB発射台とは、内部の階段でつながっている。クルーは、いちいち外に出なくても、司令室と発射台を行き来することができたのである。

発射台でメースBの調整作業にあたる、クルーの姿を捉えた写真も見つかった（246頁）。

ミサイルの側面から伸びるホースは、冷却装置である。常に発射できる態勢を保っていたメースBは、内部に様々な熱源を抱えていたため、冷たい空気を送り込んで冷却し続ける必要があったという。

ミサイルの下部から伸びるいくつものケーブルは、地下の発射司令室に置かれた攻撃目標入力装置とつながっていた。司令室からの情報が、このケーブルを通じてミサイルに入力されるのである。

メースB基地跡を訪れた元兵士

私たちの求めに応じて、1人の元兵士が、恩納村に残されたメースB発射基地跡を訪れた。カリフォルニア州に住むロバート・オハネソン（74）。

かつて第498戦術ミサイル群に所属し、1962年から1964年までの3年間、沖縄に駐留していた。オハネソンがわざわざ沖縄にまで足を運ぶことに同意したのは、核ミサイル部隊の

48　Randall L. Lanning(Lieutenant Colonel, USAF), United States Air Force Ground launched Missiles: A Study in Technology, Concepts, and Deterrence, 15 April, 1992, マクスウェル空軍基地空軍歴史研究センター所蔵

一員だった「人生の中でも特別な期間」を、あらためて振り返りたいと思ったからだという。

2017年6月半ば。自宅から2時間かけてサンフランシスコへ。サンフランシスコから成田。羽田から那覇。そして那覇から車で1時間の恩納村へ。

長旅を経て、オハネソンは少し疲れているように見えた。背骨を痛めていることと元々足が悪いこともあって、長時間の歩行には不安がある。移動には車いすが必要だった。

恩納村のメースB基地跡に到着すると、徐々にオハネソンは無口になり、顔つきがこわばっていくのが分かった。

かつて八つの発射口が並んでいたコンクリート建屋が見えてくると、車いすを押すのを止めてくれと言った。

「ここからは自分の足で歩きたい」

杖を使って、一歩一歩、建屋に近づいていく。

八つの発射口の全景が見渡せる位置までたどり着くと、足を止めた。そして50年以上が経って様変わりしたその建屋を前にして、つぶやいた。

「当時ここは戦争のただ中にあった。今は、何て静かなんだ。こんな風になるとは夢にも思わなかった……」

オハネソンは、自分でも信じられないと言うように、首を横に振った。

「このサイト4だけで、1メガトンの核弾頭を持つミサイルが8発もあったのです。さらに別の三つのサイトにも8発ずつ。それらを合わせると、世界を破壊し尽くすだけの核兵器がありました。今は想像もできませんが、沖縄は、世界有数の核の集積地だったのです」

発射司令室があった地下部分がほぼ当時のまま保存されていることを伝えると、オハネソンの気持ちはいっそう高ぶったようだった。

「当時の基地の構造は今でもよく覚えています。案内してあげましょう」

そう言ってオハネソンは車いすに乗り、坂道を下って、10メートルほど下にある地下部分への入り口に向かった。

24時間の警戒態勢が取られていたメースB基地では、8時間毎にクルーの交代が行われたという。8時~16時の「日勤」、16時~24時の「夜勤」、24時~8時の「泊まり」である。

交代時には、厳重なセキュリティチェックが行われたという。

地下司令室への入り口は、分厚い二重扉になっていた。新たにやってきたクルーは一つ目の扉の横に置かれていた電話で、交代が来たことを告げる。ドアが開き、二つのクルー全員が入ると、今入ってきたばかりの扉が後ろで閉まる。二つ目の扉との間で閉じ込められるような形になるのだ。そこで、再び電話をとり、中のクルーの司令官に暗号を伝える。正しい暗号を言えば、そこでようやく二つ目の扉が開き、中に入ることを許されるのだ。

オハネソンのクルーが交代する時に、一度、ある兵士が暗号を間違えてしまったことがあったという。

「すぐに、銃を持ったMPが飛んできました。扉の間に閉じ込められた全員の身体検査と身分照会が行われ、スパイが紛れ込んでいる疑いが解かれるまでにずいぶんと時間がかかりました。非常に怖い体験でした」

メースB基地は、セキュリティの厳しさだけでなく、その造りの頑丈さでも群を抜いていたという。オハネソンによれば、入り口に取り付けられていた二重扉の厚さは90センチ。「銀行の金庫に取り付けられているような扉」だったという。扉だけではなく、コンクリート製の壁も、他の基地以上に分厚いもので作られていた。それには理由があった。

「メース基地は、敵にとっても最大の標的です。そこで、仮に敵の核攻撃を受けても基地ができるだけ破壊されないように設計されていたのです」

第498戦術ミサイル群の部隊誌で「強化された発射場」と書かれていたことの意味が、ここでようやく分かった。

入り口から50メートルほど進むと、突き当たりで廊下は左右に分かれている。左右に伸びた廊下の先は、それぞれ、Aクルー、Bクルーの発射司令室へと続いている。

司令室は、ちょうど50メートルプールが一つ入るくらいの大きさである。かつてはメースB攻撃目標地点を入力する装置や、司令官が押す発射ボタンが備えられたLCSCが据え付けられていたが、今そうした機器は全て取り除かれ、がらんとした空間が広がっている。

廊下から司令室をのぞき込むと、床が1メートル以上も下にある。壁には、廊下と同じ高さに跡が付いているため、かつての床面は廊下と同じ高さであったことがうかがえる。

オハネソンによれば、ここにも「強化」の工夫があったという。

「司令室の床は、巨大なバネの上にありました。つまり、壁と床は分離していました。敵の核ミサイルが撃ち込まれたときには、バネの上にある機器に衝撃ができるだけ伝わらないようにしていたのです。何も対策をしなければ、攻撃を受けて、機器がだめになり、反撃できなくなってしまいますからね」

敵の核攻撃による衝撃を吸収するために、「バネ」の上に司令室の床があったという、このにわかには信じがたい話は、しかし、他にも複数の元兵士が証言した。現代の高層ビルに採用されている「免震装置」を先取りするような設計である。

空軍が、メースB基地への敵の核攻撃の可能性を真剣に検討した上で基地を設計していたことは、文書からも確認できた。沖縄へのメースB導入を計画していた時期に作成された空軍の文書には、こう書かれている。

「敵への報復攻撃を可能にするためには、奇襲攻撃を受けたときの〝残存性能〟が高くなければならない。基地を『強化』しておけば、メースミサイルの56%が生き残るだろう」[49]。

沖縄のメース基地が敵の攻撃対象になることは、ある種の「自明のこと」と捉え、攻撃を受けた時に備えた、反撃能力の維持策まで検討していたアメリカ軍。建物に残された「強化」の痕跡は、その冷徹な計算のありようを浮かび上がらせている。

さらに、第498戦術ミサイル群の部隊誌には、「兵器撤去・破壊作戦計画65－63が策定された」との短い記述があった。ここで「兵器」とは当然メースBのことであろう。それを「撤去」あるいは「破壊」するとは、どのようなことであろうか。

ある元兵士は、この計画は、沖縄に敵が侵攻し米軍が劣勢に立たされた場合に、メースB基地を自ら破壊する計画だったと明かした。

49　The Matador-Mace Guided Missile Program in the 313th Air Division, 26 May 1959, マクスウェル空軍基地所蔵、請求記号 466071

その元兵士は、「詳細を語ることはできない」としつつ、基本的な考え方は、「サイロ（発射台）の中に時限爆弾を設置し、発射口を閉めてから現場を離脱する」というものであったと話した。敵の沖縄侵攻を想定し、核兵器を敵の手に渡さないように、現場でそれを破壊するための訓練を行っていたのだという。

しかし、核兵器を破壊することで、放射能汚染が広がるという懸念はなかったのだろうか。

「サイロは頑丈で、外部からの核攻撃にも耐えられるように造られていました。だから、仮に内部で爆発させても、放射能は中に閉じ込められ、外部は汚染されないという風に説明されていました」

海兵隊が、嘉手納弾薬庫地区を中心とする核貯蔵施設を敵の手に渡さないように、侵攻を受けた場合には、自ら核兵器で破壊する計画については先に見た。その海兵隊の計画でもやはり、周囲に及ぼす影響は全く検討されていなかった。

軍の論理を優先し、住民のことなど後回しというのは、海兵隊でも空軍でも全く同じであった。

〝新兵〟によって構成された部隊

核ミサイルの発射という〝究極の任務〟を担う第498戦術ミサイル群は、どのような兵士で構成されていたのだろうか。

一つのサイトにA・B二つの「発射クルー」が配置され、クルーは7人の兵士で構成されることは先に述べた。その7人は以下のような役割を担っていた。

■発射司令官：クルーの責任者で発射ボタンを押す。唯一の将校クラス。
■クルーチーフ：司令官の補佐役。
■メカニック1：メースBに攻撃目標を入力する
■メカニック2：飛行制御（目標に応じて、飛行ルートや爆発高度などを設定する）
■メカニック3：エンジンやブースターなど推進装置の調整
■メカニック4：基地の発電機及び、ミサイルの電気系統・油圧系統の調整
■メカニック5：核弾頭の調整

いずれの役割も、高度な技能を必要とする専門家集団である。

ところが、元兵士たちに話を聞いていて驚くのは、彼らが、自分たちの〝若さ〟、あるいは〝未熟さ〟を強調することであった。例えば、多くの写真を提供してくれたデニス・フィッツモンズは、自らの任務を振り返ってこう証言する。

「今考えると怖いなと思うのは、あの任務を自分たちのような18、19歳の新兵にやらせていたことだ。そんな若造に核ミサイルの発射をやらせるなんて、今から思うとちょっと考えられない」

また、別の元兵士も、苦笑しながらこう話した。

「私たちはまだまだガキでした。18歳ですよ。今考えると、とてつもない任務を任されていたんだとたじろぎます」

軍が当初想定していたような熟練した兵士を集められなかった、というような証言もある。

「メースサイトは若い兵士ばかりでした。当初、クルーは数年間の訓練を受けた軍曹以上の兵士

を中心に構成されるはずでしたが、実際には軍曹なんて数えるほどしかいませんでした」

第４９８戦術ミサイル群の部隊誌にもこうした状況が記録されていた。皮肉を込めた書きぶりには、状況が「想定外」であったことを感じさせる。

「量的には十分な兵士がいたが、質的には問題があった。『質』問題の原因は、本来はもっと高い階級にあり、高い技能を持った兵士が配属されるべきポジションに、階級の低い兵士が数多く配属されていることである。しかし、この問題は（沖縄の）現場レベルではどうしようもない。というのも、それは（米本国の）新兵訓練システム自体の問題だからだ。採用されたばかりの兵士が兵器訓練のパイプラインに次々と投入される。彼らは、そのパイプの反対側から出て、第４９８戦術ミサイル群に配属される。知識はあっても、軍の現場における経験が全くない。つまり、彼らの多くは、必要とされる技能を持たず、管理的なポジションには通用しない。しかし、こうした若い兵士は、素早く成熟した。泣いても笑っても成長しないわけにはいかないのだ[50]」

クルーの責任者である発射司令官が将校であるとはいえ、核ミサイルを運用する部隊の兵士の多くが、本国での訓練を終えたばかりの新兵で構成されていたというのは、驚くべきことである。彼らは、本国で基礎的な知識を学んだだけの、いわば半人前の状態で沖縄に派遣されていた。そして、いわゆるＯＪＴ（オン・ザ・ジョブ・トレーニング）の中で、核ミサイルの整備に必要な技術を身につけていたのである。

余談になるが、現在の沖縄の空軍でも同じ状況が見られた。

２０１８年初め、私は、嘉手納基地の中でＦ－15戦闘機やＫＣ－１３５空中給油機の部隊を取材した。きっかけは、その頃沖縄で、米軍のヘリコプターや戦闘機による、墜落や部品落下といった事故・トラブルが相次いでいたことである。米軍機の整備の現場で何が起きているのか、それを知る目的で空軍と掛け合い、内部の取材が実現したのだ。

現場で働く兵士たちを観察していて最も驚いたのが、兵士たちの「若さ」であった。パイロットは中尉以上の将校であったが、その機体を支える整備部隊の兵士の多くが、本国で研修を受けたばかりの10代、もしくは20代前半の新兵であった。チームのリーダーでも、経験7年程度の軍曹クラスである。

ある軍曹は、Ｆ－15戦闘機の整備部隊の現状をこう話した。

「間もなく、また19人の新兵が入ってきます。彼らは基礎を学んでいますが、実際の飛行機を整備したことはありません。嘉手納基地は、本国での研修を終えたばかりの新兵が最初に配属される基地の一つなのです。一番大事なことは、全員が常に整備マニュアル通りに作業できるようにすることです」

もちろん、相次いで起きていた米軍機の事故やトラブルの原因について、軍が整備兵の経験不足に由来すると説明することはなかった。しかし、私たちの頭上を飛び交う戦闘機やヘリコプタ

---

50 “History of the 498th Tactical Missile Group 1 January 1963-30 June 1963”, マクスウェル空軍基地所蔵、請求記号 443583

ーを、このような経験の乏しい兵士たちが整備していることを知れば、誰もが不安に感じるだろう。こうした状況は、かつてメースBを運用していた「クルー」の状況と通底しているように感じられた。

兵士たちの選別

話を戻そう。想像以上に経験の乏しい若い兵士たちによって形成されていたメースB部隊であったが、入り口では、ある種の「選別」も行われていたようである。

1963年から2年間、沖縄でメカニック2として任務にあたっていたある元兵士は、空軍に入った直後のエピソードを教えてくれた。

新兵が寝泊まりするバラックに、数人の将校がビールのケースを持ってやってきた。そして、飲みながらの雑談が始まった。しばらくして、1人の将校が兵士たちに問いかけた。

「核ミサイルのボタンは押せるかね？」

若い兵士たちが実際に現場で核のボタンを押すわけではない。押すのは発射司令官だ。しかし将校は、兵士たち1人1人が司令官の立場になって考えることを求めた。

この元兵士は、「はい、押せます」と答えた。

しかし、中に1人だけ、戸惑いを隠さず、「分かりません」と答えた兵士がいた。

その兵士は、何度聞かれても「押す」とは答えられなかった。

それ以降、その兵士は訓練の現場から外され、二度と会うことはなかったという。

「任務をまっとうできそうにない奴や、躊躇しそうな奴は、除外されたのです」

また、広島・長崎に投下された原爆の映像が兵士の選別に利用されたことを証言する元兵士もいた。その元兵士は、本国での訓練の過程で、原爆で黒焦げになった死体や、放射線で体中にケロイドを負った被爆者の映像を見たという。

「腹の底がムカムカしたのを覚えています」

中には、耐えられずに吐いたりその場を退席したりした兵士もいた。そして、訓練が終わった時、教官を務めた将校は、種明かしをするように、「任務に堪えられない兵士を除外するために、映像を見せたのだ」と兵士たちに言ったという。

こうした「教育」と「選別」を経て、メースB部隊は、任務を疑うことなく命令に忠実に従う集団へと形成されていった。

オハネソンも、訓練の過程で「踏み絵」として原爆の映像を見たという。その映像と情報は、核がもたらす惨禍を憎む方向ではなく、1人の兵士を「核の信奉者」へと変えていく力を持っていた。

「広島と長崎に落とされた二つの爆弾について話し合いました。その破壊力と人々にもたらした効果について。メースBはそれらの50倍以上の威力をもっていました。自分たちの兵器の破壊力がどれほど大きくて偉大なものなのか、学びました。国を守るためにも、アメリカ軍は、常に世界最強の兵力を持っていなければならないのです」

――当時、19歳でしたね。

「そうです」

——そのような年齢で、核兵器を扱っていたことをどう思いますか？

「満足していました。責任感もありました。その役割を果たすだけの、十分な経験があると思っていました。町に出て遊んでいる者と、ここで仕事をしている者の真剣さと誇りは全く異なります。警察官や消防士と同じような責任感です」

——核ミサイルで敵を殺すのと、消防士が人を救うのが同じ？

「責任を持つという意味では同じです。自分のやっていることは国を守る崇高な任務だ、と思っていました。発射せよと言われたら、訓練通り発射に必要な段取りをこなし、発射に貢献していただろうと思います」

こうして若い兵士たちが中心となって形成されたメースB部隊に、「極限の状況」が訪れる。1962年10月、核ミサイルでにらみ合う米ソが一触即発の事態に陥った、キューバ危機である。しかし、その前に、メースB配備を巡る日米両政府、そして沖縄の人々が繰り広げた駆け引きについて見ておきたい。

核配備に不安を抱き始めた沖縄

アメリカ軍によるメースB配備計画について、最初に沖縄のメディアが報じたのは、1960年5月だった。「アメリカ議会が新型兵器の基地を沖縄に建設する予算を承認した」という、アメリカ発の通信社の記事が掲載されたのである。

しかし、まだこの時には、建設工事も始まっておらず、さほど大きな注目を集めなかった。世論に火を付けるきっかけとなったのが、翌1961年3月に発行されたアメリカの軍事専門誌『ミサイルズ&ロケッツ』の記事であった。

フランク・マグワイア記者によるその記事は、冒頭で、「核弾頭を搭載する空軍のメースBミサイルの基地が沖縄で間もなく完成し、1961年中に運用を開始する予定だ」と具体的に書いていた。

そして、極東の地図の上に、沖縄を中心とする「射程1500マイル」の円が描かれ、その射程の中に中国の北京や上海などの主要都市や、ソ連のウラジオストックなどが含まれていることを示した。それは、メースBが沖縄から共産主義諸国の都市を狙う攻撃型核兵器であることを明確に物語るものであった。

この『ミサイルズ&ロケッツ』の記事の要点は、すぐさま沖縄でも報じられた。

琉球新報の朝刊一面トップの見出しには、黒地に大きな白抜き文字で、

「沖縄に核ミサイル　メイスB基地」

前文の書き出しは、「東京新聞が十二日朝刊でワシントン特電として伝えたところによると、米誌『ミサイルズ・アンド・ロケット』三月十三日号は……」と始まる。

つまり、日本本土の新聞社のアメリカ特派員が報じた記事を転載したわけだ。自前の取材情報が入ってくるのを待つのではなく、すぐに伝えなければならない重要ニュースだとの判断である。

夕刊では「攻撃兵器に不安」という見出しとともに、有識者の反応を載せている。

沖縄社会大衆党の書記長は、「われわれは核兵器の製造、使用、実験の反対決議を続けてきた

が、メイス持ち込みでまた住民は好ましくないのを押しつけられることになる」という談話を寄せている。

重要なことは、ここに至って沖縄でもようやく「核兵器への不安」が共有され始めたことである。

1958年に迎撃用核ミサイルであるナイキ・ハーキュリーズが配備された際には、本土の新聞が「核兵器」「核弾頭」という点を問題視した一方、沖縄の新聞では、ナイキの核兵器としての側面を問う記事はなかった。

それは、1950年代半ばから後半にかけての沖縄の住民たちの関心が「土地」にあったからだ。ナイキ配備も、基地建設のために新たな土地接収を伴ったため、記事の焦点もその問題に収斂したのである。

ところが、ようやくこのメースB配備の段に至り、沖縄で新兵器の「核」の側面に光が当たるようになったのだ。

1960年代に入り、米軍との土地闘争には一段落が付いていた。また、メースBの基地建設は新規の土地接収を伴わなかった。こうした状況の下で、沖縄でもようやく本土並みに、「核の非人道性」についての問題意識を持つ余裕が生まれていたのだろう。

報道を受ける形で、琉球政府立法院は、1961年3月31日、「ミサイル・メイス持込み反対並びに基地の建設中止に関する要請決議」を行った。

決議文は、アメリカ大統領、アメリカ議会上院・下院議長、そしてUSCARの高等弁務官に宛てられた。

さらに日本政府に対しても、「琉球住民の切なる希いが実現するよう御協力方を要請いたします」として、決議文を送った。

当時、立法院議員としてこの決議文の起草を行ったのが古堅実吉《ふるげんさねよし》（89）だ。

分厚いバインダーに綴じられた「立法院決議集」を今も自宅で保管している古堅は、メースB配備の報道に接したときの状況についてこう話した。

「このメース、射程距離が2400キロ、それはまさに攻撃用の核兵器ですよ。おっかない兵器を沖縄に設置するというのは外国から〝脅威〟と受け止められる。そんな危険極まりないものは絶対に許せんと。おそらくそのころから、核兵器に反対するという立場を明確にして意思統一を図るということになっとったなあ、と今振り返っても思いますね」

古堅は、10代半ばで沖縄戦を体験している。少年兵の部隊である「鉄血勤皇隊」の一員に召集されて地上戦を戦い、辛くも生き延びた。核兵器に対する怒りや不安は、自らの戦争体験に根ざしたものでもあったという。

「沖縄は日本の15年侵略戦争の結末としてね、地獄の沙汰を迎える戦場となった。しかも、日本は、世界で唯一のね、広島・長崎で悪魔の兵器が使われた国でもある。この悪魔の兵器に関わる基地というものが沖縄に造られようとしていると知って、どの立場からも絶対に妥協してはならん、許してはならんという思いがあったですよ」

米軍の方針「できるだけ話題にさせない」

メースBの沖縄配備計画が沖縄で大きな波紋を呼んだことに対し、米軍は素早い対応を見せた。

きっかけとなった『ミサイルズ&ロケッツ』の記事が沖縄の新聞に転載されたまさにその日、USCARは、渉外報道局を通じて第313航空師団の「プレスメモ（報道発表）」を公表している。[51]

「第313航空師団スポークスマンは、今日、沖縄で四カ所にメース基地を建設すると語った。

（中略）

メースは実際、無人飛行機である。長年沖縄に駐留している戦闘機・爆撃機などの飛行機とメースとの主な相違は、飛行機は操縦士が乗っており、メースには操縦士が乗らないということである。

メースは、琉球の安全ばかりでなくアジア全地域の安全に大いに寄与するものと期待されるし、又、予想される侵略を阻止する役割を遂するものと思われる。

（中略）

この工事計画で一千五百万ドルの支出が見込まれていて、その多くが地元で費される。これはかなりの雇用の増大を含め、琉球住民に経済的に利益をもたらすことになる」

このプレスメモで、第313航空師団は、メースBが核ミサイルであるという肝心の事実には触れず、それを「無人飛行機」と形容した。「核ミサイル」という言葉の持つ攻撃性を中和し、無害化する効果を狙ったのだろう。そして、敵の「侵略を阻止」し、琉球およびアジア全域を守る役割を果たすとした。攻撃力ではなく、抑止力を強調したのである。さらには、建設工事のために沖縄の住民を雇用するなどして、経済的利益につながる点を強調することも忘れなかった。

しかし、こうした「広報戦略」が成功したとは言えなかった。

メースBが核ミサイルであることに気付き、それを問題にし始めていた沖縄の人々には、子供だましの真実味のない言葉として響いたようだ。

古堅実吉はこう語る。

「アメリカの公式発表っていうのは、みんなその通り真実を報道しているというふうには受け取れなかったですよ。都合の悪いところは隠しているんだろうなと。核兵器を搭載して飛んでいく恐ろしいものだと受け止めている。だから琉球の安全を守るだなんてことに騙されるような状況ではなかったですね」

沖縄で高まるメースBへの不安と怒りに対し、アメリカ軍の中枢も神経を尖らせるようになっていた。

1961年8月2日、国防長官ロバート・マクナマラは陸海空軍のトップおよび統合参謀本部議長に指示を出した。

タイトルは、「琉球列島への兵器と部隊の配備について」とされている。[52]

51　米国民政府渉外報道局「プレスメモ第四八四号」、1961年3月13日、沖縄県公文書館所蔵、資料コード0000044947

「メースミサイルの基地を沖縄に建設することについて、日本本土と琉球において批判的な報道や言動が目立っており、軍からの声明を出すにあたっては慎重を期すべきである。

（中略）

強調しておくべきなのは、メースについては、『その話題をできるだけ少なくするに限る』ということだ」

説明すれば説明するだけ批判が高まる。ならば、できるだけ人々の話題に上らないよう広報を制限することがベストだ、とマクナマラは考えた。

これを受けて、沖縄や日本本土で、メースBに関するプレスリリースが必要な場合には、国防総省の広報部門に諮った上で行われることが決まった。軍や国務省などの各現場では、メースに関わる情報をどのように扱うのかを巡って検討が行われた。

このうち、駐日大使のエドウィン・ライシャワーが立てた方針は次のようなものであった[53]。

1．日本は重要な同盟国であり近しい友人である。よって、首相と外務大臣には事前かつ内密に情報を伝える。

2．沖縄におけるメース基地の建設工事やその他の準備などを、完全に秘密裏に進めることはできない。そこで、報道からの問い合わせを受けた場合には、「控えめなlow-keyed」プレスリリースを用意する。

ライシャワーが示した基本方針は、「〝友人〟への最低限の仁義として、首相と外相に事前に情報を与える」「沖縄では配備の事実を完全に隠しきれないだろうから、最低限のことだけ発表する」というものだ。

ライシャワーは、ハーバード大学の日本研究者から駐日大使に抜擢された異例の経歴を持ち、歴代駐日大使の中でも最も知日派かつ親日派であったことで知られる。日本を「近しい友人」と書くあたりに、役人とはひと味違うライシャワーの日本への距離感が見て取れる。

ちなみに、ライシャワーは、日本本土への「核持ち込み問題」についても、いくつかのエピソードを持ち合わせている。

一つは、大使在任中の1966年、海兵隊岩国基地に核兵器が保管されていることに気付き、軍にそれを撤去することを迫った件。もう一つは、大使退任後の1981年に行われた、いわゆる「ライシャワー発言」。核兵器搭載の米軍の艦船が日本の港に立ち寄っていることを暴露し、非核三原則の「持ち込ませず」が空洞化していることを暴露したのである。

こうしたエピソードが示すように、ライシャワーは日本人の「反核感情」を誰よりも理解し、それを考慮した上で慎重な対応をとり続けた人物であった。メースB配備を巡っても、当時のア

52　Robert S. McNamara, Weapons and Troop Deployment to the Ryukyu Islands, August 2, 1961, 沖縄県公文書館所蔵、資料コード 0000044854
53　From Embassy Tokyo to the Secretary of State, Re Introduction Mace and Similar Military Equipment into Okinawa, November 6, 1961, NARA

メリカからすれば最も「フェア」な対応が二つの方針に現れている。

しかし、「プレスリリースは最低限の内容にする」という方針が立てられたにもかかわらず、この間にも沖縄の新聞では、メースBの話題が盛んに報じられた。

1961年6月に米空軍がフロリダ州のミサイル実験場からメースBの発射実験に成功したというプレスリリースが発せられた際には、沖縄配備との関係についての情報は含まれていなかったが、沖縄では、「年内に沖縄の四基地へ配置」「同ミサイルの総数は秘密とされている」などと大きく記事化された。

また、10月には、海軍の第7艦隊が「台風のために米艦船が座礁し、その貨物として100万ドル以上の価値を持つミサイルが積載されていた」とのプレスリリースを発表。この出来事はAP通信を通じて沖縄の地元紙でも報じられ、貨物の〝ミサイル〟が、沖縄への配備に向けて輸送されていたメースBではないかと推測する記事もあった。

沖縄への核配備は「アリかナシか」

あらゆるプレスリリースがメースBの沖縄配備と結びつけられ、疑心暗鬼を生んでいる状況に対し、アメリカ以上に焦りを募らせていたのが日本政府であった。

『ミサイルズ&ロケッツ』の記事をきっかけに、沖縄でメースBに関する報道が盛んに行われていた1961年3月末、国会で野党議員が政府に対応を問いただした。

「今日沖縄で非常に問題になっておりますメースの持ち込みの問題、これについて何かの御意見があればお伺いいたしたしと思います」[54]

質問に立ったのは、社会党で安全保障問題の論客として知られた岡田春夫衆議院議員。反戦平和の立場で政府を厳しく追及するその姿勢から、「暴れん坊オカッパル」の異名をとった人物である。

一方、矢面に立たされたのは、自民党衆議院議員で外務大臣の小坂善太郎であった。小坂は岡田の質問にこう答えた。

「〔外務省〕アメリカ局の方から、こういう新聞の報道があるが、どういうことかということは問い合わせました。それに対して、メースというものはこういうものであるという話はありました。ただ事前協議の対象にはならないという先方の見解の表明があったわけです」

「日本の首相と外相には内密に伝える」というライシャワー駐日大使の方針があったことを考えると、この時点で、小坂の元にはメースに関する多くの情報がアメリカ側から「非公式ルート」を通じて寄せられていたと考えられる。

しかし、小坂はもちろんそのことには言及せず、あくまでも「公式ルート」を通じてアメリカ側に照会を行ったと述べた。

そして、岡田からの追及をかわすために持ち出したのが、「事前協議制度」であった。アメリカが日本に核兵器を持ち込む場合には、必ず事前に協議を要するとした制度。しかし、沖縄はその適用範囲には含まれないとされたのであった。

小坂はこのことを「利用」した。即ち、「沖縄には事前協議制度が適用されないので、アメリ

54　1961年3月22日、衆議院外務委員会

カがメースBを沖縄に持ち込もうがどうしようが、日本政府としてはどうしようもないのだ」とかわしたわけだ。

しかし、岡田はそれでは納得しなかった。

「いや、事前協議の問題ではないのです」

そう言って、根本的なところを問いかけた。

「ミサイルの持ち込みについては日本国民である沖縄の人のそういう希望もあるだけに、この持ち込みは賛成なのか反対なのか、日本の政府の態度をまず伺いたい」

事前協議制度が適用されないから口出しはできないなどと理屈を並べる前に、そもそも、沖縄に核兵器が持ち込まれるという状況について、日本政府はそれを「アリ」だと思っているのか、それとも「ナシ」だと思っているのか——。

この問いかけの中で岡田は、「日本国民である沖縄の人」という言い方をした。政府は、日本国民の「反核感情」に配慮し、アメリカに核兵器を持ち込ませないと宣言した。それを実現する具体的な仕組みとして事前協議制度も設けた。一方、沖縄の人々も、現状では施政権をアメリカに握られているとはいえ、日本人であり、いずれは日本に復帰するはずの人々だ。彼らもまた、核兵器を憎んでおり、自分たちの近くにそれを置いて欲しくないと考えている。では、そういう沖縄にアメリカが核兵器を置くことを政府はどう考えているのか。当然、本土に核兵器を持ち込むのに反対するのと同様、反対なのでしょうね？　そう問いかけたのだ。

これに対し、小坂はこう答えた。

「今の力関係によって平和が維持されている、これは日本のためでもあるわけです。ことさらに日本に対して不利なことになるようにしてくれということは私どもとしては言えないと思います」

小坂は、沖縄にメースBを配備することを反対だとは言わなかった。むしろ、その答弁は、沖縄の核兵器が「抑止力」として日本に必要なのだと、間接的に「アリ」の意思を示した。

日本政府の〝保身〟

メースの問題で追及が続くことに、小坂外相は内心、焦りと苛立ちを募らせていた。

安全保障をアメリカ軍に依存する日米安保体制の中で、アメリカ軍に兵器の配備についてあれこれ注文をつけることはできない。というよりも、日本としても、最大の抑止効果を期待する核ミサイルが、本土から遠く離れた沖縄に置かれることは、実は、歓迎すべき事である。しかし、その本音を見透かされて、「沖縄を見捨てるのか」と突き上げを食らうのにはほとほと困った……。小坂の当時の心情は、およそこんなものだったのではないだろうか。

そんな小坂の心情が行間に表れた秘密会談の記録が、2010年に外務省が公開した外交資料の中にある。[55]

メースB基地の建設を米軍が正式に発表してから8カ月後に開かれた、第一回日米貿易経済合同委員会。文字通り、日米間の貿易や通商政策を話し合うために、日米両政府の関係者が箱根のホテルに集まり、3日間の日程で様々な会合が開かれた。

委員会全体の議長は小坂外相が務め、日本側からは、池田勇人首相を筆頭に、閣僚や朝海浩一郎駐米大使などが参加。アメリカ側は、ディーン・ラスク国務長官を筆頭に、内務長官、農務長官、商務長官などの要職が本国から駆けつけた。
その最終日となった1961年11月5日。
小坂の求めに応じて、ラスク国務長官との個別会談がセットされた。その場には、ライシャワー駐日大使も同席した。
いくつかの議題を話し合う中で、小坂が唐突にメースBの話題を持ち出した。

小坂外相：沖縄にメースなどの武器を持込まれる際、事前に一々発表されるため論議が起きているが、これを事前には発表しないことはできないか？

小坂は、アメリカ（軍）がメースBに関するプレスリリースを出すたびに、メディアがそれを大きく報じる状況を取り上げ、そもそも一切のプレスリリースを発するのをやめてもらえないか、と依頼したのである。
これに対し、アメリカ側の2人が反論した。

ラスク国務長官：アメリカの手続きとして何等かの発表を行うことは必要と思われるし、いずれにせよ隠しおおせることはできないと思う。
ライシャワー駐日大使：何も発表しないで後から分かっては、一層具合が悪いのではないか。

2人の発言は、ライシャワーが事前に立てていた方針、「沖縄では配備の事実を完全に隠しきれないだろうから、最低限のことだけ発表する」に沿ったものだ。

しかし、小坂はまだ諦めない。なぜ、事前のプレスリリースをしないで欲しいのか、その本心を率直に吐露した。

小坂：事後に判明する場合には、今さら騒いでも仕方がないということで論議は割合に起きない。事前に発表されると、なぜ止めないかといって日本政府が責められる結果となる。

小坂の関心は、いかに政府（あるいは自分）に向けられる批判を少なくできるか、という点にあった。

そのためには、メースBなどの新兵器導入の際には、日本政府も、アメリカの動きを知らず、導入後に初めて知ったという「体裁」をとれるように配慮して欲しい。「何も知らなかった」という立場に立てるなら、多少メンツはつぶれても、「知っていて止めなかった」というよりは責められない。小坂はそう計算した。兵器の配備そのものについてはアメリカにものを言えない状況の中で、それが自分にできる最大限の「防衛戦略」だったのだろう。

55　「日米貿易経済合同委員会関係・第一回委員会・個別会談」、外務省外交史料館、簿冊管理番号B0101-017593

アメリカ・日本・沖縄の歪んだ関係

メースBの配備計画に対し反対決議を行い、日本政府にも支援を求めていた沖縄の人々。その中心で活動していた元立法院議員の古堅実吉に、箱根における小坂外相とラスク国務長官、ライシャワー駐日大使の秘密会談録を見てもらった。古堅が記録を見るのは、もちろんこれが初めてだった。

「『論議が起きているが、これを事前には発表しないことはできないか？』……これは小坂が言っているの……？　本当にひどい立場を日本政府は取り続けておったんだ、本当に……」

文字を目で追いながら、古堅の顔が紅潮していくのが見て取れた。

「これは本当に、今から振り返っても、本当に許せんという感じがしますね。怒りがわいてくるね。県民を騙して穏やかにやりなさいということでしょう。しかも核兵器に関わる問題で、国民をあざむいて、アメリカの思う方向にことが進みやすいように考えなさいよ、ということですからね」

古堅としては、日本政府がその本音において沖縄に寄り添ってなどいない、ということはずっと感じてきた。しかし、ここまで〝保身〟に走っていたとは知らなかった。

「唯一の被爆国の外務大臣が……」

古堅は苦い表情で、こうつぶやいた。

一方、小坂外相もまた、自分のあずかり知らないところで、厳しい現実を突き付けられていた。

ライシャワー大使、小坂外相、ラスク国務長官。1961年11月5日。三者の秘密会談が行われた日に撮影された写真
（写真提供：毎日新聞社）

箱根での秘密会談からおよそ1カ月半後の1961年12月28日。

小坂からの、「メースBに関する事前のプレスリリースはやめて欲しい」との要望について、国務省内で検討した結果がラスク国務長官に対して報告された。報告を行ったのは、極東担当の国務次官補であったアヴェレル・ハリマンである。[56]

ハリマンは、まず、「小坂外相の希望である、導入後までプレスリリースをしないという計画は現実的ではない」と切って捨てた。

その理由は、すでにライシャワー駐日大使が検討していた方針を踏まえたものであった。

すなわち、メースBの配備にあたっては、兵器そのものを導入するまでに大がかりな基地建設を伴い、どうしても地元民の目に付いてしまうことは避けられない。そうなれば当然、報道からの質問を受け、何らかの回答をしないわけにはいかない。それゆえ、アメリカとしては、「最低限の」広報を行うことは避けられない、というものである。

一方、ハリマンは、ライシャワー駐日大使とは違う、冷徹な見解をラスクに伝えている。それは、次のようなものだった。

「東京の米国大使館（ライシャワー）は、重要な同盟国として、日本政府に対し、沖縄への兵器配備についての情報を事前かつ内密に伝える、としている。しかし、沖縄への兵器の導入について、いつも事前に伝えるということを約束することはできない。我が国の機密事項を外国政府には一切伝えない方が賢明だと判断する場合もあるからだ」

日本を「近しい友人」としたライシャワー駐日大使の〝近すぎる距離感〟は、ここであっさりと否定された。

日本政府は、あらゆる情報を緊密に共有する友人などではない。一部の情報を事前に与えることで、親密さをアピールし懐柔する。しかし、本当に重要な情報は与えず、主導権は常にアメリカが握る――。日米関係についてのワシントンのドライな論理が、そこから浮かび上がる。

56　Assistant Secretary of State W. Averell Harriman to the Secretary of State, "Publicity on Deployment of Modern Weapons into Okinawa", December 28 1961, NARA

第10章 キューバ危機　破滅の瀬戸際

消えない記憶

カリフォルニア州南部の町コロナ。このロサンゼルスのベッドタウンに住む元兵士にインタビューしていた時のことだ。

元兵士の名はジョージ・チェナライズ（74）。沖縄のメースB部隊、第498戦術ミサイル群に属し、電気系統や油圧系統を担当する「メカニック4」として任務にあたっていたという。

チェナライズは軍を退役した後、ビジネスの世界で成功し、富をつかんだ。自宅の天井は吹き抜けになっており、広い居間に大理石で囲われた大きな暖炉が置かれている。裏庭にはプールがあり、芝生の上でペットの犬が走り回っている。

インタビューは、高校卒業後に入隊した空軍での訓練の話から、沖縄への派遣が決まった話と、時系列に沿って淡々と進んでいった。しかし、ある質問をきっかけに、空気が重くなった。

「キューバ危機の際、沖縄でどんな経験をしましたか？」

チェナライズは、来たか、という表情で、一拍間を置いて、語り始めた。

「通常は8時間ごとにクルーの交代がありました。しかし、あの時は、2連続、あるいは3連続で勤務を続けたように記憶しています。クルーの交代をする余裕がなかったのです。誰も出入りが許されず、地下に閉じ込められるかたちになりました」

事前に電話で話を聞いた際、チェナライズは、

「キューバ危機は人生で一番怖い体験だった」と語っていた。だから、テレビカメラでのインタビューを申し込んだ。

キューバ危機の話が始まると、うつむきがちになり、目が合わなくなった。意識の焦点が、55年前の沖縄の地下基地の中に吸い込まれているようだった。

「多くの基地がデフコン3になっていました。さらに、それがデフコン2まで引き上げられました。まさに恐怖でした」

「デフコン Defense Readiness Condition」とは、戦争への準備態勢を五つの段階に分けるアメリカ軍の指標で、デフコン3は、通常よりも一つ警戒態勢が上げられた状態。最上位のデフコン1となれば、米ソ間の戦争が始まることを意味する。

チェナライズの声が震え、徐々に目に涙が溜まった。

「デフコン2は、核ミサイル発射の、すなわち第三次世界大戦の、一歩手前です。私を含め、同僚たちの何人かが泣いていたのを覚えています。両親に電話して、何が起きているのか教えることもできませんでした。私たちはまだ子供でした……」

声の震えは、いっそう大きくなった。

「失礼……。あの出来事を振り返ると、今でも、ご覧のように感情が昂ぶってしまいます。私たちにとって本当に辛い時間だったのです」

50年以上前の出来事にもかかわらず、今も元兵士の記憶にこびりついて離れないキューバ危機とは何だったのか。それは地球の裏側にある沖縄にとってどのような意味があったのか。

世界を震撼させたキューバ危機

端緒となったのは、1962年10月14日にアメリカの偵察機U2がキューバ上空で撮影した航空写真だった。地上にミサイル発射台やミサイル運搬用のトレーラーが確認されたのだ。その形態やサイズから、ソ連製の中距離核ミサイルだと判明した。

2日後の10月16日、国家安全保障会議が招集され、ケネディ大統領、マクナマラ国防長官、ラスク国務長官らに分析の結果が伝えられた。

首脳たちに戦慄が走った。キューバに設置されていた核ミサイルの射程距離は1600から2000キロメートル。アメリカ東海岸の主要都市が射程内に入っていたのだ。

「黙って見過ごすわけにはいかない」

軍部からは、敵のミサイルが発射可能になる前に大規模な空爆で基地を破壊し尽くしてしまうべきではないかという意見が出された。しかし、仮にアメリカがキューバを先制攻撃すれば、ソ連の報復を招き、核兵器を用いた全面戦争に突入する可能性がある。ここにキューバ危機が始まった。

10月22日、ケネディ大統領は、テレビ演説に踏み切った。

「あの囚われの島（キューバ）で現在、一連の攻撃用ミサイル基地が準備されつつあるという事実が、紛う方なき証拠によって証明された。これらの基地の目的は、西半球に対する核攻撃能力を備えようとする以外のなにものでもない」

ケネディは、キューバで起きている核ミサイル危機を世界に公表するとともに「海上封鎖」を宣言。キューバ近辺の公海上に設定された海上封鎖線に向けて航行するソ連の貨物船に対して、アメリカ海軍艦艇が「臨検」を行うとした。

一方、ソ連のフルシチョフ首相はこの宣言を強く非難し、封鎖を無視する意向を発表した。世界に緊張が走った。冷戦が始まって以来、水面下でのにらみ合いを続けてきた米ソが、表立って互いへの敵意をむき出しにしたのだ。核戦争による「地球の破滅」が、現実のものとして人々の脳裏をよぎった。アメリカでは、パニックを起こした人々がスーパーマーケットで食料品を買い占め、核シェルターに閉じこもる人が続出した。

緊張高まる沖縄の核部隊

この頃、沖縄の米軍も、緊迫した状況となっていた。

マクスウェル空軍基地で入手した、太平洋空軍作成の『キューバ危機クロノロジー』と題された文書には、「大統領の演説が始まる数時間前に、沖縄の空軍部隊はデフコン3となった」との記述がある。[57]

さらに同じ文書には、「第498戦術ミサイル群は、運用可能な発射台において、全てのミサイルが発射可能状態となった」ことも記されている。

その第498戦術ミサイル群に所属していたロバート・オハネソンが最初にキューバ危機の情

インタビューに答えるメースB部隊の元兵士、ジョージ・チェナライズ

前列左下が19歳の頃のチェナライズ

報に接したのは、「ブリーフィング」の場だったという。

各クルーは、発射基地での8時間シフトに入る前に、嘉手納基地の部隊本部で、上官から状況報告を受ける。このブリーフィングの場において、部隊内の引き継ぎ事項から世界情勢まで、任務に必要なあらゆる情報が伝えられる。

その日のブリーフィングでは、イーゼル（絵を描く時にカンバスを立てかける台）が置かれ、その上に黒布が掛けられていたという。

「上官が黒布を外すと、U2偵察機が撮影したキューバの航空写真がありました。可動式のミサイル発射台が、島の至るところに設置されているのが分かりました。さらに、キューバに向かうソ連船の写真も。デッキの上で、隠すには大きすぎるミサイルが明確に写っていました」

上官は、指し棒を使って状況を説明した後、深刻な顔でこう言った。

「いつ戦争が始まってもおかしくない状況になった」

ブリーフィングの後、オハネソンのクルーは、四つあるメースB発射基地のうち、サイト3（金武村）に向かった。

発射基地では、普段よりもいっそう警備が強化されていた。いつもは手を振れば入れたゲートでは、IDのチェックが厳しく行われた。

そして文書にある通り、オハネソンのクルーには、ケネディによるテレビ演説の直前に、「デフコン3」への移行が指示された。

その指示は、テレタイプと呼ばれる通信装置を通じて、暗号化されたメッセージとしてもたらされた。だがメッセージが真正なものであるかどうかを確かめるためには、そのメッセージに記されている暗号と、クルーにあらかじめ配布されているカードに書かれた暗号が一致しているかを見極める必要がある。

オハネソンのクルーでは、発射指揮官とオハネソンの2人が「暗号カード」を事前に与えられていた。2人は45口径の銃を携行しており、暗号カードを奪おうとする者は、階級に関係なく射殺する権限が与えられていた。

デフコン3への移行を伝えるメッセージは真正なものと確認された。そこでは、同時に、全てのメースBについて、「発射準備態勢 Pre-Launch Condition」とすることが命じられた。

メースBは、キューバ危機が勃発する以前から、24時間いつでも発射できる態勢を維持していたが、その態勢にある機体の数は限られていた。しかしこのときは、「全て」のミサイルについて、発射可能な態勢を維持するよう命じられたのだ。

沖縄に配備されたメースBの主なターゲットが、中国の重慶や上海といった大規模工業都市であったことは先に述べた。キューバ危機が表面化すると、中国はソ連への全面的な支援を表明し、アメリカを警戒させた。オハネソンも、発射司令官から「ターゲットは中国だ」という情報を伝えられたことを記憶している。

しかし、キューバを舞台に米ソがにらみ合っているという状況の中で、そこから遠く離れた沖縄の核ミサイル部隊が、中国に矛先を突き付けているというのは、考えてみれば奇妙なことでは

57　Pacific Air Force Historical Division, Cuban Crisis Chronology, 20 December, 1962, マクスウェル空軍基地所蔵、請求記号 1005089

ある。

オハネソンは、背景をこう語る。

「アメリカとソ連は、キューバだけでなく、ドイツなどヨーロッパでも核兵器を突き付け合っていましたし、極東でも同様でした。中国をソ連と一体の敵とみなし、沖縄からにらみを利かせていたのです。どちらかが、どこかで一発発射すれば、みんなが一斉に発射する。今考えたら訳が分からないですが、それが冷戦というものだったのです」

10月24日、アメリカ戦略空軍がデフコン2に突入した。

「戦略空軍」とは、ICBM（大陸間弾道ミサイル）や大型戦略爆撃機を運用するアメリカの核戦力の中枢である。その戦略空軍が、デフコン1の一歩手前の状態になったのである。

オハネソンは、冒頭のチェナライズのような涙こそ見せなかったものの、この情報に接した時がクルーの中で最も緊張感が高まった時だったと語る。

オハネソンの視線は、発射司令室に置かれたテレタイプに釘付けとなった。このテレタイプから、メースBの発射を命じるメッセージが届けられることになるからだ。

「間もなくメースBを発射することになるのだろうと感じていました。世界が『終末』に近づいていると思いました。当時、世界中で人々が不安を感じていました。しかし、私たちは、別次元の緊張の中にありました」

感情的になった数人の兵士が、口論を始めた。

それを聞きつけた発射司令官が、「やめろ！」と怒鳴った。

「命令があればいつでもミサイルを発射する可能性がある。我々は、そのために協力し合わなければならないクルーなんだ」

30代の大尉である発射司令官を除けば、他の兵士は、オハネソンを含め、10代後半から20代前半であった。未熟な若者たちは、突然訪れた「世界の終わり」という絶望の淵に、なす術もなく立たされていた。

〝ハイギア機〟

キューバ危機の際、沖縄で「臨戦態勢」にあったのは、メースBの部隊だけではなかった。

オハネソンは、メースB発射基地での8時間の任務を終えて嘉手納基地に戻った際の光景を今でも覚えている。

「戦闘爆撃機や輸送機が、核爆弾を搭載して滑走路で待機していたのです」

通常は爆撃作戦を行わない輸送機にも、核兵器の積み込みが行われていたのだ。いったいどういうことなのか。

「C－130輸送機の周囲で、2人がかりの作業が行われていました。2マンルールに則った作業です。核兵器を積み込んでいるのだなと察しがつきました。それに、沖縄から本土に核爆弾を輸送するために、輸送機が嘉手納基地で常にスタンバイしているというのは、それ以前から聞いて知っていました」

このときオハネソンが目撃した輸送機は、「ハイギア作戦」と呼ばれる特殊任務を課せられた機体だったとみられる。

ハイギア作戦とは、有事の際に、日本本土の米軍基地に核兵器を移送するため、嘉手納基地に

C－130輸送機を24時間態勢で待機させるというものである[58]。その任務に就くC－130は、作戦名から「ハイギア機」と呼ばれた。

ハイギア機が向かう本土の米軍基地としては、具体的には、板付（福岡）、横田（東京）、三沢（青森）の三つの基地があげられていた。強い反核感情に配慮して、日本本土の基地に核兵器を常時配備することはしない。しかし、有事の際には、日本との事前協議などお構いなしで、沖縄から日本に核兵器を持ち込み、即座に核攻撃のために出撃する仕組みが密かに整えられていたのだ。

そして、キューバ危機によって核兵器の使用が現実のものになろうとしていたとき、嘉手納基地でまさにハイギア作戦が実行に移されようとしていたのである。


ところが、このとき、嘉手納で待機していたハイギア機に、通常とは違う任務が与えられた。太平洋空軍の『キューバ危機クロノロジー』の中に、こんな記述が登場する。

「時間の観点から、ハイギア機を（嘉手納ではなく）韓国で維持しておく必要がある」

通常は嘉手納で待機している核兵器搭載のC－130輸送機を、韓国に配置換えするという計画の提案である。

提案は、嘉手納の第313航空師団の上位組織である第5空軍（本部横田基地）から、さらにその上位組織である太平洋空軍（本部ハワイ）に対してなされたものだ。

日付は、戦略空軍がデフコン2に突入した2日後の10月26日。

「時間の観点から」という言葉には、緊張が高まる中で、命令が出されてから実際に攻撃が行われるまでの時間を、できるだけ短縮する意図が込められていると見られる。

核を運んだ男

実際にこの変則的なハイギア作戦に参加した元兵士がいた。第5章でも登場した核兵器の整備と貯蔵の任務を担う、空軍第7戦術貯蔵中隊に所属していたポール・カーペンターである。

自宅でのインタビューの最中、カーペンターは、「見せたい文書がある」と言って封筒の中から一枚の紙を取り出して見せてくれた。それはキューバ危機の最中に、嘉手納基地から核兵器を運ぶ任務についての指示書だった。国防総省との交渉を経て、この文書を公表する許可は得られているため、我々にもそれを見せることができるという。

文書の日付は「１９６２年10月26日」。第5空軍がハイギア機を嘉手納から韓国に送ることを提案した、まさにその日である。

カーペンターが解説する。

「第7戦術貯蔵中隊の3名の兵士に命令が下りました。作戦はトップ・シークレットです。行き先は、（韓国に置かれた米空軍基地である）クンサン基地でした。そこに核兵器を運ぶというのが私たちの任務でした」

１９５７年から１９６０年まで沖縄に駐留していたカーペンターは、その後、一旦アメリカ本

58　Memorandum from W.B. Robinson to Robert Fearey, March 22, 1962, Records of State-JCS Meeting 1959-1963, Box3, RG59, NARA

国の空軍基地に戻っていた。そして、再びキューバ危機が起きた1962年10月に、嘉手納基地の第7戦術貯蔵中隊への配属を命じられた。

クンサン基地への核兵器の移送を命じられたのは、嘉手納基地に到着して数日後のことだったという。

「妻の良子と幼い3人の子供と一緒に住む家を決めたものの、まだ家具も何もそろっていませんでした。そこへ上官がやってきて、『すぐに飛行機に乗れ』と命じました。私は、『それはできません。家のことがありますので』と言いました。するとその上官は、『分かった、2時間猶予をやる！』と。そこで、これは本当に緊急の任務だなと気付いたのです」

C−130輸送機によってクンサン基地へと運ぶことになったのは、核物質を封入する装置、あの「バードケージ」であった。

当時の核爆弾は、爆弾本体とプルトニウムなどの核物質を分離して保管していた。バードケージから核物質を取り出し、爆弾本体に組み込むことで、初めて核爆弾として機能するのだ。

朝鮮半島の前線基地であるクンサン基地にバードケージを移送するということは、そこにすでに配備されている爆弾本体を、機能する「核爆弾」にし、何らかの軍事作戦に使うことを意味した。

カーペンターは、その時点で、キューバ危機によって世界の緊張が高まっていることは知っていたが、まだ自分自身の問題としては考えていなかった。しかし、自分が運ぶモノと運ぶ先を考えた時、自分が核戦争の火ぶたを切る役割の一翼を担っていることを初めて悟った。

カーペンターを含む3名の兵士は、バードケージと共にC−130輸送機に乗り込んだ。3人

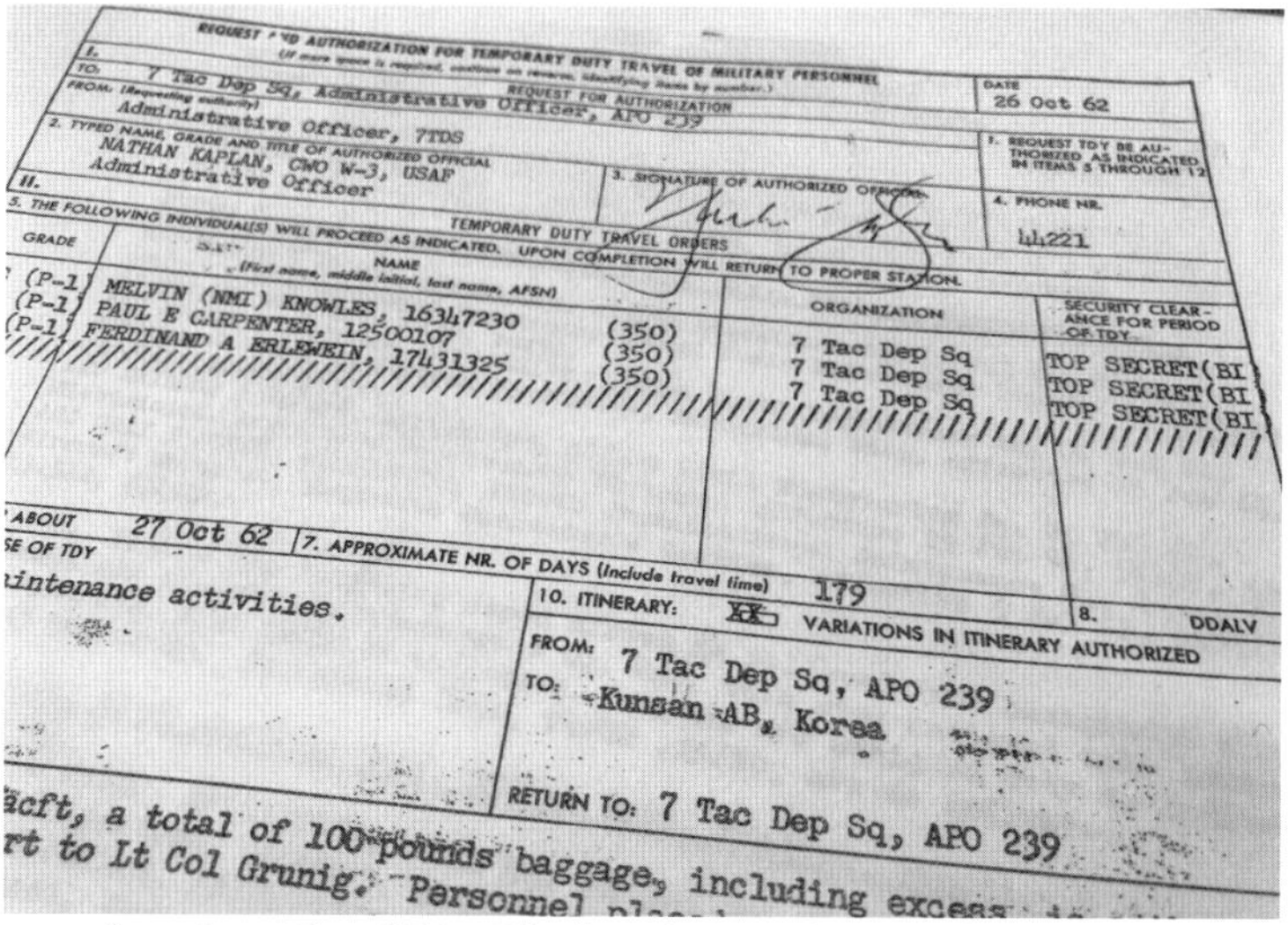

REQUEST AND AUTHORIZATION FOR TEMPORARY DUTY TRAVEL OF MILITARY PERSONNEL
(If more space is required, continue on reverse, identifying items by number.)
1. TO: 7 Tac Dep Sq, Administrative Officer, APO 239
REQUEST FOR AUTHORIZATION
DATE 26 Oct 62
FROM: (Requesting authority) Administrative Officer, 7TDS
1. REQUEST TDY BE AUTHORIZED AS INDICATED IN ITEMS 5 THROUGH 12
2. TYPED NAME, GRADE AND TITLE OF AUTHORIZED OFFICIAL
NATHAN KAPLAN, CWO W-3, USAF
Administrative Officer
3. SIGNATURE OF AUTHORIZED OFFICIAL
4. PHONE NR. 44221
II. TEMPORARY DUTY TRAVEL ORDERS
5. THE FOLLOWING INDIVIDUAL(S) WILL PROCEED AS INDICATED. UPON COMPLETION WILL RETURN TO PROPER STATION.

GRADE	NAME (First name, middle initial, last name, AFSN)		ORGANIZATION	SECURITY CLEARANCE FOR PERIOD OF TDY
(P-1)	MELVIN (NMI) KNOWLES, 16347230	(350)	7 Tac Dep Sq	TOP SECRET(BI
(P-1)	PAUL E CARPENTER, 12500107	(350)	7 Tac Dep Sq	TOP SECRET(BI
(P-1)	FERDINAND A ERLEWEIN, 17431325	(350)	7 Tac Dep Sq	TOP SECRET(BI

ABOUT 27 Oct 62
7. APPROXIMATE NR. OF DAYS (Include travel time) 179
SE OF TDY
intenance activities.
10. ITINERARY: VARIATIONS IN ITINERARY AUTHORIZED
8. DDALV
FROM: 7 Tac Dep Sq, APO 239
TO: Kunsan AB, Korea
RETURN TO: 7 Tac Dep Sq, APO 239
acft, a total of 100 pounds baggage, including excess
rt to Lt Col Grunig. Personnel

ポール・カーペンターへの指示書。日付は「1962年10月26日」。行き先は「韓国クンサン基地」


とも銃を持っていた。

「バードケージに不用意に近づいたり、変則的な動きをしたりする人間がいたら、どんな階級の者であろうと撃て」と命じられていた。輸送機には、バードケージの輸送任務とは直接関係のない将校が何人か同乗していたが、誰も一言もしゃべらなかった。

「私はC－130の窓の外を眺めながら考えていました。これは本当にまずい。これは本当に深刻だ。これは……多分私たちは戦争をする事になるんだろうと」

　クンサン基地に配備されているのは、嘉手納のF－100戦闘機より旧式のF－84戦闘機であることを知っていた。F－84の無給油での航続距離はさほど長くない。ソ連の中枢を叩くことはできない。だとすると、自分が運んでいる核物質は、朝鮮半島から近い中国北東部の都市を核攻撃するために使われるのかもしれない。そんな想像を巡らせた。嘉手納基地に貯蔵されている核兵器が、いくつもの前線基地に向けて同時に移送されている光景も想像できた。

しばらくして、浮かんできたのは家族の顔だった、という。カーペンターの妻・良子は沖縄出身の女性だ。夫婦は3人の子供に恵まれ、今、その家族は、引っ越しを終えたばかりの嘉手納基地近くの自宅にいる。

「彼女たちにもう二度と会えない、と思った」

当時を思い出しながら、カーペンターは言った。その目にはうっすらと涙が浮かんでいた。

なぜ、二度と会えなくなるのか。私は、「世界が終わるから？」と聞いた。

核戦争が始まれば、人類は滅亡する。だから二度と家族とも会えない。カーペンターはそんな終末的な状況を想像していたのではないか、と考えたからだ。

しかし、カーペンターは首を横に振った。返ってきたのは意外な言葉だった。

「世界が終わるというより、沖縄が終わるだろうと思っていました。私たちと同じように、ソ連も核兵器を持っていました。戦争になったら、島全体がアメリカの最重要基地である沖縄を、核攻撃しないはずがありません」

世界の終わり、などという漠然とした想像ではなかった。戦争が始まれば、まず沖縄が核攻撃されるという軍事的なリアリズムが、カーペンターの不安と恐怖の根底にあったのだ。

変わらなかった意識

結局、10月28日になって、ソ連のフルシチョフ首相がキューバからのミサイル撤去を発表。土壇場で戦争は回避され、13日間に及んだ危機は収束に向かった。

核ミサイルの発射とそれに続く核の応酬、第三次世界大戦の勃発、家族との別れ、そして世界の終わり。どれもが「ありえたかもしれない未来」だった。

核戦力を増強し、互いに「抑止力」を高め続けることが果たして正しい道なのか……。世界中の人が、その危うさを思い知らされた。

極限状況を最も間近で感じていた兵士たちは、その後、核兵器や核抑止力についてどのように考えたのだろうか。

ポール・カーペンターは、「核兵器のない世界に戻れるなら、もちろんそれを望む」と言った。だが同時に、それは難しい、とも言う。

「もし片方が核兵器を持っていれば、敵対側は絶対に核兵器を手放さないでしょう。それがいい考えか否か、そんな事は問題ではありません。現実はそうなのだ、ということなのです」

——核による抑止力を信じていますか？

「もちろんです。当時、そして今でもそれを信じています。あのとき、もしソ連が核兵器を持っていたのに私たちが持っていなかったら、大惨事になっていただろうと思います。お互いに核兵器を持っていたからこそ、危機は回避されたのです」

メースB部隊の元兵士だったロバート・オハネソンは、「沖縄のサイズを考えてみなさい」と言った。自分の力だけで本当に守ることができるのか、と。

「中国や北朝鮮の指導者たちの頭の中のことを想像してみてください。もし韓国に抑止力となるものがなければ、簡単に韓国は侵略されてしまうでしょう。だからこそ、韓国の人々は、米軍がいてくれて本当によかったと感謝しているのです。世界中どこでもそうですよ。ドイツでも、米軍は感謝されています。沖縄でも同じでしょう」

そして、今の世界でもアメリカの核兵器は必要だ、と断言した。

「ほかの国が核を持っていないのなら、私たちも持つ必要はありません。しかし、世界中の独裁者のことを考えると、核兵器を持たないのではなく、持った方がいいと思います。世の中には、誰を殺してもかまわないという狂った人たちがいます。彼らは、核兵器を愛し、それを使いたがっているのです。一方、アメリカの核兵器はあくまでも平和のためのものです。使うためのものではありません。私たちが核兵器を愛しているのは、核兵器を使わない世の中を保つことができるからです。それが私の考えです」

オハネソン同様、メースB部隊の兵士として沖縄の地下基地でキューバ危機を体験したジョージ・チェナライズ。インタビューの最中に声は震え、目から涙があふれた。そこには、核戦争の恐怖に今も取り憑かれた男の姿があった。

もう二度とあんな恐怖はごめんだ、世界は核兵器を今すぐ廃棄すべきだ……。そんな感覚を持っているのではないかと想像した。しかし、そんなことはなかった。

――あなたは今、アメリカ軍の核兵器部隊にいたことをどう思っていますか？

「とても誇りに思っています」

――核戦争の寸前までいったのに？

「もちろんです」

――なぜですか？

「友人、家族、自分が愛し大切に思っている人たちを守るという重要な任務だったからです。クルーの仲間たちもそう考えていると思います」

――核兵器をなくすべきだとは思いませんか？

「指をパチンと鳴らして『今日から核兵器は無しだ』と言って、すぐに実現できる人はいません。それが世界の現実です。敵となる可能性のある相手が核兵器を持っているのなら、自分たちも核兵器を持つしかありません。どこまでいっても、にらみ合いなのです」

――そのような考え方が、キューバ危機を引き起こしたのではないですか？

「……今はあの恐怖の日々が過ぎ去ったことを嬉しく思います。でも、振り返ると、とても鮮烈な記憶でもあります。もう一度やるか？　と自分に問うならば……ええ、やりますね」

チェナライズは、屈託なく笑った。

第11章 本土復帰と核密約

世界最大級の核拠点

案の定、というべきだろうか。

世界を核戦争の瀬戸際まで追い込んだキューバ危機の後も、東西両陣営の核開発競争が止むことはなかった。それは、沖縄に配備された核兵器の数を見ても分かる。

国防総省の『歴史』には、アジア太平洋地域の国と地域に、アメリカが配備した核兵器の数の推移が、グラフとして掲載されている。

アメリカ領であるグアム以外の国名は黒く塗りつぶされ、核兵器の数を表すグラフの縦軸の数字も隠されていたが、NSAは、『歴史』の本文に含まれている情報を総合した結果として、隠されていた国名と核兵器数を全て明らかにした。[59]

グラフを見ると、キューバ危機のあった1962年に沖縄に配備されていた核兵器の数はおよ

59 Robert S. Norris, William M. Arkin, William Burr, Where They Were, The Bulletin of the Atomic Scientists 1999

その1000発だが、その後も右肩上がりを続ける。

1963年にはラオスやベトナムで内戦が始まった。翌1964年のトンキン湾事件を機にアメリカはベトナム戦争への介入を始める。そして同じ64年10月には、中国が初の核実験に成功し、東アジアの緊張は高まり続けていた。

ピークとなった1967年には、沖縄に置かれた核兵器の数はおよそ1300発となった。台湾、フィリピン、グアム、韓国を大きく引き離し、アジア太平洋地域で最多の核兵器が配備されていたことが分かる。

しかし、この1967年を境に、核兵器の数は急激に減少を始める。そして、1973年、ゼロとなる。何がこの劇的な変化をもたらしたのか。

もちろん、直接的には、前年1972年5月の沖縄返還がある。アメリカは沖縄の施政権を日本に返し、沖縄は再び日本の一部となったのだ。本土復帰にあたって、当時の日本政府は、沖縄が「核抜き本土並み」になったと謳った。国防総省が作成したグラフからも、返還を機に沖縄から核がなくなった、つまり「核抜き」が実現したのは事実であると見られる。

しかし、結論から言えば、沖縄の核は、日米両政府による取引の材料となり、現在に至っても沖縄が引きずり続ける「基地問題」の源流になった。核を抜く代わりに、基地が残ったのである。その過程を追ってみる。

高まる復帰熱と「核付き返還論」

1952年に日本が国際社会に復帰した後も、アメリカの施政権下に置かれた沖縄。「異民族

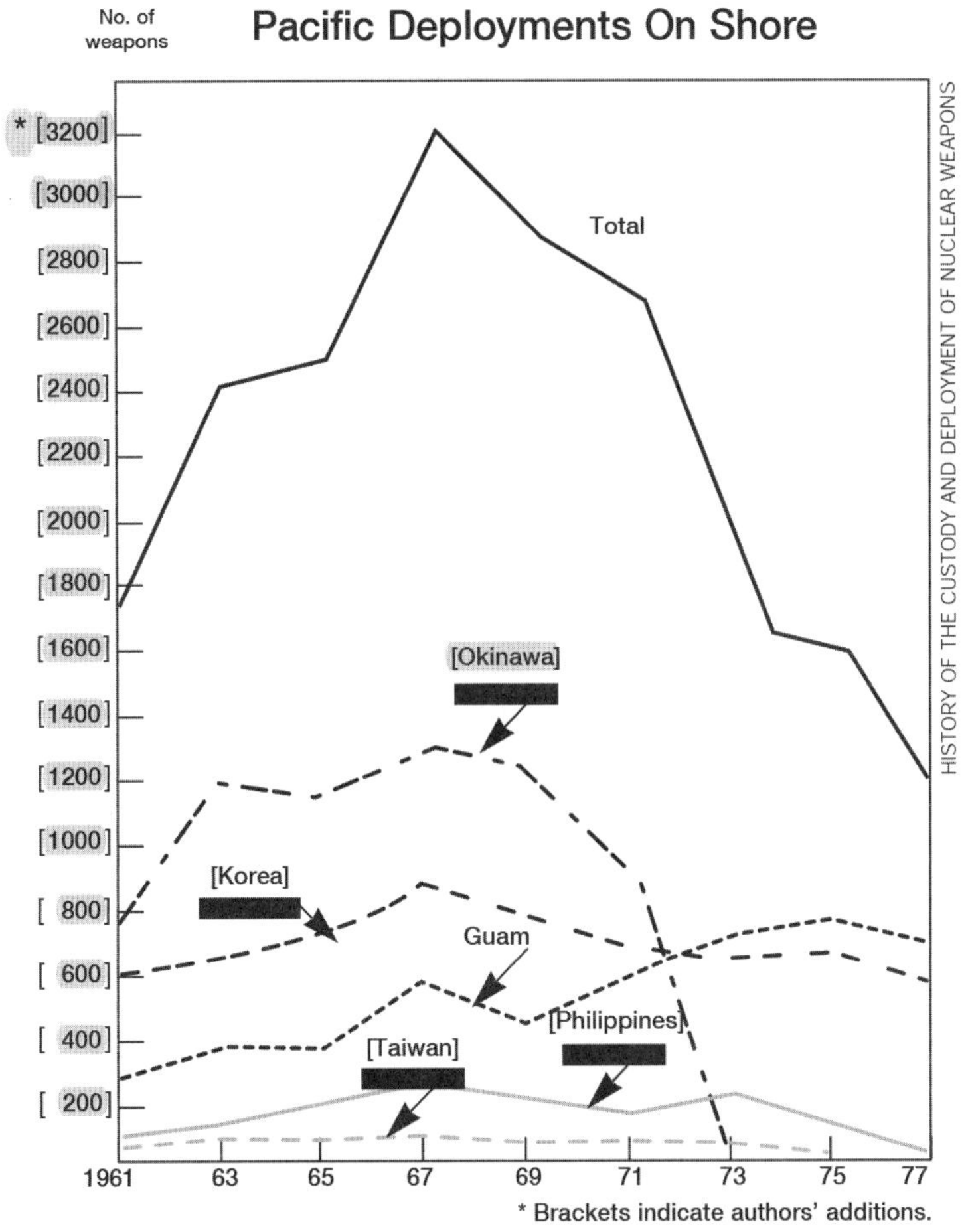

NSA の論文『それはどこにあったのか Where They Were』より

支配」を抜けだし、日本国憲法の下で豊かで平和な日常を取り戻すことが人々の悲願であった。

政治団体や教職員会が中心となり、その後の復帰運動の中心となる「沖縄県祖国復帰協議会（復帰協）」が結成されたのは、１９６０年4月。しかし、人々の間で本土復帰への熱が本格的に高まるのは60年代の後半からである。

そのきっかけの一つが、佐藤栄作首相の誕生である。首相就任から9カ月後の１９６５年8月、佐藤は日本の首相として初めて沖縄を訪問。到着した那覇空港で、日の丸を振って出迎える沖縄の人々を前に、こう語りかけた。

「沖縄の祖国復帰が実現しない限り、わが国にとって『戦後』が終っていないことをよく承知しております」

沖縄の日本復帰が最優先の政治課題である、と宣言したのである。もちろん、歴代の首相にとって、日本の一部であった沖縄を取り戻すことは重要な政治課題として常に重くのしかかっていた。

しかし、沖縄返還を交渉のテーブルに持ち出せば、アメリカは逆に、「沖縄を返せと言うなら、日本はもっと極東の安全保障に寄与せよ」と迫った。憲法の縛りから自前の軍備を増強することが難しい日本にとって、それ以上の交渉はできず、歴代の政権にとって沖縄問題は刺さったまま抜けない棘となっていた。

その棘を抜くことを、佐藤は沖縄の人々の目の前で、いきなり宣言したのだ。

当時、外務省事務次官だった下田武三によれば、この佐藤の宣言は「全くの青天の霹靂」であったという[60]。沖縄をアメリカから取り戻すと言うからには、アメリカとの水面下の交渉で何らかの感触を得たり、示唆を受けたりしていると普通なら思うだろう。しかしそのような裏付けはなかった。

当然ながら、交渉は壁に突き当たる。1967年2月、佐藤は、自分の演説を「青天の霹靂」と表現した下田武三を駐米大使に指名した。下田は、沖縄返還については厳しい見通しを示した。

大使就任に先立ち、下田が記者との非公式の懇談の場でこう話したことが記事になっている。[61]

「沖縄の全面返還を勝ち取りたいのなら、アメリカ軍に沖縄の基地の自由使用を認めるかどうかについて、国民がはっきりした態度を示すべきだ」

要するに、ただ沖縄を返してくれと言って返してくれるほど現実は甘くない。沖縄返還後もアメリカに基地の自由使用を保証するくらいの見返りを与えないと、返還は実現しないと釘を刺したのである。

さらに、大使就任にあたっての記者会見で次のように話した。[62]

「核基地の解消は今後の国際情勢の改善に待つこととし、当面は返還を実現して住民が国民と同じ生活ができるように努力すべきではないか」

ここで下田は、返還の代償として単に基地の自由使用を認めるだけでなく、その基地で、核兵

---

60 下田武三『戦後日本外交の証言（下）』（1985年）、P157
61 1967年2月2日、朝日新聞
62 1967年6月16日、朝日新聞

器を引き続き配備する権利をもアメリカに保証する必要がある、との見通しを示したのである。
下田は沖縄返還交渉にあたっての自らの考え方について、後にこう書いている。[63]
「私は毎週、大使館で行う日本人記者との会見の際も、内地で誤った希望的観測が起こらないよう、沖縄返還問題は決して楽観を許さない旨を率直に述べるとともに、イソップ物語の北風と太陽の話を引いて、沖縄を早く返してもらうためには、対米攻撃の北風を吹かすだけでは駄目であって、ベトナムで苦しんでいる米国の立場を十分理解して、沖縄基地使用の便を図るという暖かい太陽の光を当ててやるのが、外套を脱がせるための最良の方法であるとの考えを披露した」
しかし、沖縄返還をめぐる下田の言葉は「下田発言」と呼ばれ、日本本土の左派や沖縄の住民から批判を受けることになった。また、返還して欲しければ核配備を容認せよという下田発言の趣旨は、「核付き返還論」という言葉を生み出すことにもなった。
沖縄における反米軍運動・本土復帰運動のリーダーである瀬長亀次郎が委員長となっていた沖縄人民党は、以下のような声明文を発表した。[64]
「『下田発言』や佐藤内閣の見解にふくまれている『沖縄基地は極東ならびに世界平和の維持上欠くことのできない重要な基地』であり、したがって『米軍による核基地の保持とその自由使用を認め、その他の部分を返還する』という構想は、百歩ゆずってそれが実現するとしても、それは沖縄の返還などではなく、体裁を変えたアメリカ帝国主義による占領支配の永続化にすぎない」
こうした流れの中で、沖縄の復帰運動を牽引していた復帰協も、「安保条約廃棄、核基地撤去、米軍基地反対」の方針を打ち出した。核基地の存続さえ認めれば沖縄返還は実現するかもしれないという下田駐米大使の発言は、逆に、沖縄に核兵器が配備されていることの不合理さを際立たせ、いっそう反米感情をかき立てることにつながったのである。

一方、このころ、従来沖縄返還に消極的だったアメリカ政府の中でも大きな変化が起きていた。ライシャワー駐日大使らを筆頭に、このまま復帰を望む沖縄の声を無視し放置し続ければ、反米感情が回復不可能な状態にまで高まり、近い将来、基地そのものが維持できなくなるとの観測が高まっていた。その結果、「基地の自由使用」「核配備の自由」を維持することを条件に、施政権の返還には応じるとの姿勢を見せ始めていたのである。

１９６７年11月、佐藤首相が訪米し、ジョンソン大統領との首脳会談が行われた。両首脳は、「両3年内に双方の満足しうる返還の時期につき合意」した。つまり、ここにきて、沖縄が日本に返還されることは既定路線となったのである。ただし、「沖縄の地位について共同かつ継続的に検討を行う」とされた。つまり、沖縄返還後、アメリカがどの程度自由に基地を運用できるのか、核兵器を撤去するのかしないのかといった点については、交渉が続けられることになったのである。

佐藤訪米の際には、佐藤と当時ベトナム戦争の指揮を執っていたマクナマラ国防長官の会談も

63 下田武三『戦後日本外交の証言（下）』（１９８５年）、Ｐ１６７
64 「『核基地付き返還』論は、米日反動の巧妙で危険な陰謀であり断固粉砕されなければならない」、１９６７年6月21日の沖縄人民党中央常任委員会の声明

行われた。佐藤の側近であった楠田實の日記が明らかにしたところによれば、この会談の中で、マクナマラは、返還後も沖縄基地の自由使用、および核配備の継続を要求した。それに対し、佐藤は、沖縄を返還して欲しいという日本の要求と、返還後も軍事力を低下させないというアメリカの要求、両方を満足させる方法があるのではないか、と応じた。[65]

佐藤首相と立法院議員の間で起きた「事件」

日米首脳会談の1カ月後、佐藤は、今に引き継がれる日本の国是を表明した。核兵器を持たず、造らず、持ち込みもしないという「非核三原則」である。

1967年12月11日の衆議院予算委員会において佐藤はこう宣言した。[66]

「核は保有しない、核は製造もしない、核を持ち込まないというこの核に対する三原則、その平和憲法のもと、この核に対する三原則のもと、そのもとにおいて日本の安全はどうしたらいいのか、これが私に課せられた責任でございます」

ところが、この非核三原則を初めて表明した直後に行われた答弁が、沖縄の疑心暗鬼をさらに深めることになった。

野党・社会党の議員は、沖縄より先に返還が決まっていた小笠原諸島の扱いについて佐藤に質問した。当時、小笠原諸島にもアメリカ軍の核兵器の貯蔵施設が置かれていた。日本に返還されたあと、小笠原に非核三原則は適用されるのか、と質したのである。

それに対し佐藤は、

「本土並みに扱うということを申し上げます。したがいまして、新しく（核を）持ち込むことももちろん、また現在（核が）あるならば、そういうものの撤去についても十分折衝すると、かように御了承いただきます」と述べ、返還後の小笠原に非核三原則が適用されることを明言した。

ところが、「では返還後の沖縄はどうなのか」と問われたときの答弁は、以下のようなものだった。

「白紙で、そうしてその返還のときに考うべきことだ」

「白紙の状態であることが望ましいのです。白紙の状態が。だから、白紙の状態で沖縄返還問題と取り組んでいく」

「まだ白紙の状態でございますから、ただいまその点は結論が出ておりません」

何度も「白紙」という単語を使ったため、返還後の沖縄には、小笠原とは違い、核兵器がそのまま維持される可能性が残されているという印象を与えることになったのである。

こうした状況の中で、ある「事件」が起きる。

年が明けた1968年2月、沖縄から琉球政府立法院の議員団が上京し、佐藤ら政府首脳に対し、ある要請を行った。

この頃、沖縄では、大型爆撃機B－52が嘉手納基地に常駐するようになり、連日ベトナムへと

65 『楠田實日記－佐藤栄作総理首席秘書官の二〇〇〇日』（2001年）
66 1967年12月11日、衆議院予算委員会

出撃していた。沖縄の人々は、ある新聞報道をきっかけに、このB－52に核爆弾が搭載されている可能性を疑っていた。その報道とは以下のようなものである。

当時、核爆弾を搭載した戦略空軍のB－52が24時間態勢でソ連周辺の上空を飛行していることが知られていた。これは「戦略パトロール」と呼ばれ、仮にソ連の先制攻撃を受けて基地が破壊されたとしても、上空を飛ぶB－52から即座に報復核攻撃を行えるようにするための作戦だった。こうした作戦の存在を背景に、嘉手納にB－52が常駐するようになったのは、ベトナム戦争への出撃とは別に、嘉手納を拠点に中国や北朝鮮への「戦略パトロール」が行われているからではないか、という疑惑が新聞紙上で浮上したのである。

仮にそのような作戦が秘密裏に行われるようになれば、沖縄の核拠点化がさらに深まり、大国の戦争に巻き込まれることになりかねない。その不安と恐怖を理由に、立法院は、全会一致でB－52の即時撤去要求を決議し、日本政府に対し、B－52の撤去をアメリカに働きかけるよう要請行動に出たのだ。

佐藤首相や木村俊夫官房長官ら多数の政府関係者と3人の立法院議員の面会は、衆議院内にある内閣総理大臣室で行われた。

立法院議員の1人、崎浜盛永はこう述べて懸念を佐藤に伝えた。

「B－52がベトナムの緊迫した関係だけとの関係において移駐されたものではなく、昨年既に滑走路を拡張補修してしまっていたことなど、長年の計画にもとづくものであり、ベトナムに核爆弾を積んで現実に落としていないからと言って、B－52が沖縄の常駐基地を出発して核をかかえてパトロールしてないとみる事は決してできるものではない」

佐藤首相は、「沖縄のB－52に核の心配はない」と、根拠を示すことなく答えた。この佐藤の言葉に、崎浜が噛みついた。

「政府は極めて冷淡である。非核三原則は沖縄には適用しないことを明らかにしているが、政府は、沖縄県民の23年の苦しみを復帰に際しても続けさせるのか」

これに対する佐藤の次の言葉が火に油を注ぐことになった。

「それじゃ、核基地が撤去されないからといって、沖縄はいつまでも返還されなくてもよいのか」

沖縄の立法院議員たちは、これまでにも下田駐米大使の発言などを通じて、いわゆる「核付き返還論」についてすでに知っていたし、それを批判してきてもいた。

しかし、それを面と向かって総理大臣が口にしたことの衝撃は大きかった。以下は、琉球政府の記録に残されたその後の会話録である。

崎浜「私は日本の総理からそんな発言を聞こうとは思わなかった。全く情けないと思う。何故沖縄の核基地も撤去して復帰させると言えないのか」

佐藤「B－52と核兵器についてそんなに不安をもつことはない。あなた方は沖縄に帰ってみんなに説明し、不安をとり除くよう説得してもらいたい」

そこに、それまで黙っていた古堅実吉議員が加わる。

古堅「沖縄に帰って不安がないように県民を説得してもらいたいと言われたが、我々は現に重大な不安を抱いて全会一致で決議し、政府に要請にきている。我々は説得などできるものではない。総理はそう言われるが、総理であれば沖縄県民を説得できる自信があるのか」
佐藤「自信がある」
崎浜「それじゃ総理が沖縄に行って説得してみたらどうか！」
佐藤「今は行くつもりはない」
古堅「総理がわれわれに帰って県民を説得すべきだとの言い方は、全く許せない重大な発言である。私は県民の名において厳重に抗議する」
佐藤「君は抗議にきたのか！　抗議に来たのなら出て行け！　今の発言は取り消せ」

ここで佐藤は座っていた椅子から立ち上がった。顔を真っ赤にして古堅に詰め寄り、「出て行け！」と繰り返した。政府関係者は全員総立ちとなった。佐藤は、木村官房長官に肩を抱かれるようにして椅子に戻され、ようやく落ち着きを取り戻したという。

古堅実吉は、私たちのインタビューに対し、このときの様子を、身振り手振りを使って再現した。立ち上がり、5、6歩前に出て古堅に詰め寄り、手で追い払うようなしぐさをしながら、何度も「出て行け」と怒鳴る佐藤。およそ50年前の出来事だが、古堅にとっても記憶にこびりついて離れない「事件」だったのである。

この佐藤と立法院議員たちのやりとりから、沖縄の反核感情が、すでに本土以上に強くなっていたことも分かる。古堅は、この出来事の意味をこう語る。

「核兵器は人類と共存できない代物。その核兵器を沖縄はこれ以上受け入れることはできないんだということは終始一貫、最後まで貫いた。それは立法院の20年の歴史の中でも、間違いのない誇りある態度だったなと、振り返って思いますよ」

〝核抜き〟への方針転換

この出来事が佐藤の政策決定にどの程度のインパクトを与えたのかは記録上明らかではない。しかし、「核付き返還論」への強い反感に接した佐藤は、「核抜き」の方針を打ち出すようになっていく。

当時駐米大使を務めていた下田武三の著書『戦後日本外交の証言』によれば、その転機となったのは１９６９年1月、立法院議員との面会からおよそ1年後のことである。

一時帰国していた下田大使は、佐藤への報告の中で、沖縄返還問題では依然「核」が最大の難問だ、と強調した。

これに対する佐藤の応答は意外なものだった。下田はこう書いている。

「佐藤首相は長考一番、息づまるような沈黙が続いた。そこへ突如、ドアを開けて保利官房長官が入ってこられた。それが合図となったかのように、佐藤首相は、『下田君、やはり核付きの返還なんて考えられんよ。あくまで核抜きでいこう』と、厳然として裁断を下された。それは長年にわたる沖縄返還交渉の大きな方向を定めた歴史的瞬間であった」

実際、それから2カ月後の国会答弁で、佐藤は、沖縄の基地については従来通り「白紙」であるとしながらも、次のように述べて、沖縄の「核抜き本土並み」を目指すことを国民に向かって宣言した。[67]

「沖縄が本土に返ってくれば、当然日本の憲法も、また安全保障条約もその地域にそのまま適用になる、これが普通の考え方であります」

復帰後の沖縄には、憲法も日米安保条約もそのまま適用になると考えるのが自然だ、と述べた佐藤。それはつまり、安保条約の関連取り決めであり、核の持ち込みを制限する、あの事前協議制度も沖縄に適用されることを意味した。

しかし、またしてもこの佐藤の宣言には、それを実現するための裏付けとなるものがなかった。下田武三は、「しかしながら沖縄の核の撤去の問題については、その後の打診によっても依然米側態度が固いことが明らかとなり、交渉の前途には容易ならざるものがあることを感じさせた」と書いている。

結局、沖縄の核の問題については、1969年11月に行われることとなった、佐藤首相とニクソン大統領の首脳会談まで決着を持ち越すこととなったのである。

〝核抜き〟をカードにしたアメリカ

一方、この頃、アメリカ政府の内部でも、沖縄の扱いを巡って活発な議論が行われていた。

1969年1月、誕生したばかりのニクソン政権は、来たるべき沖縄返還に向け、いかなる形での返還がアメリカにとって好ましいのかを研究し報告するよう、国防・国務両省に求めた。その指揮をとったのは、ヘンリー・キッシンジャー大統領補佐官である。

その結果、その年の4月、対日政策の研究レポートである「NSSM5号」がNSCに提出され、その翌月にキッシンジャーによる「NSDM13号」が作成された。

NSDMとは、National Security Decision Memorandum（国家安全保障政策決定のためのメモ）の略であり、沖縄返還交渉に関するアメリカ政府の戦略を定めた文書である。

そのNSDM13号の元となり、国防総省などがまとめたNSSM5号は、序盤でこう書いている。[68]

「返還後の沖縄において最適の米国の権利とは、現行の権利の継続である」

その上で、沖縄の基地において守るべきアメリカの既得権を、次のように二つに分けて考えている。

「問題となる米国の軍事的権利は、大きく二つに分類できる。ひとつは、核兵器を貯蔵し核兵器を用いる作戦を展開する自由であり（筆者注：核の自由使用）、もうひとつは、日本との事前協議を経ることなく通常兵器による戦闘作戦へ出撃することである（同：基地の自由使用）。この二つの内、日本政府は核兵器問題を基本的に重要だと考えており、米国が核使用に関するいかなる権利を獲得することもきわめて困難だと予想される」

67　1969年3月10日、参議院予算委員会
68　以下のNSSM5号及びNSDM13号の日本語訳は、『別冊世界　ハンドブック新ガイドラインって何だ？』（1997年10月、岩波書店）に依拠した。

アメリカは、この時点で、日本政府が「核抜き」を交渉の最重要事項としていることを見抜いていた。また、沖縄の反核感情の高まりとともに、沖縄から核兵器を撤去することがもはや避けられない方向となっていることも、現実的な視座から認めている。

一方、アメリカの二つの既得権、すなわち、「核の自由使用」「基地の自由使用」のうち、アメリカにとって本当に守るべきなのは後者であるとして、次のように書いている。

「米国の国民と議会の反応を最小限に抑えるために一九六九年中にとりおこなわれる佐藤首相との取り決めは、もし返還時にもまだ東南アジアでの作戦行動を積極的に展開するときにその支援のための沖縄の基地の使用が制限されるような印象を与えるようなものにすべきではない」

では、アメリカが沖縄返還交渉において核抜きで譲り、基地を取るとして、それ以降「核の自由使用」が制限されることに問題はないのか。その点について、このＮＳＳＭ５号は、国防総省と国務省に共通の見方として、次のように記している。

「沖縄での核貯蔵の権利を放棄することにより、この地域での、特に共産中国との大規模紛争の勃発時において米国の核能力は低下するだろう。①しかし、補完的取り決めがあれば、この能力のかなりの部分を取り戻すことができる。沖縄から核が撤去されても、韓国の緊急事態に対しては韓国内と第七艦隊に配備されている核があるので、その影響は最小であろう。東南アジアにおいて核兵器が使用される可能性は極めて低いので、沖縄以外からこの方面へ核を持ち込むための時間的余裕がある。②沖縄からの核撤去の心理的影響は確かに存在するだろうが、米太平洋軍の全体的な抑止力の信頼性は、多分、ポラリス・ポセイドンやミニットマン戦略ミサイル、B－52戦略爆撃機に加えて、西太平洋の他の基地と第七艦隊に配備された核によって十分に保たれるであろう」（傍線、①②は筆者）

結論から言えば、アメリカは、沖縄に核兵器が絶対に必要だ、とは見なさなくなっていた。その理由は、大きく分けて二つあった。

まずは傍線②の理由である。ここで、「ポラリス」「ポセイドン」とはSLBM（潜水艦発射型ミサイル）のことである。また、「ミニットマン戦略ミサイル」とはアメリカ本土に配備されたICBMである。

1960年代の半ば以降、こうした長距離攻撃を行える戦略核兵器が実戦配備されるようになっていた。ICBM、SLBM、戦略爆撃機という、現在もアメリカの核戦略を支える「三本柱」である。この時代に「三本柱」が確立したことで、沖縄に配備されていた戦術核、すなわち短距離・中距離型の核兵器の役割は徐々に薄くなっていたのである。

しかし、本当に全ての核兵器を沖縄から撤去してもよいのか。

それに関しては傍線①の対応、すなわち「補完的取り決め」があれば大丈夫だとした。これは、この後すぐ明らかになるように、日本政府との間で、緊急時の核の再持ち込みを認める密約を結ぶことを示唆している。

「核の自由使用」よりも「基地の自由使用」を優先させることを提案するNSSM5号を受けて、

沖縄返還交渉の先頭に立っていたキッシンジャー大統領補佐官は、ＮＳＤＭ13号を策定した。キッシンジャーは、沖縄返還交渉におけるアメリカの戦略を次のように書いた。

「軍事基地の通常の使用が、とくに朝鮮、台湾、ベトナムとの関連において最大限自由であることを希望する。

われわれは、沖縄にある核兵器を保持したいと希望する。ただし、沖縄（返還）交渉の他の分野で満足のいく形で合意に達するならば、大統領は、交渉の最終段階で、緊急時における（核の）貯蔵と通過の権利を保持することを条件に核兵器の撤去を考慮する用意がある」

日本政府にとっての沖縄返還交渉の焦点が「核抜き」を実現できるかどうかという点になっていることをアメリカはすでに見抜いていた。キッシンジャーは、日本のこの事情を返還交渉に最大限利用することにした。

つまり、こういうことだ。アメリカはすでに「核抜き」が不可避であり、また沖縄から核を撤去しても軍事上のダメージはさほど大きくなくなっていると読んでいた。しかし、そうした本音の部分は「交渉の最終段階」まで明かさず、いわば「切り札」として取っておく。そして、自分たちにとっての最大の関心事である「基地の自由使用」と、緊急時の核の再持ち込みを容認する「核密約」を日本側に認めさせた後で、その見返りとして最後の最後に「核抜き」を認める。そういう戦略を描いたのである。

“核抜き”も“本土並み”も名ばかりだった

1969年11月19日から21日にかけて、ワシントンで日米首脳会談が行われた。その最終日、佐藤首相とニクソン大統領の2人が揃って日米共同声明を発表し、1972年中に沖縄の施政権を日本に返還することが正式に決まった。

問題は、返還後の沖縄の位置づけを定めた共同声明の中身だ。

佐藤は、沖縄の「核抜き本土並み」が実現したと胸を張った。その根拠は、声明の第7項で、「施政権返還にあたつては、日米安保条約およびこれに関する諸取決めが変更なしに沖縄に適用される」とされたことである。

沖縄にも安保条約およびその関連取り決めである事前協議制度が適用されることになり、また、非核三原則も本土と同様に適用される。これはまさに沖縄から核兵器がなくなり本土並みになることを意味する、と政府は説明したのだ。

さらに、共同声明第8項も「核抜き」の根拠とされた。そこには次のように書かれていた。

「総理大臣は、核兵器に対する日本国民の特殊な感情およびこれを背景とする日本政府の政策について詳細に説明した。これに対し、大統領は、深い理解を示し、日米安保条約の事前協議制度に関する米国政府の立場を害することなく、沖縄の返還を、右の日本政府の政策に背馳しないよう実施する旨を総理大臣に確約した」

ここで、佐藤および日本政府が強調したのは「日本政府の政策に背馳しない」とする文言である。事前協議制度の説明において、日本政府は、仮にアメリカが核兵器の国内への持ち込みを伝えてきたとしても「いかなる場合にもこれを拒否する方針だ」としてきた。そして、共同声明にある「日本政府の政策に背馳しない」とは、アメリカが、核兵器の持ち込みを常に拒否するという日本政府の方針に反する行動は行わない、即ち、核兵器は持ち込まないことを意味するのだ、と説明したのである。

しかし、日本政府が喧伝した「核抜き本土並み」は、実質を伴わない名ばかりのものであったことが、その後の文書公開や専門家の研究からすでに明らかになっている。実際には、NSDM13号でアメリカが組み立てた戦略に沿って、返還後の沖縄の地位が決定されていたのである。NSDM13号では、アメリカが最大の獲得目標としていたのが返還後の沖縄の「基地の自由使用」だった。NSDM13号では、「軍事基地の通常の使用が、とくに朝鮮、台湾、ベトナムとの関連において最大限自由であることを希望する」とされていた。

この点に関して、共同声明の第4項にはこう書かれている。

「総理大臣と大統領は、特に、朝鮮半島に依然として緊張状態が存在することに注目した。総理大臣は、朝鮮半島の平和維持のための国際連合の努力を高く評価し、韓国の安全は日本自身の安全にとって緊要であると述べた。（中略）総理大臣は、台湾地域における平和と安全の維持も日本の安全にとってきわめて重要な要素であると述べた。（中略）万一ヴィエトナムにおける平和が沖縄返還予定時に至るも実現していない場合には、両国政府は、南ヴィエトナム人民が外部からの干渉を受けずにその政治的将来を決定する機会を確保するための米国の努力に影響を及ぼす

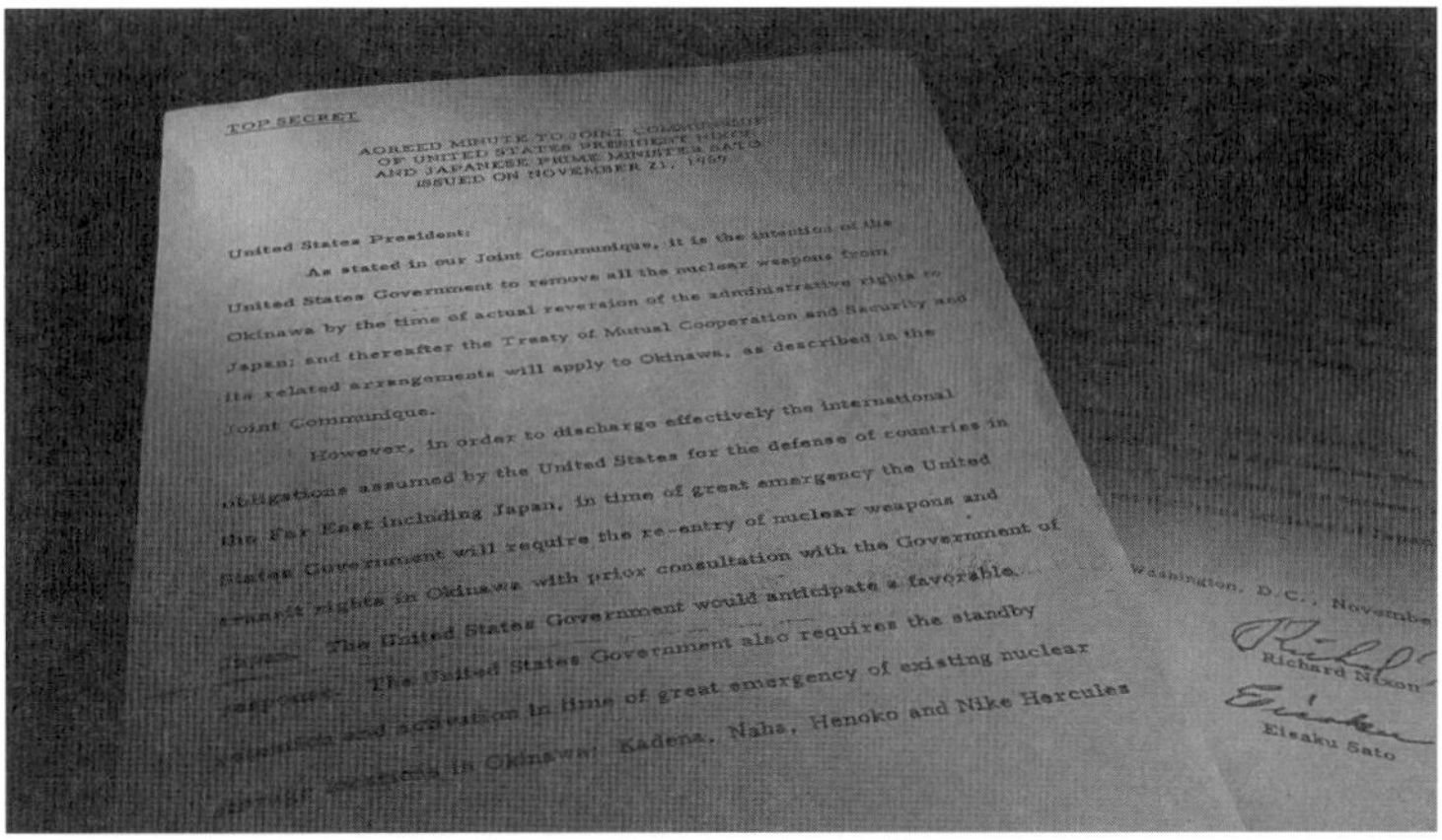

会談の初日に佐藤とニクソンがサインした「合意議事録」

ことなく沖縄の返還が実現されるように、そのときの情勢に照らして十分協議することに意見の一致をみた。総理大臣は、日本としてはインドシナ地域の安定のため果たしうる役割を探求している旨を述べた」

朝鮮半島、台湾、そしてベトナムの情勢が、日本の安全保障にとっても重要な関心事項であることが確認され、沖縄の返還は、「米国の努力に影響を及ぼすことなく」行われる方針が確認された。

つまり、東アジアにおけるアメリカの戦闘行動の自由を保障するために、沖縄の基地を維持するという方針である。実際、沖縄の返還にあたって、沖縄の米軍基地はほとんどそのまま維持されることになり、返還後の「基地の自由使用」を獲得したのである。

そして、アメリカがもう一つの獲得目標としていたのが、「核抜き」の代わりに緊急時に核兵器を再び沖縄に持ち込む権利である。

これに関しては、実は、共同声明第8項に含まれる微妙な言い回しがポイントとなっていた。日本政府は、

「日本政府の政策に背馳しない」という文言を、「核抜き」の根拠とした。しかし、その直前に、「事前協議制度に関する米国政府の立場を害することなく」という文言が入っていることに注意しなければならない。

事前協議において核兵器を日本国内に持ち込もうとするアメリカの意向が示された場合に、日本は本当にそれにＮＯと言うのか。アメリカ政府の立場を害さないというのは結局ＹＥＳもありえるのではないのか……。

実際、共同声明が発表された直後から、この第８項の文言を巡っては、野党やメディアから批判が噴出した。それに対し、佐藤は次のように答えて批判をかわした。[69]

「『事前協議制度に関する米国政府の立場を害することなく』という表現は、返還後の沖縄への核兵器の導入については、本土と同様、安保条約に基づき事前協議の対象となるべき性質のものであるという米国政府の立場を、念のため確認したものであります。政府は、非核三原則を沖縄においても堅持することを、この際特に明らかにしておきます」

しかし、実際には、野党側の批判が正しかったことが、40年後の２００９年になって明らかになった。

佐藤の遺品の中から、ニクソン大統領と佐藤自身のサインがなされた「合意議事録」という名の核密約文書が発見されたのである。その内容は次のようなものであった。[70]

極秘

1969年11月21日発表のニクソン米大統領と日本の佐藤首相による共同声明に関する合意議事録

米国大統領：

我々の共同声明にあるように、沖縄の施政権が実際に日本に返還されるまでに、沖縄からすべての核兵器を撤去するのが米国政府の意図である。それ以降は、共同声明で述べているように、日米安全保障条約、および関連する諸取り決めが沖縄に適用される。

しかし、日本を含む極東諸国の防衛のため米国が負う国際的責任を効果的に遂行するため重大な緊急事態に際して米国政府は日本政府との事前協議の上、沖縄に核兵器を再び持ち込み、通過させる権利が必要となるだろう。米国政府は好意的な回答を期待する。米国政府はまた、現存の核兵器貯蔵地である沖縄の嘉手納、那覇、辺野古、ナイキ・ハーキュリーズ基地をいつでも使用できるよう維持し、重大な緊急事態の際に活用することが必要となる。

極秘

日本国首相：

日本政府は、大統領が上で述べた重大な緊急事態に際し、米国政府が必要とすることを理解し、

69　1969年12月2日、衆議院本会議

70　日本語訳は、最初に「合意議事録」の存在を報じた「読売新聞」（2009年12月22日夕刊）に依拠した。

そのような事前協議が行われた場合、遅滞なくこれらの必要を満たすだろう。大統領と首相は、この議事録を2通作成し、大統領と首相官邸にのみ保管し、米大統領と日本国首相との間でのみ、最大の注意を払って極秘に取り扱うべきものとすることで合意した。

1969年11月19日

ワシントンDCにて

佐藤とニクソンがこの「合意議事録」にサインしたのは、首脳会談初日の11月19日。公式会談を終えた後、大統領執務室の隣の小部屋に移動し、通訳だけが同席した場で密かにサインしたものだったことが分かっている。

緊急時においてアメリカが沖縄に核兵器を再び持ち込む可能性があり、そのときに備えて核貯蔵施設をそのまま維持すること、そして、日本政府が「遅滞なくその必要を満たす」ことなどが合意されていた。

それは、NSDM13号の中で獲得が計画されていた「緊急時の核の貯蔵と通過の権利」を、そっくりそのままアメリカに保証する内容であった。

佐藤は、この合意議事録という名の「密約」の存在をひた隠しにしながら、国民には、沖縄に再び核兵器が持ち込まれることは絶対にない、と偽りの説明を繰り返していたのである。

元国防長官の遺言

2016年9月、私たちは、沖縄返還と核密約に深く関わった人物に話を聞くことができた。

来日したレアード国防長官と佐藤栄作首相。1971年7月

元国防長官のメルビン・レアード（94）。沖縄返還交渉が本格化した1969年から、返還が実現した後の1973年まで国防長官を務めた人物である。

フロリダ州の自宅に電話をかけると本人が出た。野口修司が日本のメディアであることを伝えると、レアードは積極的に語り出した。老人特有のしわがれ声だが、言葉は明瞭だ。

「私は国防長官として初めて日本を訪問したんだ。ナカソネといくつもの重要な案件について話し合ったのを覚えているよ……」

レアードは、防衛庁長官だった中曽根康弘との会談の思い出をひとしきり語った。私たちは、沖縄返還における軍の戦略はどのようなものだったのか、その点について是非インタビューをしたいと伝えた。レアードは「自らの老体をさらしたくない」との理由でテレビカメラでのインタビューを固辞したが、電話インタビューにはYESと言った。

ここで一つ、解禁されたばかりのレアードに関する資料を紹介しておく。日米首脳会談が始まる前日の1969年11月18日、レアード国防長官はキッシンジャー大統領補佐官に対し「沖縄返還」と題されたメモを送っている。その中で、軍の最高機関であるJCSの要求を伝えていた。[71]

レアード国防長官からキッシンジャー大統領補佐官宛のメモ

ワシントン、1969年11月18日

主題：沖縄返還

私は、沖縄返還に関するJCSからの提案を受けている。その重要性に鑑み、彼らの見方をあなたに転送することが適当であると考える。

JCSは以下を提案する。

これまでに以下の諸点について公式の保証が得られていない状況をふまえ、日米首脳会談の前、あるいはその期間中に、秘密の合意文書を得るべきである。その文書は、少なくとも1970年代の間、次の二点を保証するものとする。

a）韓国、中国、ベトナムに関連する、通常兵器を用いた基地の自由使用

b）大統領が核兵器の撤去を決断するならば、定期演習や悪天候時の避難のための核兵器の通過権、そしてアジアの安全保障環境が変化した際に、緊急に核兵器を再び持ち込み、貯蔵する権利

沖縄返還にあたってアメリカが追求した「基地の自由使用」と「緊急時の核の再持ち込み」の権利。「ＮＳＤＭ13号」という形で、この二つの権利を獲得するための交渉戦略を練り上げたのは、キッシンジャー大統領補佐官である。

ただし、そもそも、沖縄返還が議題にのぼり始めた当初から、この二つが欠かせないことを主張していたのは軍であった。そして、軍のトップであるレアード国防長官は、首脳会談の直前のタイミングで、ニクソン大統領およびキッシンジャー補佐官が、軍の要求である「二つの権利」を間違いなく実現するようプレッシャーをかけたのである。その意味で、レアードは、沖縄返還における核密約を実現させた「軍部の圧力」を体現する人物であった、とも言えるだろう。

レアードは私たちに、核密約を求めた背景を、次のように語った。

「日本とアメリカは、密約の重要性をお互いに認識していた。我々は、日本を守り続けたかった。日本は、核兵器を持たず、丸裸なのだから。核を沖縄に持ち込まないのなら、他の場所を探さなければならない。……結局、日本は沖縄を選んだ。日本政府もそれを理解していた。彼らは、核抑止力が妨げられることを恐れていた。それが日本政府の立場だったよ。公にはできないだろうがね」

レアードの論旨は明快だった。沖縄返還後も核兵器による抑止力を維持したいと考えたアメリ

---

71 Memorandum From Secretary of Defense Laird to the President's Assistant for National Security Affairs Kissinger, Washington National Records Center, RG 330, OSD Files: FRC 330-75-103, Box 14, Okinawa, https://history.state.gov/historicaldocuments/frus1969-76v19p2/d25

カ。その考えを共有しつつ、国民の反核感情を気にして、その目には触れない形で穏便に進めようとした日本政府。その両者の思惑によって核密約が結ばれ、いざというときには沖縄に核が持ち込まれる仕組みが作られたのだ。

そして、唐突に、レアードは言った。

「今だって、日本には核兵器があるさ」

驚いて、いったいどういうことなのかと聞き返した。

「今も空母や潜水艦がたくさんあるだろう。日本が、核兵器という盾を維持するのは大事なことだと思わないか？」

日本は、現在でも、沖縄返還前と同じようにアメリカの「核の傘」に守られている。仮に、日本の国土の上に核兵器が配備されていなかったとしても、その事実は変わらない。レアードが強調したかったのはそういうことだった。

質問を繰り返すと、レアードは苛立った様子で、「なぜそんな当たり前のことが分からないのか」と言った。

電話インタビューの2カ月後、レアードは亡くなった。

分かれた回答

1972年5月、沖縄は日本に復帰し、沖縄県となった。それから47年が経った現在も、沖縄には米軍専用施設の7割超が集中したままだ。

軍用機による騒音や米兵による事件・事故など、基地あるが故の負担が県民生活に重くのしかかり、基地負担軽減を求める声が止むことはない。

核兵器を撤去してでも「基地の自由使用」を維持しようとしたアメリカは、返還後も沖縄の基地からベトナム戦争への出撃を続けた。ベトナム戦争が終結した後も、アフガニスタンやイラクなど、世界中で展開される作戦行動への出撃拠点として沖縄の基地を使い続けている。返還交渉における狙いは、見事に実現したと言えるだろう。

一方、「核密約」を条件に、アメリカは沖縄における「核の自由使用」は諦めた。

実際、1969年11月の日米共同声明発表と同時に、アメリカは沖縄のメースB基地の撤去を表明。翌12月には撤去作業を開始し、メディアにその様子を公開している。NHKに残されたカラーフィルムの映像には、アメリカ軍がメースBミサイルを分解し、基地の外に運び出す様子が記録されている。沖縄の人々が求めていた「核抜き」を最大限にアピールしたのである。

さらに、本章の冒頭で示したように、国防総省の『歴史』に掲載されたグラフでも、返還を境に、沖縄に配備された核兵器の数はゼロになった。

では、今はどうなのだろうか。

「現在の沖縄に核兵器はあるのか?」

私たちの質問に対し、アメリカ国防総省と日本の外務省は、次のように、微妙に異なる言い回しで回答した。

国防総省:

「現在の沖縄における核兵器の有無については、『肯定も否定もしない』という原則に従って、回答しない」

外務省‥

「核密約は無効である。核兵器の持ち込みに関しては、非核三原則を堅持し、いかなる場合にもこれを拒否する方針だ」

エピローグ

「唯一の被爆国」の番外地

反響

２０１７年9月10日。私たちは、1年間の取材の成果を、ＮＨＫスペシャル『スクープドキュメント　沖縄と核』として放送した。

番組には、放送直後から様々な反響があった。インターネット上には、「沖縄に１３００発もの核兵器が配備されていたとは知らなかった」とか、「まさか沖縄が核戦争の最前線だったとは」といったコメントが数多く書き込まれた。

番組の中でも特に視聴者の関心を引いたのは、核弾頭を搭載したナイキ・ハーキュリーズが那覇基地で誤って発射された事故だった。沖縄の地元紙は、一面で事故の概要や元ナイキ部隊の兵士であったレプキーらの証言を紹介した。

注目を集めた背景には、放送のタイミングもあった。

北朝鮮は、２０１６年以降、核とミサイルの開発のスピードを加速させていた。２０１６年から17年にかけて北朝鮮から発射されたミサイルは40発。徐々にその飛距離を伸ばし、金正恩委員長は、「アメリカ本土を射程に収めるＩＣＢＭの開発に成功した」と宣言した。発射のたびにニュースのトップ項目となり、迎撃態勢の強化や、ミサイルの飛来に備えた市民の避難方法などが大まじめに議論された。

さらに、番組の放送1週間前である9月3日、北朝鮮は6回目の核実験を行った。初の「水爆」実験で、核爆発の威力は広島型原爆の10倍以上の160キロトンと推定された。アメリカのトランプ大統領は猛反発し、金委員長との罵り合いが世界の注目を集めた。

また、同じ頃、2017年7月に国連で採択された核兵器禁止条約をめぐる議論も行われていた。核兵器禁止条約は、核兵器の開発や保有、そして使用を法的に禁止する初めての国際条約で、122の国と地域が賛成して採択された（条約の成立に貢献したNGO「ICAN＝核兵器廃絶国際キャンペーン」はこの年のノーベル平和賞を受賞した）。

しかし、アメリカやロシアなどの核兵器保有国は「非現実的だ」として条約に反対。日本の対応が注目されたが、アメリカと歩調を合わせて反対に回ったことで、条約の参加国を失望させた。「唯一の被爆国」として核兵器の廃絶を主導する役割が期待されながら、アメリカの「核の傘」に依存する日本の矛盾があらためて問われたのだ。

世界が「北朝鮮と核」の行方に固唾をのみ、そして「日本と核」のあり方が議論されているタイミングで、『沖縄と核』は放送されたのである。

沖縄県議会でも、番組に関連する質問や発言が相次いだ。

「核ミサイル誤射事故について県は把握していたか。沖縄県として日米両政府に事実確認を求めるべきである」

「現在の北朝鮮との緊張状態の中で、沖縄に核兵器が持ち込まれていないかどうか確認すべきだと思う」

このような声を受け、沖縄県は外務省に対し、番組で描かれた事実関係について、13項目にのぼる問い合わせを行った。

照会1　復帰前、沖縄に核ミサイルが配備されていたことの事実関係如何

照会2　事実であるならば、配備期間について（配備及び撤去の時期）

照会3　撤去は、どのようにされたのか

照会4　最大1300発の核ミサイルが配備されていたとの報道の事実関係如何

照会5　伊江島でLABS（低高度爆撃法）の訓練を行っていたことの事実関係如何

照会6　伊江島で1959年に模擬爆弾の爆発に巻き込まれて死亡した（石川清鑑氏）との報道の事実関係如何

照会7　沖縄に本土（山梨、岐阜など）から海兵隊が移ってきたのは、核兵器が理由との報道の事実関係如何

照会8　配備されていた核ミサイルの種類（報道では、オネストジョン、メースB、ナイキ・ハーキュリーズが配備されていたとされている）

照会9　1959年6月19日に、核弾頭を搭載したミサイルの誤射について事実関係如何

照会10　照会9に関連し、事実であるならば、誤射されたミサイルは、海から回収されたのか

照会11　有事の際に再び沖縄に持ち込むとの日米核密約があったとの事実関係如何

照会12　1960年の日米安全保障条約締結の際に、核持ち込みの事前協議に、「沖縄を含まない」と報道されているが、事実関係如何

照会13　現在、沖縄に核兵器は配備されているか

2カ月後、外務省から県に回答が送られてきた。

沖縄が本土復帰した後、つまり沖縄県となって日本の法令が適用されるようになって以降の問題については、一貫して、沖縄に核兵器が持ち込まれたことはない、というのが外務省の回答であった。すなわち、

「照会11」の核密約については、「今その密約は有効ではない」。

「照会12」の事前協議制度については、沖縄への核の持ち込みも「当然事前協議の対象となる」。

「照会13」の現在の沖縄における核兵器の有無については、「現時点において沖縄に核兵器が存在をしていないことについては何ら疑いの余地がない」としたのだ。

一方、本土復帰前の事実関係について問うた「照会1～10」について、外務省は以下のように回答した。

●照会1～10について

・ご指摘の報道は承知している。

・日本に復帰する以前の沖縄における米国軍隊の核兵器の配備等について、政府として承知していない。この旨は従来から明らかにしている政府の立場である。

・一例をあげれば、沖縄が日本に復帰した後の1974年12月17日の国会において、宮沢外務大臣（当時）は、沖縄に返還前に核兵器があったかどうかということについては、政府としては、正確についに知り得なかったが、核抜き返還が実現したことは明確になっている旨述べている。
（傍点筆者）

日本に復帰した後の沖縄に「核兵器は絶対にない」と断言するのとは打って変わって、アメリカの施政権下にあった時代のことについては「全く関知していない」として、具体的な回答は一切行わなかったのだ。

政府の目で沖縄の歴史を見る時、復帰を境目にして、それ以前はまるで真っ暗闇の世界が広がっているようである。

回答の中で引用されている宮沢外務大臣の国会発言が、まさにその典型である。復帰前の沖縄について、そもそも核兵器があったのかどうかという基本的な知識すらなかったとしながら、返還時に核兵器がゼロになったことだけは確かだ、というのである。

しかし、奇妙ではある。ゼロになったというからには、その根拠を示さなければならないだろう。しかしそれは示されていない。日本政府は、あったのかどうかすら知らない核兵器が、沖縄から完全に撤去されたということをどうやって確信するに至ったのだろうか……。

「核査察」を求める声

こうした違和感を抱くのは私だけではない。多くの市民が同じような不信感を抱き、そこから新たな動きが生まれた。

外務省からの回答が県に届いた3日後の11月13日、市民団体「核兵器から命を守る県民共闘会議」が発足した。多くの人々が国の説明に納得せず、「今も沖縄に核兵器が配備されているのではないか」という疑念を持ったのである。

嘉手納町の公民館で開かれたこの団体の結成総会には、およそ250人が参加した。スクリーン上であらためて番組が上映され、私に対する質疑応答も行われた。

私は、国の説明が不十分だという点には同意する一方、現状において沖縄に核兵器が配備されている必然性は低いのではないか、と話した。その根拠として我部政明教授の見解を紹介した。ICBMやSLBMの開発によって、復帰の時点で沖縄に戦術核を配備する軍事的意味は薄れていた上、持ち込みが発覚した時の政治的なリスクの大きさを考えると、アメリカ軍が今も沖縄に核兵器を配備しておくメリットがない、というものだ。

もっとも我部教授は、常時配備の可能性は低いものの、核兵器を搭載した戦略爆撃機が給油や悪天候回避のために、沖縄の基地に着陸するといった「一時立ち寄り」の可能性はなくはない、とも語っていた。集会の参加者には、その点も併せて伝えた。

この市民団体は、「在沖米軍基地の核査察の実現」を最大の目的に掲げた。ここで言う核査察とは、専門家が基地内に立ち入り、どの施設にも核兵器がないことを直接その目で確認することだ。

市民団体が沖縄県議会に申し入れた陳情書には、次のように書かれていた。

「〝核は沖縄に無い〟との証明が絶対必要です。今回発覚した核貯蔵疑惑は最悪の場合、県民の命を左右し、あいまいにしたまま暮らす訳にはいきません。県民が安心して暮らすために、県議会による嘉手納弾薬庫、辺野古弾薬庫などの核査察を、可能な限り学者専門家なども交え、徹底して妥協なく実施されるようここに強く陳情いたします」

しかし、今のところ、外務省からもアメリカ軍からも、この核査察の要求について反応は一切ない。

繰り返されてきた「核疑惑」

実はこうした核査察を求める声は、沖縄の本土復帰を前にしても湧き起こっていた。

先に触れたように、1969年11月の佐藤首相とニクソン大統領による首脳会談を経て発表された日米共同声明において、沖縄が「核抜き」で返還される根拠とされたのは、第8項である。

しかし、その文言は、「日米安保条約の事前協議制度に関する米国政府の立場を害することなく、沖縄の返還を、右の日本政府の政策に背馳しないよう実施する旨を総理大臣に確約した」という、極めて曖昧で玉虫色のものだった。つまり、〈(非核三原則という)日本の政策に背馳しない＝核を撤去する〉と言っているのか、〈米国政府の立場を害することなく＝核を再び持ち込むこともあり得る〉と言っているのか、どちらともとれる表現になっていたからである。

そして、この共同声明の2年後の1971年6月に結ばれ、沖縄返還の有り様を具体的に取り決めた「沖縄返還協定」にも、明確な「核抜き」の根拠は書き込まれなかった。

返還協定の第7条は、

「アメリカ合衆国政府が琉球諸島及び大東諸島の日本国への返還を1969年11月21日の共同声、

明第8項にいう日本国政府の政策に背馳しないよう実施すること」とされた。

しかし、大本の共同声明第8項が曖昧である以上、これもまたそれを繰り返したに過ぎず、沖縄の核抜き返還が確約された、という納得感を与えることはできなかったのである。

この頃NHKが行った世論調査では、「復帰の時に沖縄から核兵器は撤去されると思うか」という質問に対して、「撤去される」と答えた人が25%、「撤去されない」が41%、「分からない」が34%であった。大多数の国民は、沖縄から核が撤去されるという確信を持てなかったのである。

国会では、核撤去の根拠を提示できない政府を野党が追及した。その野党から要求が上がったのが、核を撤去するという明確な保証を取り付けることに加えて、実際に現地で調査し確認する「核査察」の実施であった。

例えば、社会党の安井吉典衆議院議員は、一月後に結ばれる沖縄返還協定の内容について、「ただ抽象的な明記ではなしに、核の点検・監視機関を設けるというところまで（日米）両国の合意をとりつけるべきではないか、そういうふうに思うのですが、いかがですか」と佐藤首相に提案している。[72]

それに対し、佐藤は、こう答えた。

「相手のうちの台所までのぞかしてくれろというのは、信頼関係のある両国といたしましてなかなかできないことです。ましてや軍の装備という問題になると、やはり基本的な信頼関係に立たざるを得ないのじゃないだろうか、こういうことを心配しておりますけれども、しかし、皆さん方も非常な不安があるようですから、できるだけのことはしたい、かように思っております」

素朴な疑問がある。信頼関係のある、仲のいい者どうしであれば、台所くらい見せてくれそうなものではないか。しかし、それができないのが日米関係なのだろう。

「できるだけのことはしたい」と話していた佐藤は、この答弁の後、アメリカに、「核抜き」の何らかの具体的な証拠となるものを出してもらえないかと打診した。

それを受けてアメリカは一つの文書を作成した。それが、沖縄の本土復帰の日（1972年5月15日）に送付された「ロジャーズ書簡」である。[73]

ウィリアム・ロジャーズ国務長官から福田赳夫外務大臣に宛てられた書簡で、現在に至るまで、「沖縄に核兵器はない」という見解を維持する日本政府の、最大の根拠とされているものである。

大臣閣下

貴殿もよくご存じのように、1969年11月21日の日米共同宣言第8項において、アメリカ合衆国大統領は、日本国総理大臣に対し、当該項目において書かれた日本政府の政策に背馳しない形で沖縄返還を履行することを約束しました。これらの約束は、1971年6月17日に署名され、本日施行される琉球諸島と大東諸島に関する協定〔沖縄返還協定〕の第7条でも具体的に表現されています。

72　1971年5月15日、衆議院外務委員会
73　William P. Rogers, A Letter to Takeo Fukuda, May 15, 1972, 沖縄県公文書館所蔵、資料コード 0000036556

諸島の施政権の日本への返還にあたり、アメリカ合衆国大統領の指示と承認の元、大臣閣下に対し、沖縄の核兵器に関するアメリカ合衆国政府の約束が完全に履行されたことをお示しする機会をもつことができ、光栄に存じます。

この機会に、大臣閣下に対し、日本と米国の間の日米安全保障条約に定められた事前協議制度に関する事項について、米国合衆国政府は、日本国政府の希望に反する形で行動する意図はないことをあらためてお約束いたします。

敬意を込めて、この書簡を送ります。

ウィリアム・P・ロジャーズ

日本国外務大臣　福田赳夫　殿

読めばすぐに分かるように、ロジャーズ書簡もまた、結局は、日米共同声明の第8項と沖縄返還協定の第7条を重ねて引用した上で、「約束が完全に履行された」と述べているだけだ。肝心の、約束の「中身」は明示されていない。

また、事前協議制度についての説明で、「日本国政府の希望に反する形で行動する意図はない」という文言も、日本政府が希望すれば核を持ち込むこともあり得るという、「抜け道」の存在すら感じさせる表現となっている。

沖縄の人々が、あるいは国民が本当に欲しいのは、「全ての核兵器は沖縄から撤去した」という約束であり、その約束が果たされた証拠だ。しかし、明確な約束はせず、どちらとも取れる曖昧な条文を引用した上で、「約束が完全に履行された」と書いているに過ぎないのである。

もちろん、野党が求めていた「核査察」は実現せず、ロジャーズ書簡にはそれについて一言も触れられていない。

一方、日本政府は、現在もこれを沖縄の「核抜き」の根拠としている。最近では、2007年5月に、沖縄選出の衆院議員である照屋寛徳が、「沖縄の核抜き本土並み返還は実現していると思いますか。思うなら、その根拠をお示しください」と質問したのに対し、麻生太郎外務大臣（当時）がこう答弁している。[74]

「1972年の5月15日、ロジャーズ国務長官から、時の外務大臣、福田赳夫外務大臣にあてて、沖縄の核抜き返還に関する米国政府の確約が完全に履行されたことを通告するという旨のこととあわせまして、米国政府は事前協議の対象となる事項については、日本国政府の意思に反して行動する意図のないということを確認するというような文章がありますし、以上のことをもちまして、復帰後の沖縄に核は存在をしていないというように私どもは確信をいたしております」

「曖昧にせよ」

ところが、2016年2月、アメリカ政府の公文書が新たに解禁され、このロジャーズ書簡が作成された知られざる背景の一端が明らかになった。

74　2007年5月18日、衆議院外務委員会

解禁された文書は、レアード国防長官がニクソン大統領に宛てて書いたメモである。日付は1971年12月24日。日本の国会で、核抜きの根拠や核査察の実施を求める野党からの追及が激しく行われていた、まさにその時期である。

タイトルは「沖縄からの核兵器の撤去の件」。メモの前半で、レアードは大統領にこう進言する。[75]

「日本人は、沖縄返還の時点で、貴方か国務長官によって、沖縄から●●●●●（筆者注：この部分は黒塗りされているが、タイトルや文脈からして「核が撤去された」という趣旨の言葉が入ると見られる）という確証が欲しいという。（中略）
私は、そのような形で明確に保証することは、危険な前例となり、必要ないと考える。その代わり、私は、返還にあたって、国務長官が、日本の外務大臣に宛てた書面を提出し、その中で、1969年11月にニクソン大統領が行った声明と〔日米安保〕条約に書かれている合意事項を引用することを提案する」

核を沖縄から撤去したという「明確な保証は、与えるべきではない」としたレアード。その代わりにレアードが提案したのが、「国務長官から日本の外務大臣に宛てた書面の提出」であった。

これこそ、ロジャーズ書簡そのものであろう。というのも、このレアードのメモから半年後に作成されることになるロジャーズ書簡は、まさにレアードの提案通り、日米共同声明や日米安保条約、そしてそれに付随する合意事項である事前協議制度を引用している。そして、こうした様々な条文の引用がちりばめられた（だけの）ロジャーズ書簡は、まさしくレアードが言うように、核兵器が撤去されたのかどうかについて「明確な保証」を避け、逆に曖昧にしておくことを最大の目的にしているように見えるのである。

日本政府が「核抜き」の保証とするロジャーズ書簡とは、こうしたレアードの意図の下に作成されたものだったのである。

「核査察などありえない」

さらに大統領に宛てたメモの後半でレアードは、日本の野党から上がった「核査察」を求める声に対して、次のように釘を刺している。

「私は、どのような形であれ、調査／検証（inspection/verification）の要求に対して、譲歩しないことをお勧めします」

レアードは査察など受け入れなくても、核が撤去されたという間接的なメッセージを送ることができると主張する。つまり、核撤去後には核貯蔵施設の照明が片付けられ、警備が解除される。また、兵器の整備時に関わる人員も少なくなる。そういった状況から、もはや核兵器が貯蔵されていないことが見て取れるだろうと。また、それでも疑念が晴れなければ、沖縄の業者に基地内の工事を請け負わせることで、間接的に核撤去のメッセージを送ることもできる、とも書いてい

---

75 Memo from the Secretary of Defense to the President, Issue of Nuclear Weapon Removal from Okinawa, December 24, 1971, http://tinyurl.galegroup.com/tinyurl/3ger77

る。
その書きぶりから、沖縄返還にあたって実際に核兵器を撤去することは前提になっていることが読み取れる。つまり、核撤去について曖昧にし、核査察を拒否するのは、沖縄に核を維持しておきたいからではないのである。

では実際に核兵器を撤去するつもりがありながらそのことを明言せず、核査察も拒否する理由は何なのだろうか。

この点について我部教授は、アメリカのＮＣＮＤ政策を守るためではないかと、読み解いている。つまり、こういうことだ。アメリカは、沖縄だけでなく、世界中の国々に核兵器を配備してきた。仮に、「沖縄には核兵器が全くない」ということを明確に宣言した場合、他の国からも同じような「非核保証」を求められる可能性がある。しかしそれは困る。なぜならアメリカは、同盟国に対して、ある地点における核兵器の有無に関して「肯定も否定もしない＝ＮＣＮＤ」政策を堅持してきたからだ。

沖縄に核がないという明確な保証は、このＮＣＮＤに反する事例を作ることになり、アメリカ外交の障害となり、結果的に核抑止力を低下させることにつながりかねない。それゆえ、沖縄返還にあたっても、核撤去については曖昧な表現を貫くことにした、というのである。

「レアードの狙いは、近い将来に沖縄に核を持ち込むということではない。むしろもっと大きな核政策を守ろうとしているように思われる」と我部教授は言う。

レアード自身はどう説明するのか。私たちは、レアード元国防長官に電話インタビューを行った際、核査察を受け入れなかった理由についても聞いていた。

レアードが語ったのは、意外だが、極めて明快な理屈だった。

——なぜ沖縄返還にあたって、「核査察」を拒否したのですか?

「我々が誰かから、この兵器を破壊しろ、あの兵器を撤去しろ、などという指図を受けることはない。そんな権限を誰かに与えるなんて事は絶対にない。それは分かるか?」

——主導権は、常にアメリカが持つ?

「そう。それは我々の核兵器であって、日本のものではないのだ。私たちが、核兵器についての拒否権を日本に与えることはないんだよ」

「唯一の被爆国」の番外地

「核についての査察を受け入れることなどありえない」というレアード元国防長官の言葉は、この本を執筆している2018年6月現在、奇妙な響きで私たちを混乱させる。

2016年から17年にかけて、核とミサイルの開発を巡って緊迫した関係にあった北朝鮮とアメリカは、2018年に入り、一転して、関係改善に向けて動き出した。そして、6月12日には初の米朝首脳会談が行われ、両国は、朝鮮半島の「非核化」を目指すことを確認し合った。

その非核化の実現のため、アメリカが北朝鮮に要求しているのが、「CVID」である。Complete Verifiable Irreversible Denuclearization の頭文字を取ったもので、「完全で検証可能かつ不可逆的な非核化」を意味する。

全ての核兵器や核開発施設を廃棄したこと、そして二度と核開発を再開しないことを、第三者が客観的に判断できるよう調査に協力し、全ての情報を公開せよ、というわけである。
言わば、現在、アメリカは北朝鮮に対し、徹底した「核査察」の受け入れを求めているのである。

レアードが大統領に宛てて書いたメモの趣旨をふまえれば、誰もがそこに明白な「ダブル・スタンダード（二重基準）」を見て取るだろう。自分たちが「絶対に受け入れない」とした核査察を、他国には平気で押しつけているのだから。

一方、北朝鮮は、アメリカが要求するＣＶＩＤに反発している。

北朝鮮は、「北朝鮮の非核化」ではなく「朝鮮半島の非核化」という言葉を使う。そして、政府声明などで、「非核化を言うなら、在韓米軍が核を持っていないかどうか証明しろ。アメリカの核兵器を朝鮮半島に持ち込まないと証明しろ」と主張している、と伝えられている。真っ当なことを言っているように聞こえる。

もちろん北朝鮮を擁護するわけではない。ＣＶＩＤが実施されて、北朝鮮が核を放棄することはいいことだ。それでも、北朝鮮の反発には一理ある。相手に非核化を要求するなら、当然、自らが率先して非核化を行うべきではないのか、と思うからだ。

ここで、私たちは、核をめぐるダブル・スタンダードが他にもあったことに気付く。

例えば、米ソが核戦争の瀬戸際に追い込まれた、キューバ危機もそうだ。アメリカは、キューバという自らの「のど元」に、ソ連が核ミサイルを配備したことに猛反発した。

しかし考えてみれば、アメリカはそれ以前に、沖縄、韓国、台湾といった極東の各地に核を配備し、ソ連や中国、そして北朝鮮の「のど元」に刃を突き付けていたのだ。

自分が相手にやっていたことを、相手が自分にやってくるのは許さない――。キューバ危機は、アメリカのこのような矛盾した態度が生み出した「危機」だったとも言えるのではないか。

日本もそうだ。

本土にアメリカの核を置くことは拒絶するが、沖縄に置くことは黙認する。日米安保条約の改定と同時に作られた事前協議制度は、このような「ダブル・スタンダード」の産物だった。

さらに遡れば、海兵隊の沖縄への移転をもたらした要因の一つには、「唯一の被爆国」の国民である日本人の反核感情があった。自分たちのそばに核兵器を置いておきたくない。どこか遠くへ持って行って欲しい。アメリカもこうした反核感情の高まりを無視できなかった。選ばれたのが沖縄だった。沖縄は極東におけるアメリカの最大の核兵器の拠点となった。基地建設の可能性を検討するために沖縄に派遣されたプライス調査団は、その報告書にこう書いていた。

「ここ（沖縄）では、我々が核兵器を貯蔵または使用する権利に対して、何ら外国政府からの制約を受けることがない」

沖縄とは、日本でありながら日本ではない場所、いわば「唯一の被爆国」の番外地だったのである。

最後に、現在の沖縄について、少しだけ触れておきたい。

佐藤首相とニクソン大統領が署名した核密約において、「いつでも使用できるよう維持」するとされた核貯蔵施設は、嘉手納、那覇、辺野古であった。

このうち、那覇基地はアメリカ軍から返還され、沖縄への玄関口である那覇空港となっている。民間と自衛隊との共用空港とされ、一本しかない滑走路に民間機と航空自衛隊機が行き交う。中国機の領空侵犯を防ぐためとして、近年は戦闘機のスクランブル発進が急増しており、2016年度は過去最多の803回を数えた。

那覇空港に隣接する自衛隊の敷地には、北朝鮮の弾道ミサイル発射に備えるためとして、迎撃ミサイルPAC3が配備されている。元をたどれば、かつてアメリカ軍が那覇基地に配備したナイキ・ハーキュリーズに行きつく。1959年に、核弾頭を搭載したまま誤射事故を起こした、あの核ミサイルである。復帰と同時に、航空自衛隊がそのナイキを引き継ぎ、現在は、PAC3となって同じ場所で迎撃機能を維持しているのである。

かつて、沖縄に配備された核兵器の最大の貯蔵場所となっていた嘉手納基地と、それに隣接する嘉手納弾薬庫地区は、今もほとんど姿を変えないままそこにある。極東最大級のアメリカ軍施設であり、国防総省は海外基地の中で最も「資産価値」の高い基地であるとする。およそ50機のF－15戦闘機に加え、F－35やF－22といった最新鋭戦闘機が頻繁に飛来し、訓練を行う。弾薬庫地区は今も高い塀やフェンスに囲まれ、一般の人が立ち入ることはおろか、取材許可が下りることもない。核兵器がその中にあるのかどうか、確かめる術はない。

同じくかつて核弾薬庫が置かれていた辺野古。今、辺野古の海兵隊キャンプ・シュワブにおける基地建設の是非が、沖縄で最もホットな政治イシューとなっている。日米両政府は、普天間基地の返還を実現するためには、辺野古に代替基地を建設することが「唯一の解決策」であるとしている。一方、移設に反対する人々は、沖縄の中での負担のたらい回しだとして政府の姿勢を批

伊江島の米軍演習場で掘り起こされた模擬爆弾

模擬爆弾の爆破作業。2018年6月

判する。

また、アメリカ軍が辺野古での新基地建設にこだわるのは、「核密約」が今も有効であり、かつてそこにあった核貯蔵機能を拡張し、再び核兵器を持ち込めるようにしているからではないか、と疑う声も根強くある。だが、嘉手納弾薬庫同様、私たちにその真偽を確かめる手段はない。

かつて、核爆弾の投下手法であるLABSの訓練が行われていた伊江島でも、アメリカ軍の新たな施設の建設が進んでいる。垂直離着陸を行うオスプレイやF-35B戦闘機の訓練のために使われる「LHDデッキ」と呼ばれる特殊な着陸帯である。エンジンからの排熱を受けても損傷しにくい「耐熱特殊コンクリート」を敷き詰める必要があり、工事は大規模なものとなっている。

2018年、その建設作業の過程で、LABS時代の遺物が見つかった。かつての爆撃演習で投下された「模擬爆弾」である。その数3000発以上。そのままでは危険であるとして爆破作業が行われることになった。模擬爆弾とは言え、爆弾拾いをしていた石川清鑑らを死に至らしめた、「スポッティング・チャージ」などの爆薬が含まれる可能性があるためである。

6月半ば、4日間にわたって行われた模擬爆弾の爆破作業では、大きな爆発音とともに基地内から煙が立ち上がった。そして大きな地響きで民家の窓ガラスがビリビリと振動した。爆発音は、他の離島や対岸の沖縄本島にも届き、不安に感じた住民から村役場に問い合わせが相次いだ。

「沖縄と核」は、未だ、過去のものとはなっていないのである。

参考文献・論文・記事（五十音順）

朝日新聞安全保障問題調査会編『アメリカ戦略下の沖縄』朝日新聞社、１９６７年

明田川融『沖縄基地問題の歴史　非武の島、戦の島』みすず書房、２００８年

阿波根昌鴻『米軍と農民』岩波書店、１９７３年

阿波根昌鴻『人間の住んでいる島』、１９８２年

Allan R. Millett and Jack Shulimson, Commandants of the Marine Corps, Naval Institute Press, 2004

William Burr, Barbara Elias, and Robert Wampler, Nuclear Weapons on Okinawa Declassified December 2015, Photos Available Since 1990, National Security Archive Electronic Briefing Book No. 541, February 19, 2016

エドウィン・O・ライシャワー『ライシャワー自伝』文藝春秋、１９８７年

ＮＨＫ取材班『戦後50年 その時日本は 第4巻　沖縄返還・日米の密約　列島改造・田中角栄の挑戦と挫折』日本放送出版協会、１９９６年

ＮＨＫ取材班『基地はなぜ沖縄に集中しているのか』ＮＨＫ出版、２０１１年

ＮＨＫスペシャル取材班『沖縄返還の代償　核と基地　密使・若泉敬の苦悩』光文社、２０１２年

太田昌克『盟約の闇「核の傘」と日米同盟』日本評論社、２００４年

太田昌克『日米「核密約」の全貌』筑摩書房、２０１１年

太田昌克『秘録　核スクープの裏側』講談社、２０１３年
太田昌克『日本はなぜ核を手放せないのか 「非核」の死角』岩波書店、２０１５年
沖縄県企画調整部軍用地転用対策室『返還軍用地の施設別概要』１９７８年
沖縄県編『沖縄　苦難の現代史』岩波書店、１９９６年
沖縄県知事公室基地対策室『沖縄の米軍基地』、２０１３年
沖縄県文化振興会公文書館管理部史料編集室『沖縄県史ビジュアル版１　銃剣とブルドーザー』、１９９８年
沖縄県読谷村職員労働組合『復帰後の読谷村民の闘い』、１９８３年
小都元『核兵器事典』新紀元社、２００５年
Office of the Assistant to the Secretary of Defense(Atomic Energy). History of the Custody and Deployment of Nuclear Weapons: July 1945 through September 1977. February 1978
我部政明『日米関係のなかの沖縄』三一書房、１９９６年
我部政明『沖縄返還とは何だったのか　日米戦後交渉史の中で』日本放送出版協会、２０００年
我部政明『戦後日米関係と安全保障』吉川弘文館、２００７年
我部政明編「資料　天皇メッセージから新ガイドライン中間報告まで」、『別冊世界　ハンドブック新ガイドラインって何だ？』岩波書店、１９９７年10月
『楠田實日記－佐藤栄作総理首席秘書官の二〇〇〇日』中央公論新社、２００１年
来間泰男『沖縄の米軍基地と軍用地料』榕樹書林、２０１２年
栗山尚一『沖縄返還・日中国交正常化・日米「密約」外交証言録』岩波書店、２０１０年
古関彰一・豊下楢彦『沖縄　憲法なき戦後　講和条約三条と日本の安全保障』みすず書房、２０１８年
斉藤光政『米軍「秘密」基地ミサワ世界に向けられた牙（増補改訂版）』同時代社、２００４年
坂元一哉『日米同盟の絆　安保条約と相互性の模索』有斐閣、２０００年

佐々木卓也『アイゼンハワー政権の封じ込め政策　ソ連の脅威、ミサイル・ギャップ論争と東西交流』有斐閣、２００８年
島川雅史「米軍基地と日米安保体制─解禁秘密文書が語る「基地自由使用」と「核兵器」」、『年報・日本現代史』第６号、２０００年
島川雅史「サンフランシスコ講和条約・日米安保締結60年」、『歴史教育・社会科教育年報２０１２年版　転換期の中の歴史・社会科教育』三省堂、２０１２年
下田武三『戦後日本外交の証言（上下）』行政問題研究所、１９８５年
Sherman Adams, FIRSTHAND REPORT, Harper & Brothers, 1961
Jacob Van Staaveren, Air Operations in the Taiwan Crisis of 1958, USAF Historical Division Liaison Office, November 1962, obtained by Nautilus Institute
James Norris Gibson, The History of the US Nuclear Arsenal, Bison Books, 1989
George Mindling and Robert Bolton, U.S. Air Force Tactical Missiles 1949-1969 The Pioneers, Lulu.com Publishing, 2008
John Clearwater, Canadian Nuclear Weapons: The Untold Story of Canada's Cold War Arsenal, Dundurn Press, 1998
Jon Mitchell, Okinawa's First Nuclear Missile Men Break Silence, The Japan Times, July 8, 2012
Scott D. Sagan, The Limits of Safety: Organizations, Accidents, and Nuclear Weapons, Princeton University Press, 1993
平良好利『戦後沖縄と米軍基地──「受容」と「拒絶」のはざまで１９４５～１９７２年』
鳥山淳『沖縄　基地社会の起源と相克１９４５－１９５６』勁草書房、２０１３年
知花成昇『道程　人生八十余年 楽しく健やかに』、２００２年
Chuck Hansen, Swords of The Armageddon, Chukelea Publications, 2007

東郷文彦『日米外交三十年　安保・沖縄とその後』世界の動き社、１９８２年
新原昭治『核戦争の基地日本』新日本出版社、１９８１年
新原昭治『「核兵器使用計画」を読み解く―アメリカ新核戦略と日本』新日本出版社、２００２年
Nicholas Evan Sarantakes, Keystone: The American Occupation of Okinawa and U.S.-Japanese Relations, Texas A&M University Press, 2000
日本共産党国会議員団編『調査報告　沖縄米軍基地』新日本出版社、１９７２年
Norman Polmar and Robert S. Norris, The U.S. Nuclear Arsenal, Naval Institute Press, 2009
林博史『米軍基地の歴史　世界ネットワークの形成と展開』吉川弘文館、２０１１年
林博史『暴力と差別としての米軍基地　沖縄と植民地――基地形成史の共通性』かもがわ出版、２０１４年
Hans Kristensen, Japan Under the US Nuclear Umbrella, Nautilus Institute, 1999
Pavel Podvig, Russian Strategic Nuclear Forces, The MIT Press, 2004
ピーター・ヘイズ、リューバ・ザルスキ、ウォルデン・ベロ『核戦争の最前線・日本』、小川明雄訳、朝日新聞社、１９８７年
Frank G. McGuire, Mace B Bases Readied on Okinawa, Missiles and Rockets, March 13, 1961
不破哲三『日米核密約』新日本出版社、２０００年
Matthew Jones, After Hiroshima: The United States, Race and Nuclear Weapons in Asia 1945-1965, Cambridge University Press, 2010
斑目俊一郎『北富士演習場と天野重知の夢――入会権をめぐる忍草の闘い』彩流社、２００５年
松山健二「日米安保条約の事前協議に関する「密約」」、国立国会図書館『調査と情報』第６７２号、２０１０年3月
宮里政玄『アメリカの沖縄統治』岩波書店、１９６６年

宮里政玄『アメリカの沖縄政策』ニライ社、１９８６年
安川壮『忘れ得ぬ思い出とこれからの日米外交―パールハーバーから半世紀』世界の動き社、１９９１年
屋良朝博・川名晋史・齊藤孝祐・野添文彬・山本章子『沖縄と海兵隊　駐留の歴史的展開』旬報社、２０１６年
United States Air Force Historical Division Liaison Office, The Air Force Role in Five Crises, 1958-1965, June 1968, obtained by the National Security Archive
U.S. Strategic Air Command, History of the Strategic Air Command 1 January 1958 – 30 June 1958, Historical Study Number 73, Volume 1.
吉本秀子『米国の沖縄占領と情報政策―軍事主義の矛盾とカモフラージュ』春風社、２０１５年
Randall L. Lanning(Lieutenant Colonel, USAF), United States Air Force Ground launched Cruise Missiles: A Study in Technology, Concepts, and Deterrence, 15 April, 1992
Richard Rhodes, Dark Sun: The Making of Hydrogen Bomb, Simon & Schuster, 1995
Richard A. Hunt, MELVIN LAIRD and the Foundation of the Post-Vietnam Military 1969-1973, Secretaries of Defense Historical Series, Volume Ⅶ, 2015
Robert J. Watson, Into the Missile Age 1956-1960, Office of the Secretary of Defense, 1997
Robert S. Norris, The Cuban Missile Crisis: A Nuclear Order of Battle October/November 1962, A Presentation at the Woodrow Wilson Center, 2012
Robert S. Norris, William M. Arkin, William Burr, Where They Were, The Bulletin of the Atomic Scientists, November/December 1999
Robert S. Norris, William M. Arkin, William Burr, How much did Japan know? The Bulletin of the Atomic Scientists, January/February 2000

NHKスペシャル「スクープドキュメント　沖縄と核」
本放送　2017年9月10日

取材協力
我部政明　鳥山淳　新原昭治　山本章子
東郷和彦　河野康子　明田川融　黒崎輝　島川雅史
創価学会沖縄研修道場
読谷村教育委員会村史編集室
糸満市教育委員会
The National Museum of the US Air Force
The National Museum of Nuclear Science & History
George Mindling　Robert Bolton
Jon Mitchell
Robert Norris　Tom Baughn
Karl Hanson　George Chenarides

資料提供
国立国会図書館　外務省外交史料館
沖縄県公文書館　沖縄タイムス社　琉球新報社
国土地理院　アフロ
謝花悦子（伊江島反戦平和資料館）不屈館
杉本信夫　伊佐真次　國吉永啓
玉城真幸　高江洲義一
The U.S. National Archives and Records Administration
The Library of Congress
The United States Air Force
The United States Marine Corps
National Security Archive
John F. Kennedy Presidential Library and Museum
Periscope Film LLC　InterStudios
Dennis Fitzsimmons

語り	中條 誠子
声の出演	菅生 隆之　原 康義　石田 圭祐　佐古 真弓
撮影	平川 惣一
音声	川崎 弘至　松村 市郎
照明	益田 雅也
映像技術	高橋 智洋
映像デザイン	野島 嘉平
CG 制作	宮澤 司朗
音響効果	滝澤 俊和
編集	山内 明
リサーチャー	柳原 緑
コーディネーター	野口 修司
ディレクター	今理織　松岡 哲平
制作統括	松木 秀文

本文デザイン　森杉昌之
装　幀　新潮社装幀室

松岡哲平（まつおか・てっぺい）

1980年、大阪府生まれ。

2006年、京都大学大学院人間・環境学研究科卒業、ＮＨＫにディレクターとして入局。福岡局、報道局社会番組部を経て、2015年より沖縄放送局勤務。

主な番組に、ＮＨＫスペシャル「日航ジャンボ機事故　空白の16時間」、「沖縄空白の１年 ～“基地の島”はこうして生まれた～」（「地方の時代」映像祭選奨）など。

沖《おき》縄《なわ》と核《かく》

発　行／2019年4月20日

著　者／松《まつ》岡《おか》哲《てっ》平《ぺい》
発行者／佐藤隆信
発行所／株式会社新潮社
〒162-8711　東京都新宿区矢来町71
電話　編集部(03)3266-5611
読者係(03)3266-5111
https://www.shinchosha.co.jp

印刷所／錦明印刷株式会社
製本所／株式会社大進堂

ISBN978-4-10-352561-5　C0095